AF612794

PSICOLOGÍA DE LA VIDA ERÓTICA

Obras Completas de Sigmund Freud
Tomo XIII

PSICOLOGÍA DE LA VIDA ERÓTICA

Traducción directa del alemán por
Luis López-Ballesteros y de Torres

Editorial Iztaccíhuatl S. A. de C. V.

OBRAS COMPLETAS DE SIGMUND FREUD. TOMO XIII
Psicología de la vida erótica

Sigmund Freud
ISBN (obra completa): 978-607-8688-54-8
ISBN (tomo XIII): 978-607-8688-64-7
Segunda edición: julio de 2022

Miguel Schultz #21, Col. San Rafael,
Del. Cuauhtémoc, Ciudad de México

Corrección de estilo: Yoali E. Crespo López
Diseño y maquetación: Cecilia Neria Anaya
Licencia de impresión a Grupo Editorial Neisa
Impresión: Master Copy, S. A. de C.V. (DocuMaster)

Impreso en México

ENSAYOS SOBRE LA VIDA SEXUAL Y LA TEORÍA DE LA NEUROSIS

Los trabajos que siguen integran la serie de ensayos reunida por Freud en la reciente edición alemana de sus *Obras Completas*, bajo el epígrafe común de *Ensayos sobre la vida sexual y la teoría de las neurosis*, y aparecieron, primeramente, aislados, en distintas revistas médicas, en los años de 1906 a 1924, habiendo sido recogidos luego en su mayor parte en los volúmenes titulados *Colección de aportaciones a la teoría de las neurosis* (Series 1.ª-3.ª, Franz Deuticke, Leipzig y Viena; series 4.ª y 5.ª, Internationaler Psychoanalytischer Verlag, Leipzig, Viena, Zurich). La presente versión es su primera traducción conjunta.

La sexualidad en la etiología de las neurosis

1906

A mi juicio, el mejor camino para llegar a la comprensión de mi teoría sobre la significación de la sexualidad en la etiología de las neurosis es seguir paso a paso su desarrollo. No he de negar, en efecto, que dicha teoría ha pasado por una amplia evolución, modificándose en su trayectoria. En esta confesión podrán ver mis colegas una garantía de que mis afirmaciones son la resultante de una continuada serie de experiencias y no el fruto de una especulación, el cual puede, por el contrario, surgir de una sola vez en forma ya definitiva e invariable.

Mi teoría se refería en un principio tan sólo a aquellos cuadros patológicos concretados generalmente bajo el nombre de "neurastenia", entre los cuales atrajeron predominantemente mi atención dos tipos determinados, que en ocasiones aparecían también en forma pura y cuya descripción llevé a cabo diferenciándolos con los nombres de *neurastenia propiamente dicha* y *neurosis de angustia*. Se aceptaba en general que en la causación de tales formas patológicas podían intervenir factores sexuales, pero no había llegado a comprobarse su actuación regular, ni se pensaba siquiera en concederles algún predominio sobre las demás influencias etiológicas. Por lo que a mí respecta, me sorprendió desde un principio la frecuente existencia de graves perturbaciones en la vida sexual de los nerviosos. Conforme fui avanzando en la labor de buscar tales perturbaciones, guiado por la vida de que los hombres ocultan siempre la verdad en lo que a la sexualidad se refiere, y según fui adquiriendo una mayor destreza en la prosecución de esta labor investigadora, no obstante la negativa inicial de los pacientes, fue haciéndose más constante el descubrimiento de tales factores sexuales etiológicos, hasta convencerme casi de su generalidad. Dada la extrema coerción que en este orden de cosas ejercen sobre el individuo las normas sociales, la frecuencia de semejantes irregularidades sexuales era de antemano sospechable, y sólo faltaba por precisar qué medida había de alcanzar la anormalidad sexual para poder ser considerada como causa de enfermedad. Había, pues, de conceder al descubrimiento regular de dichas desviaciones sexuales menos valor que a otra circunstancia que me pareció mucho más unívoca. Resultó, en efecto, que la forma de la enfermedad —neurastenia o neurosis de angustia— aparecía en relación constante con el orden de la anormalidad sexual descubierta. Los casos típicos de neurastenia tenían en general como precedente la masturbación habitual o continuadas poluciones espontáneas, y en los de neurosis de angustia se revelaban factores tales como el coito interrumpido, "excitación frustrada" y otros semejantes, en todos los cuales podía apreciarse, como carácter común, una descarga insuficiente de la libido generada. Sólo después de este descubrimiento, nada difícil y constantemente comprobable, me decidí a demandar para las influencias sexuales un lugar preferente en la etiología de las neurosis. A ello se añadió luego que en las frecuentísimas formas mixtas de neurastenia y neurosis de angustia comprobamos también una combinación de las etiologías supuestas para dichas formas patológicas, pareciendo, además, que una tal dualidad de las formas neuróticas armonizaba muy bien con el carácter polar de la sexualidad (masculino y femenino).

En esta misma época en que comencé a atribuir a la sexualidad una intervención en la génesis de las neurosis simples[1],

---

[1] *Cf.* En el tomo XI de estas *Obras Completas*, en las partes dedicadas a la neurastenia y a la neurosis de angustia.

sostenía con respecto a las psiconeurosis (histeria y neurosis obsesiva) una teoría puramente psicológica, que no concedía al factor sexual importancia mayor que a las demás fuentes emotivas. En unión del doctor J. Breuer, y continuando ciertas observaciones por él realizadas diez años atrás en una enferma de histeria, había estudiado, por medio de evocación de los recuerdos del paciente durante la hipnosis, el mecanismo de la génesis de los síntomas histéricos, deduciendo conclusiones que permitían tender un puente entre la histeria traumática de Charcot y la histeria común no traumática[2]. Llegamos así a la teoría de que los síntomas histéricos son efectos perdurables de traumas psíquicos cuya carga de afecto quedó excluida por determinadas circunstancias de una elaboración consciente, habiendo tenido que abrirse paso, en consecuencia, por un camino anormal conducente a la inervación somática. Los términos "afecto coartado", "conversión" y "derivación reactiva" sintetizan lo más característico de esta teoría.

Las relaciones de las psiconeurosis con las neurosis simples, tan estrechas que el diagnóstico diferencial no es siempre fácil para el médico poco experimentado, hacían prever que lo descubierto en uno de tales sectores se diera también en el otro. Pero, además, la investigación del mecanismo psíquico de los síntomas histéricos nos condujo a idénticos resultados. En efecto, al investigar por medio del método catártico, obra de Breuer y mía, los traumas psíquicos de los que se derivan los síntomas histéricos, llegamos, en último término, a sucesos de orden sexual vividos por el enfermo en edad infantil, y esto aun en aquellos casos en los que la explosión de la enfermedad aparecía provocada por una emoción banal de carácter no sexual.

---

[2] *Cf.* En el tomo X de estas *Obras Completas*, el ensayo titulado *Estudios sobre la histeria.*

Sin tener en cuenta tales traumas sexuales infantiles, resultaba imposible explicar los síntomas, llegar a la inteligencia de su determinación y prevenir su retorno. De este modo quedó ya indudablemente fijada la singular importancia de los sucesos sexuales en la etiología de las psiconeurosis, hecho que continúa constituyendo una de las bases fundamentales de nuestra teoría.

Esta teoría podrá parecer extraña si nos limitamos a formularla diciendo que la causa de la neurosis histérica, prolongada a través de toda una vida, reposa en las experiencias sexuales, insignificantes casi siempre en sí, vividas por el sujeto en su temprana infancia. Pero si atendemos a su evolución histórica y concretamos su contenido esencial en el principio de que la histeria es la expresión de una conducta especial de la función sexual del individuo, determinada y regulada por las primeras influencias y experiencias sexuales infantiles, nuestras afirmaciones perderán todo carácter paradójico y pasarán a constituir un poderoso motivo para orientar la atención científica hacia los efectos ulteriores de las impresiones infantiles, tan importantes como desatendidos hasta ahora.

Reservando para más adelante la cuestión de si las experiencias sexuales infantiles pueden ser consideradas como causa etiológica de la histeria (y de la neurosis obsesiva), volveremos a la descripción de nuestra teoría, tal y como hubimos de presentarla en algunos breves trabajos provisionales, publicados en los años de 1895 y 1896[3]. La acentuación de los factores etiológicos supuestos permitía por entonces oponer las neurosis comunes, como enfermedades con etiología actual, a las psiconeurosis, cuya etiología había de ser buscada predominantemente en las experiencias sexuales de la temprana infancia.

---

[3] *Cf.* Los trabajos titulados *Nuevas observaciones sobre la neuropsicosis de defensa*, en el tomo XI, y *La etiología de la histeria*, en el tomo XII de estas *Obras Completas*.

La teoría culminaba en el principio siguiente: dada una vida sexual normal es imposible una neurosis.

Aunque las afirmaciones que preceden continúan pareciéndome, en el fondo, exactas, no extrañará que en diez años de ininterrumpida labor se haya hecho más preciso y profundo mi conocimiento de la cuestión, siéndome hoy posible corregir los defectos de que al principio adoleció mí teoría.

El material por entonces reunido, escaso aún, integraba casualmente un número desproporcionado de casos en cuya historia infantil desempeñaba el papel principal la iniciación sexual del sujeto por individuos adultos o por otros niños de más edad, circunstancia que me sugirió una idea exagerada de la frecuencia de tales sucesos, tanto más, cuanto que por aquella época, no había llegado aún a poder distinguir con seguridad los falsos recuerdos infantiles de los histéricos, de las huellas dejadas en su memoria por sucesos realmente acaecidos. De entonces acá he aprendido a ver en algunas de aquellas fantasías mnémicas de iniciación sexual tentativas de defensa contra el recuerdo de la propia actividad sexual (masturbación infantil), habiendo debido abandonar, en consecuencia, la acentuación del elemento "traumático" en las experiencias infantiles, para retener tan sólo el hecho de que la actividad sexual infantil (espontánea o provocada) marca decisivamente la dirección de la vida sexual ulterior al adulto. Esta aclaración, que vino a rectificar el más importante de mis errores iniciales, debía modificar también mí concepción del mecanismo de los síntomas histéricos, los cuales no se me aparecieron ya como derivaciones directas de los recuerdos reprimidos de experiencias sexuales infantiles, pues entre ellos y las impresiones infantiles vinieron ahora a interpolarse las fantasías mnémicas de los enfermos (recuerdos imaginarios, fantaseados por lo general en los años de la pubertad), fantasías estas que, por un lado, aparecían construidas sobre la base y con los materiales de los recuerdos infantiles, y se convertían, por otro, en síntomas. Esta introducción de las fantasías histéricas nos descubrió ya la contextura de las neurosis y su relación con la vida del enfermo, revelándosenos, al mismo tiempo, una sorprendente analogía entre tales fantasías y aquellas que se hacen conscientes en los delirios de los paranoicos.

Después de esta rectificación, los "traumas sexuales infantiles" quedaron, en cierto modo, substituidos por el "infantilismo de la sexualidad". No se hizo esperar una segunda modificación de la teoría primitiva. Con la supuesta frecuencia de la iniciación sexual en época infantil cayó también por tierra la importancia predominante de la influencia *accidental* de la sexualidad, a la cual me inclinaba yo a atribuir el papel principal en la causación de la enfermedad, aunque sin negar la intervención de factores constitucionales y hereditarios. Había llegado incluso a concebir esperanzas de resolver el problema de la elección de neurosis descubriendo una relación constante entre los detalles de las experiencias sexuales infantiles del enfermo y la forma de su psiconeurosis ulterior, y opinaba —si bien con ciertas reservas— que una conducta pasiva en tales sucesos generaba la disposición a la histeria, y, en cambio, una conducta activa, la disposición a la neurosis obsesiva. Posteriormente, hube de renunciar por completo a esta hipótesis, si bien existen ciertos hechos que imponen mantener hasta cierto punto la sospechada relación entre la pasividad y la histeria y la actividad y la neurosis obsesiva. Con la renuncia a esta influencia accidental de la sexualidad recobraban la supremacía los factores constitucionales y hereditarios; pero, a diferencia de la opinión por entonces dominante, la "constitución sexual" se sustituía, para mí, a la disposición neuropática general. En mi obra *Tres ensayos para una teoría sexual* (1905)[4] llevé a cabo

[4] *Cf.* En el tomo II de estas *Obras Completas*.

una tentativa de describir la diversidad de esta constitución sexual, el carácter compuesto del instinto sexual en general y su origen en diversas fuentes del organismo.

Siempre, como consecuencia de la rectificación introducida en mí concepción de los "traumas sexuales infantiles", fue desarrollándose ahora mí teoría en una dirección iniciada ya en mis publicaciones de los años 1894 a 1896. Por esta época, y antes de situar la sexualidad en el lugar que le correspondía en la etiología, habíamos indicado ya, como condición de la eficacia patógena de una experiencia, el que esta pareciese intolerable al *yo* y despertase una tendencia a la defensa[5]. A esta defensa atribuía yo la disociación psíquica —o, como entonces se decía, la disociación de la conciencia— emergente en la histeria. Si la defensa triunfaba, la experiencia intolerable quedaba expulsada, en todas sus secuelas afectivas de la conciencia y del recuerdo del *yo*. Pero en determinadas circunstancias lo expulsado desarrollaba, ya como algo inconsciente, una intensa eficacia y retornaba a la conciencia por medio de los síntomas y de los afectos a ellos concomitantes, correspondiendo así la enfermedad a un fracaso de la defensa. Esta concepción tenía ya el merecimiento de penetrar en el funcionamiento de las fuerzas psíquicas y aproximar así los procesos anímicos de la histeria a los normales, en lugar de transferir la característica de la neurosis a una perturbación enigmática o no analizable.

Cuando la investigación de sujetos que habían permanecido normales nos llevó luego al resultado inesperado de que la historia sexual infantil de tales personas no precisaba diferenciarse esencialmente de la de los neuróticos, ni siquiera en lo relativo a la temprana iniciación sexual, las influencias accidentales

[5] *Cf.* El trabajo titulado *La neuropsicosis de defensa*, en el tomo XI de estas *Obras Completas*.

fueron cediendo aún más el puesto a la de la *represión* (término que comencé entonces a substituir al de *defensa*). Así, pues, lo importante no eran ya las excitaciones sexuales que el individuo hubiera experimentado en su infancia, sino sobre todo su reacción a tales impresiones y el haber respondido o no a ellas con la represión.

En muchos casos de actividad sexual infantil espontánea pudo demostrarse que tal actividad quedaba interrumpida en el curso del desarrollo por una represión. Resultó así que el neurótico adulto traía consigo desde su infancia una cierta medida de "represión sexual" que se exteriorizaba luego bajo la presión de las exigencias de la vida real. Los psicoanálisis de sujetos histéricos mostraron que su enfermedad era el resultado de un conflicto entre la libido y la represión sexual y que sus síntomas constituían una transacción entre ambas corrientes anímicas.

Para continuar explicando esta parte de mí teoría habría de desarrollar previamente una experiencia detallada de mis ideas sobre la represión. Pero me limitaré a remitir al lector a mis *Tres ensayos para una teoría sexual* (1905)[6], en los que he intentado arrojar alguna luz sobre los procesos somáticos en que ha de buscarse la esencia de la sexualidad. Indiqué en ellos que la disposición sexual constitucional del niño es mucho más compuesta de lo que podía sospecharse, debiendo ser considerada como *polimórficamente perversa*, y que de esta disposición nace, por medio de la represión de determinados componentes, la conducta llamada normal de la función sexual. Apoyándome en los caracteres infantiles de la sexualidad, me fue posible establecer una sencilla conexión entre la salud, la perversión y la neurosis. La normalidad resultaba de la represión de ciertos instintos parciales y determinados componentes de

[6] *Cf.* En el tomo II de estas *Obras Completas*.

las disposiciones infantiles y de la subordinación de los demás a la primacía de las zonas genitales en servicio de la reproducción. Las perversiones correspondían a perturbaciones de esta síntesis por un desarrollo exagerado y como obsesivo de alguno de aquellos instintos parciales, y la neurosis se reducía a una represión excesiva de las tendencias libidinosas. La posibilidad de señalar siempre en la neurosis la existencia de casi todos los instintos perversos de la disposición infantil como fuerzas productoras de síntomas me llevó a definir la neurosis como el "negativo" de la perversión.

Creo conveniente hacer resaltar que mis opiniones sobre la etiología de las psiconeurosis han sostenido siempre, a través de todas sus modificaciones, dos puntos de vista: la importancia de la *sexualidad* y la del *infantilismo*. En cambio, las influencias accidentales han sido substituidas por factores constitucionales, y la "defensa", puramente psicológica, por la "represión sexual" orgánica. Se nos preguntará quizá dónde es posible hallar una prueba concluyente de la importancia que atribuimos a los factores sexuales en la etiología de las psiconeurosis, perturbaciones que vemos surgir consecutivamente a las emociones más banales e incluso a estímulos somáticos, ya que, por nuestra parte, hemos tenido que renunciar a referir a una etiología específica constituida por determinadas experiencias infantiles. En respuesta a tal interrogante señalaremos la investigación psicoanalítica como fuente de nuestra discutida convicción. Empleando este insustituible método de investigación descubrimos que *los síntomas representan la actividad sexual de los enfermos*, total o sólo en parte, emanada de instintos parciales, normales o perversos de la sexualidad. No es sólo que gran parte de la sintomatología histérica se halle constituida por manifestaciones de la excitación sexual ni que una serie de zonas erógenas se eleve en la neurosis y por intensificación de sus cualidades infantiles a la categoría de genitales; es también que incluso los síntomas más complicados se nos revelan como representaciones disfrazadas de fantasías cuyo contenido es una situación sexual. Sabiendo interpretar el lenguaje de la histeria se ve claramente que el nódulo de la neurosis no es sino la sexualidad reprimida de los enfermos, extendiendo, desde luego, la función sexual en toda su verdadera amplitud, circunscrita por la disposición infantil. En aquellos casos en los que ha de aceptarse la intervención de una emoción banal en la causación de la enfermedad demuestra el análisis que el efecto patógeno ha sido obra del componente sexual, siempre existente, del suceso traumático.

Inadvertidamente hemos pasado del problema de la causación de las psiconeurosis al de su esencia. Si se quieren tener en cuenta los descubrimientos psicoanalíticos, ha de afirmarse que la esencia de estas enfermedades reposa en perturbaciones de los procesos sexuales, de aquellos procesos orgánicos que determinan la producción y el empleo de la libido sexual. En último término, no podemos por menos de representarnos estos procesos como de orden químico, viendo así en las neurosis actuales los efectos somáticos, y en las psiconeurosis, además, los psíquicos de los trastornos del metabolismo sexual. La analogía de las neurosis con los fenómenos de intoxicación y de abstinencia, consecutivos al uso de ciertos alcaloides, y con la enfermedad de Basedow y la de Addison, se impone clínicamente, y del mismo modo que estas dos últimas enfermedades no pueden ser ya descritas como "enfermedades de los nervios", también las "neurosis" propiamente dichas habrán de ser excluidas de tal categoría, no obstante su nombre.

A la etiología de las neurosis pertenece además todo aquello que puede actuar dañosamente sobre los procesos que se desarrollan al servicio de la función sexual. Así, pues, en primer término, aquellas desviaciones que afectan a la propia función sexual en cuanto pueden significar un daño de la constitución sexual, variable según el grado de cultura y educación. En segundo, aquellas otras distintas desviaciones y aquellos traumas que, dañando en general el organismo, perturban secundariamente los procesos sexuales que en él se desarrollan.

Pero no debe olvidarse que el problema etiológico de las neurosis es, por lo menos, tan complicado como el de cualquier otra enfermedad. Casi nunca resulta suficiente una única influencia patógena. Por lo general, se hace precisa una multiplicidad de factores etiológicos, que se apoyan entre sí, y no deben, por lo tanto, ser opuestos unos a otros. De aquí también que el estado patológico neurótico no aparezca precisamente diferenciado de la salud.

La enfermedad es el resultado de una acumulación, y la medida de las condiciones etiológicas puede ser completada desde cualquier sector. Buscar la etiología de las neurosis exclusivamente en la herencia o en la constitución sería tan unilateral como elevar tan sólo a la categoría etiológica las influencias accidentales ejercidas sobre la sexualidad en el curso vital del sujeto, aunque hayamos descubierto que la esencia de estas enfermedades consiste tan sólo en una perturbación de los procesos sexuales que se desarrollan en el organismo.

La ilustración sexual del niño

Carta abierta al Dr. M. Früst

1907

Al pedirme unas declaraciones sobre la "ilustración sexual de los niños" supongo que no esperará usted obtener de mí un tratado completo y minucioso de la cuestión en el que se tenga en cuenta toda la amplísima literatura existente sobre la materia, sino tan sólo el juicio independiente de un médico al que su actividad profesional ha estimulado especialmente a ocuparse de los problemas sexuales. Sé que ha seguido usted con interés mis trabajos científicos y que no rechaza sin previo examen mis hipótesis, como muchos otros colegas lo hacen por ver yo en la constitución psicosexual y en las alteraciones de la vida sexual las causas principales de las enfermedades neuróticas, tan frecuentes hoy. Así, mis *Tres ensayos para una teoría sexual*, en los que expuse la composición del instinto sexual y las perturbaciones del mismo en la evolución, que le conduce a constituir la función sexual, hallarán en la revista de su digna dirección un eco amistoso.

Me plantea usted, pues, la cuestión de si, en general, debe facilitarse a los niños una explicación de los hechos de la vida sexual, y en caso afirmativo, qué edad ha de escogerse para ello y de qué modo ha de llevarse a cabo.

Desde un principio haré constar que encuentro perfectamente justificada la discusión en lo que respecta a los dos últimos puntos, pero que no concibo cómo pueden existir juicios divergentes en lo que respecta al primero. ¿Qué se intenta alcanzar negando a los niños —o si se quiere, a los adolescentes— tales explicaciones sobre la vida sexual humana? ¿Se teme quizá despertar prematuramente su interés por estas cuestiones, antes de que nazca espontáneamente en ellos? ¿Se espera con semejante ocultación encadenar el instinto sexual hasta la época en que sea posible dirigirle por los caminos que el orden social considera lícitos? ¿Se supone acaso que los niños no mostrarán interés ninguno hacia los hechos y los enigmas de la vida sexual, si no se atrae su atención sobre ellos? ¿Se cree quizá que el conocimiento que se les niega no habrá de serles aportado por otros caminos? ¿O es que se persigue realmente y con toda seriedad el propósito de que más tarde juzguen todo lo sexual como algo bajo y despreciable, de lo cual procuraron mantenerlos alejados el mayor tiempo posible sus padres y maestros?

No sé, en verdad, en cuál de estos propósitos he de ver el motivo de ocultar a los niños, como sistemáticamente se viene haciendo, todo lo concerniente a la vida sexual. Sólo sé que todos ellos son igualmente especiosos y no merecen siquiera una razonada controversia. Pero recuerdo haber hallado en las cartas familiares del gran pensador y filántropo Multatuli unas ideas más que suficientes como respuesta[7]:

"A mi sentir, se encubren excesivamente algunas cosas. Se obra con acierto procurando conservar pura la imaginación de los niños, pero la ignorancia no es el mejor medio para conseguirlo. Por el contrario, creo que la ocultación hace que el niño llegue a sospechar mucho antes la verdad. La curiosidad nos lleva a preocuparnos de cosas que nos inspirarían escaso interés si se nos hubieran comunicado franca y sencillamente. Si fuera posible mantener al niño en una absoluta ignorancia, todavía admitiríamos el procedimiento; pero el infantil sujeto

---

[7] *Cartas de Multatuli*, publicadas por W. Spohr, tomo I, 1906, pág. 26.

oye a otros o lee en los libros que caen en sus manos cosas que le inducen a meditar, y precisamente el disimulo que sus padres y educadores observan sobre ellas intensifica su ansia de saber. Este deseo, sólo parcial, y secretamente satisfecho, acalora y pervierte su fantasía y el niño comienza ya a pecar en tiempos en los que sus padres creen que ignora aun lo que es pecado".

Nada mejor puede decirse sobre la cuestión, y sí tan sólo añadir algo: lo que impulsa a los adultos a observar esta conducta de "disimulo" para con los niños es, desde luego, la mojigatería usual y la propia mala conciencia en lo concerniente a la sexualidad, pero quizá también cierta ignorancia teórica, a la que no es imposible poner remedio. Se cree, en efecto, que los niños carecen de instinto sexual, no apareciendo este en ellos hasta la pubertad, con la madurez de los órganos sexuales. Es este un grave error de lamentables consecuencias, tanto teóricas como prácticas, y resulta tan fácil de rectificar por medio de la mera observación, que admira haya podido incurrirse en él. La verdad es que el recién nacido trae ya consigo al mundo su sexualidad. Determinadas sensaciones sexuales acompañan su desarrollo a través del período de lactancia y de la época infantil, siendo muy pocos los niños que llegan a la pubertad sin haber pasado por actividades y sensaciones sexuales. Aquellos lectores a quienes pueda interesar una detallada exposición de estas afirmaciones, la hallarán en mis *Tres ensayos para una teoría sexual*, publicados en 1905[8]. Verán allí que los órganos de la reproducción no son la única parte del cuerpo que puede generar sensaciones de placer sexual y que la Naturaleza ha dispuesto las cosas de manera que, aun en la más temprana infancia, resultan inevitables ciertos estímulos de los genitales. Esta época de la vida individual, en la cual el estímulo de

---

[8] Véase el tomo II de estas *Obras Completas*.

distintos lugares de la epidermis (zonas erógenas), la acción de ciertos instintos biológicos y la excitación concomitante a muchos estados afectivos engendran una cierta magnitud de placer, innegablemente sexual, es conocida con el nombre de período del *autoerotismo*, según la expresión introducida por Havelock Ellis. La pubertad se limita a procurar a los genitales la primacía sobre todas las zonas y fuentes erógenas, obligando así al erotismo a ponerse al servicio de la función reproductora; proceso cuya evolución puede ser perturbada por determinadas coerciones y que en muchos individuos —los ulteriores perversos y neuróticos— no se desarrolla sino muy imperfectamente. Por otro lado, el niño es capaz de la mayor parte de las funciones psíquicas de la vida erótica (la ternura, los celos) mucho antes de alcanzar la pubertad, y la frecuente unión de estos estados psíquicos con sensaciones somáticas de excitación sexual revela al niño la íntima relación de ambos fenómenos. En resumen: el niño aparece perfectamente capacitado para la vida erótica —excepción hecha de la reproducción— mucho antes de la pubertad, y puede afirmarse que al ocultarle sistemáticamente lo sexual sólo se consigue privarle de la capacidad de dominar intelectualmente aquellas funciones para las cuales posee ya una preparación psíquica y una disposición somática.

El interés intelectual del niño por los enigmas de la vida sexual, su curiosidad sexual, se manifiesta también en época insospechadamente temprana. Sólo pensando que los padres oponen a este interés infantil una inexplicable ceguera o se esfuerzan inmediatamente en yugularlo cuando no han podido dejar de advertirlo, podemos explicarnos la escasez de observaciones del orden siguiente: Cuento entre mis amistades a un espléndido chiquillo que acaba de cumplir los cuatro años, cuyos padres, muy comprensivos e inteligentes, han renunciado a reprimir violentamente una parte del desarrollo de su hijo. El pequeño Juanito, que desde luego no ha sido objeto de incitación sexual alguna por parte de sus guardadores, muestra, hace ya algún tiempo, el más vivo interés por una determinada parte de su cuerpo, a la que llama "la cosita de hacer pipí". Ya a los tres años preguntó una vez a su madre: "Mamá, ¿tienes tú también una cosita de hacer pipí?" A lo cual le respondió la madre: "Naturalmente que sí. ¿Qué te habías creído?" También a su padre hubo de dirigirle repetidamente igual pregunta. Próximamente por la misma época, al visitar por vez primera un establo y ver ordeñar una vaca, exclamó asombrado: "¡Mira: de la cosita de hacer pipí sale leche!" A los tres años y nueve meses parece hallarse ya en camino de descubrir por sí mismo, con ayuda de sus observaciones, categorías exactas. Ve desaguar la caldera de una locomotora y dice: "Fíjate, la locomotora hace pipí. ¿Dónde tiene la cosita?" Y poco tiempo después expone el resultado de sus reflexiones: "Un perro y un caballo tienen una cosita de hacer pipí; una mesa y una silla, no". Hace poco ha presenciado el baño de una hermanita suya, nacida una semana antes, observando: "¡Qué pequeña tiene aún la cosita! Ya le crecerá cuando sea mayor". (Esta actitud ante el problema de la diferencia de los sexos es frecuente entre los niños de la edad de Juanito). He de hacer constar que Juanito no es un niño que muestre una especial disposición sexual o patológica. Lo que, a mí juicio, sucede es que no ha sido intimidado ni se ve atormentado por un sentimiento de culpa, y comunica, por lo tanto, con la mayor inocencia, sus procesos mentales[9].

El segundo grave problema que se plantea al pensamiento infantil —aunque ya en años posteriores— es el del origen de los niños, suscitado generalmente por la aparición indeseada

---

[9] *Nota en 1924.* —Sobre la ulterior enfermedad neurótica de Juanito y su curación, véase mi trabajo *Análisis de la fobia de un niño de cinco años (Caso «Juanito»).*

N. del traductor. —Este trabajo está publicado en el tomo XV de estas *Obras Completas.*

de un hermanito o hermanita. Es esta la interrogante más antigua y ardiente de la humanidad. Aquellos que han aprendido a descifrar el oculto sentido de los mitos y las tradiciones la sienten palpitar ya en el enigma que la esfinge tebana propone a Edipo. Las respuestas habituales en la *nursery* hieren el honrado instinto de investigación del niño, defraudando por vez primera su confianza en sus padres. A partir de aquí comenzará a desconfiar de los adultos y a ocultarles sus pensamientos más íntimos. El pequeño documento que a continuación transcribimos demuestra cuán atormentadora puede llegar a ser esta ansia de saber, aun en niños ya mayores. Trátase de una carta de una niña de once años y medio, huérfana de madre, que ha discutido largamente la cuestión con su hermanita menor:

"Querida tía Mali:

Hazme el favor de escribirme contándome cómo has tenido a Cristina o a Pablito. Tú tienes que saberlo, puesto que estás casada. Hemos discutido mucho anoche hablando de esto, y queremos saber la verdad. Pero no tenemos a nadie más que a ti a quien poder preguntar. ¿Cuándo vienes a Salzburgo? No podemos comprender, querida tía Mali, cómo trae la cigüeña a los niños. Trudel cree que los trae vestidos sólo con una camisita. Quisiéramos saber también si los coge del estanque, y por qué cuando nosotros vamos al estanque no vemos nunca en él ningún niño. Dinos también cómo es qué cuando se va a tener un niño se sabe ya desde antes. Escríbeme muy largo contándomelo todo.

Muchos recuerdos y muchos besos de todos nosotros.

Tu curiosa,

Lilí".

No creo que esta enternecedora misiva procurase a las dos hermanas la explicación deseada. La mayor enfermó ulteriormente de aquella neurosis que se deriva de interrogantes inconscientes no contestadas[10].

No creo que exista razón alguna aceptable para negar a los niños la explicación demandada por su ansia de saber. Ahora bien: si el propósito del educador es impedir cuanto antes que el niño llegue a pensar por su cuenta, sacrificando su independencia intelectual al deseo de que sea lo que se llama "un niño juicioso", el mejor camino es, ciertamente, el engaño en el terreno sexual y la intimidación en el terreno religioso. Los sujetos de naturaleza más enérgica rechazan, desde luego, tales influencias y adoptan ante la autoridad de los padres una aptitud de rebeldía, que luego mantienen a través de toda su vida con respecto a cualquier otra autoridad. En general, cuando los niños ven negadas aquellas explicaciones que demandan de los adultos, prosiguen atormentándose en secreto con tales problemas y construyen tentativas de solución, en las cuales la verdad sospechada aparece mezclada con grotescos errores, o se comunican unos a otros sigilosamente sus descubrimientos, en los cuales el sentimiento de culpabilidad del infantil investigador imprime a la vida sexual el sello de lo repugnante y prohibido. Estas teorías sexuales infantiles serían muy merecedoras de colección y estudio. Por lo general, pierden los niños, a partir de este punto, la única posición exacta ante los problemas sexuales, y muchos de ellos para no volverla a recuperar.

Parece ser que la inmensa mayoría de los autores, tanto masculinos como femeninos, que han escrito sobre la ilustración sexual de los niños han resuelto la cuestión en sentido afirmativo. Pero la torpeza de las propuestas sobre el momento y el modo de llevarla a cabo nos inclina a deducir que tal decisión

[10] Sustituida años después por una demencia precoz.

no les ha sido nada fácil. La encantadora carta explicativa que Emma Eckstein[11] figura dirigir a un hijo suyo de diez años constituye —que yo sepa— un caso aislado.

La práctica general de ocultar a los niños el mayor tiempo posible todo conocimiento sexual para otorgarles luego, con frases ampulosas y solemnes, una media explicación, que casi siempre llega tarde, es francamente equivocada. La mayor parte de las respuestas a la pregunta "¿cómo decírselo a mi hijo?" me dan tan lamentable impresión que incluso preferiría que los padres no se ocuparan de la ilustración sexual infantil. Lo verdaderamente importante es que los niños no se formen la idea de que, entre todo aquello que no alcanzan aún a comprender, lo que más cuidadosamente se les oculta son los hechos de la vida sexual. Para conseguirlo así es necesario que lo sexual sea tratado, desde un principio, en la misma forma que cualquier otro orden de cosas dignas de ser sabidas. Ante todo, es labor de la escuela no eludir la mención de lo sexual, iniciando los grandes hechos de la reproducción en el estudio del mundo animal y haciendo constar, inmediatamente, que el hombre comparte todo lo esencial de su organización con los animales superiores. Si el ambiente familiar no tiende a intimidar el pensamiento infantil, no será raro oír frases como la siguiente, sorprendida por mí en una conversación entre un niño y su hermanita: "Pero, ¡¿cómo puedes creer todavía que la cigüeña trae a los niños pequeños?! Te han dicho ya que el hombre es un mamífero, y supongo que no creerás que también a los demás mamíferos les trae la cigüeña sus crías". De este modo, la curiosidad del niño no alcanzará nunca un alto grado si en cada estadio de la enseñanza encuentra su correspondiente satisfacción. La explicación de las características puramente

---

[11] E. Eckstein: *Die Sexualfrage in der Erziehung des Kindes*, 1904.

humanas de la vida sexual y de la significación social de esta última podrían darse entonces al término de la primera enseñanza, esto es, al cumplir el niño los diez años. Por último, el momento de la confirmación sería el más apropiado para explicar al niño, al corriente ya de lo somático, las obligaciones morales enlazadas al ejercicio del instinto. Una tal ilustración gradual, no interrumpida en época alguna e iniciada en y por la misma escuela primaria, me parece ser la única adaptada al desarrollo del niño y evita así todo posible peligro.

La sustitución del catecismo por un tratado elemental de los derechos y deberes del ciudadano, llevada a cabo por el Estado francés, me parece un gran progreso en la educación infantil. Pero esta instrucción elemental resultará aun lamentablemente incompleta si no incluye lo referente a la vida sexual. Es esta una laguna a cuya desaparición deben tender los esfuerzos de los pedagogos y los reformadores. En aquellos Estados que han abandonado la educación en manos de las órdenes religiosas no cabe, naturalmente, suscitar la cuestión. El sacerdote no admitirá jamás la igualdad esencial del hombre y el animal, pues no puede renunciar al alma inmortal, que le es precisa para fundar en ella la moral. Queda así demostrado, una vez más, cuán necio es poner a un traje destrozado un remiendo de paño nuevo y cuán imposible llevar a cabo una reforma aislada sin transformar las bases del sistema.

La moral sexual "cultural" y la nerviosidad moderna

1908

En su *Ética sexual*, recientemente publicada, establece Ehrenfels una distinción entre moral sexual "natural" y moral sexual "cultural". Por moral sexual natural entiende aquella bajo cuyo régimen puede una raza conservarse duraderamente en plena salud y capacidad vital. Moral sexual cultural sería, en cambio, aquella cuyos dictados impulsan al hombre a una obra de cultura más productiva e intensa. Esta antítesis se nos hará más transparente si oponemos entre sí el acervo *constitutivo* de un pueblo y su acervo *cultural*. Remitiendo a la citada obra de Ehrenfels a aquellos lectores que quieran seguir hasta su fin este importante proceso mental, me limitaré aquí a desarrollarlo lo estrictamente necesario para enlazar a él algunas aportaciones personales.

No es arriesgado suponer que bajo el imperio de una moral sexual cultural pueden quedar expuestas a ciertos daños la salud y la energía vital individuales, y que este daño, infligido a los individuos por los sacrificios que les son impuestos, alcanza, por último, tan alto grado que llega a constituir también un peligro para el fin social. Ehrenfels señala, realmente, toda una serie de daños de los que se ha de hacer responsable a la moral sexual dominante en nuestra sociedad occidental contemporánea, y aunque la reconoce muy apropiada para el progreso de la cultura, concluye postulando la necesidad de reformarla. Las características de la moral sexual cultural bajo cuyo régimen vivimos serían —según nuestro autor— la transferencia de las reglas de la vida sexual femenina a la masculina y la prohibición de todo comercio sexual fuera de la monogamia conyugal. Pero las diferencias naturales de los sexos habrían impuesto mayor tolerancia para las transgresiones sexuales del hombre, creándose así en favor de este una segunda moral. Ahora bien: una sociedad que tolera esta *doble* moral no puede superar cierta medida, harto limitada, de "amor a la verdad, honradez y humanidad", y ha de impulsar a sus miembros a ocultar la verdad, a pintar las cosas con falsos colores, a engañarse a sí mismos y a engañar a los demás. Otro daño aún más grave, imputable a la moral sexual cultural, sería el de paralizar —con la exaltación de la monogamia— la *selección viril*, único influjo susceptible de procurar una mejora de la constitución, ya que los pueblos civilizados han reducido al mínimo, por humanidad y por higiene, la *selección vital*[12].

Entre estos perjuicios, imputados a la moral sexual cultural, ha de echar de menos el médico uno cuya importancia analizaremos aquí detenidamente. Me refiero a la difusión, a ella imputable, de la nerviosidad en nuestra sociedad moderna. En ocasiones, es el mismo enfermo nervioso quien llama la atención del médico sobre la antítesis, observable en la causación de la enfermedad, entre la constitución y las exigencias culturales, diciéndole: "En nuestra familia todos hemos enfermado de los nervios por haber querido llegar a ser algo más de lo que nuestro origen nos permitía". No es tampoco raro que el médico se vea movido a reflexionar por la observación de que precisamente sucumben a la nerviosidad los descendientes de aquellos hombres de origen campesino, sencillo y sano, procedentes de familias rudas, pero fuertes, que emigraron a la ciudad y conquistaron en ella posición y fortuna, haciendo que sus

[12] Obra citada, pág. 32 y siguientes.

hijos se elevasen en un corto período de tiempo a un alto nivel cultural. Pero, además, los mismos neurólogos proclaman ya la relación del "incremento de la nerviosidad" con la moderna vida cultural. Algunas manifestaciones de los observadores más autorizados en este sector nos indicarán dónde se cree ver el fundamento de tal dependencia:

W. Erb[13]: «La cuestión planteada es la de si las causas de la nerviosidad antes expuestas se hallan realmente dadas en la vida moderna en tan elevada medida que expliquen el extraordinario incremento de tal enfermedad, y a esta interrogante hemos de contestar en el acto afirmativamente, pues nos basta para ello echar una rápida ojeada sobre nuestra vida moderna y su particular estructura.

»La simple enunciación de una serie de hechos generales basta ya para demostrar nuestro postulado; las extraordinarias conquistas de la Edad Moderna, los descubrimientos e invenciones en todos los sectores y la conservación del terreno conquistado contra la competencia cada vez mayor no se han alcanzado sino mediante una enorme labor intelectual, y sólo mediante ella pueden ser mantenidos. Las exigencias planteadas a nuestra capacidad funcional en la lucha por la existencia son cada vez más altas, y sólo podemos satisfacerlas poniendo en el empeño la totalidad de nuestras energías anímicas. Al mismo tiempo, las necesidades individuales y el ansia de goces han crecido en todos los sectores; un lujo inaudito se ha extendido hasta penetrar en capas sociales a las que jamás había llegado antes; la irreligiosidad, el descontento y la ambición han aumentado en amplios sectores del pueblo; el extraordinario incremento del comercio y las redes de telégrafos y teléfonos que envuelven el

[13] *Uber die wachsende Nervosität unseres Zeit*, 1893.

mundo han modificado totalmente el ritmo de la vida; todo es prisa y agitación; la noche se aprovecha para viajar; el día, para los negocios, y hasta los "viajes de recreo" exigen un esfuerzo al sistema nervioso. Las grandes crisis políticas, industriales o financieras llevan su agitación a círculos sociales mucho más extensos. La participación en la vida política se ha hecho general. Las luchas sociales, políticas y religiosas, la actividad de los partidos, la agitación electoral y la vida corporativa, intensificada hasta lo infinito, acaloran los cerebros e imponen a los espíritus un nuevo esfuerzo cada día, robando el tiempo al descanso, al sueño y a la recuperación de energías. La vida de las grandes ciudades es cada vez más refinada e intranquila. Los nervios, agotados, buscan fuerzas en excitantes cada vez más fuertes, en placeres intensamente especiados, fatigándose aún más en ellos. La literatura moderna se ocupa preferentemente de problemas sospechosos, que hacen fermentar todas las pasiones y fomentar sensualidad, el ansia de placer y el desprecio de todos los principios éticos y todos los ideales, presentando a los lectores figuras patológicas y cuestiones psicopático-sexuales y revolucionarias. Nuestro oído es sobreexcitado por una música ruidosa y violenta, los teatros captan todos los sentidos en sus representaciones excitantes, e incluso las artes plásticas se orientan con preferencia hacia lo feo, repugnante o excitante, sin espantarse de presentar a nuestros ojos, con un repugnante realismo, lo más horrible que la realidad puede ofrecernos.

»Este cuadro general, que nos señala ya en nuestra cultura moderna toda una serie de peligros, puede ser aún completado con la adición de algunos detalles.»

Binswanger[14]: «Se indica especialmente la neurastenia como una enfermedad por completo moderna, y Beard, a quien debe-

[14] *Die Pathologie und Therapie der Neurasthenie*, 1896.

mos su primera descripción detallada, creía haber descubierto una nueva enfermedad nerviosa nacida en suelo americano. Esta hipótesis era, naturalmente, errónea; pero el hecho de haber sido un médico americano quien primeramente pudiese aprehender y retener, como secuela de una amplia experiencia clínica, los singulares rasgos de esta enfermedad, demuestra la íntima conexión de la misma con la vida moderna, con la fiebre de dinero y con los enormes progresos técnicos que han echado por tierra todos los obstáculos de tiempo y espacio opuestos antes a la vida de relación.»

Von Kraff-Ebing[15]: «En nuestras modernas sociedades civilizadas es infinito el número de hombres cuya vida integra una plenitud de factores antihigiénicos más que suficiente para explicar el incremento de la nerviosidad, pues tales factores actúan primera y principalmente sobre el cerebro. Las circunstancias sociales y políticas, y más aún las mercantiles, industriales y agrarias de las naciones civilizadas, han sufrido, en el curso del último decenio, modificaciones que han transformado por completo la propiedad y las actividades profesionales y ciudadanas, todo ello a costa del sistema nervioso, que se ve obligado a responder al incremento de las exigencias sociales y económicas con un gasto mayor de energía, para cuya reposición no se le concede, además, descanso suficiente.»

De estas teorías, así como de otras muchas de análogo contenido, no podemos decir que sean totalmente inexactas, pero sí que resultan insuficientes para explicar las peculiaridades de las perturbaciones nerviosas y, sobre todo, que desatienden precisamente el factor etiológico más importante. Prescindiendo, en efecto, de los estados indeterminados de "nerviosidad" y

[15] *Nervositat und neurasthenische Zustande*, 1895.

ateniéndonos tan sólo a las formas neuropatológicas propiamente dichas, vemos reducirse la influencia perjudicial de la cultura a una coerción nociva de la vida sexual de los pueblos civilizados (o de los estratos sociales cultos) por la moral sexual cultural en ellos imperante.

En esta serie de escritos profesionales he tratado ya de aportar la prueba de esta afirmación. No he de repetirla aquí, pero sí extractaré los argumentos principales, deducidos de mis investigaciones.

Una continua y penetrante observación clínica nos autoriza a distinguir en los estados neuropatológicos dos grandes grupos: las *neurosis* propiamente dichas y las *psiconeurosis*. En las primeras, los síntomas somáticos o psíquicos parecen ser de naturaleza *tóxica*, comportándose idénticamente a los fenómenos consecutivos a una incorporación exagerada o a una privación repentina de ciertos tóxicos del sistema nervioso. Estas neurosis —sintetizadas generalmente bajo el concepto de neurastenia— pueden ser originadas, sin que sea indispensable la colaboración de una tara hereditaria, por ciertas anormalidades nocivas de la vida sexual, correspondiendo precisamente la forma de la enfermedad a la naturaleza especial de dichas anormalidades, y ello de tal manera que del cuadro clínico puede deducirse directamente muchas veces la especial etiología sexual. Ahora bien: entre la forma de la enfermedad nerviosa y las restantes influencias nocivas de la cultura, señaladas por los distintos autores, no aparece jamás una tal correspondencia regular. Habremos, pues, de considerar el factor sexual como el más esencial en la causación de las neurosis propiamente dichas.

En las psiconeurosis es más importante la influencia hereditaria y menos transparente la causación. Un método singular de investigación, conocido con el nombre de psicoanálisis, ha permitido descubrir que los síntomas de estos padecimientos (histeria, neurosis obsesiva, etc.) son de carácter *psicógeno* y dependen de la acción de complejos inconscientes (reprimidos) de representaciones. Este mismo método nos ha llevado también al conocimiento de tales complejos, revelándonos que integran, en general, un contenido sexual, pues nacen de las necesidades sexuales de individuos insatisfechos y representan para ellos una especie de satisfacción sustitutiva. De este modo habremos de ver en todos aquellos factores que dañan la vida sexual, cohíben su actividad o desplazan sus fines, factores patógenos también de las psiconeurosis.

El valor de la diferenciación teórica entre neurosis tóxica y neurosis psicógena no queda disminuido por el hecho de que en la mayoría de las personas nerviosas puedan observarse perturbaciones de ambos orígenes.

Aquellos que se hallen dispuestos a buscar conmigo la etiología de la nerviosidad en ciertas anormalidades nocivas de la vida sexual leerán con interés los desarrollos que siguen, destinados a insertar el tema del incremento de la nerviosidad en más amplio contexto.

Nuestra cultura descansa totalmente en la coerción de los instintos. Todos y cada uno hemos renunciado a una parte de nuestro poderío, a una parte las tendencias agresivas y vindicativas de nuestra personalidad, y de estas aportaciones ha nacido la común propiedad cultural de bienes materiales e ideales. La vida misma, y quizá también muy principalmente los sentimientos familiares, derivados del erotismo, han sido los factores que han movido al hombre a tal renuncia, la cual ha ido haciéndose cada vez más amplia en el curso del desarrollo de la cultura. Por su parte, la religión se ha apresurado a sancionar inmediatamente tales limitaciones progresivas, ofrendando a la divinidad como un sacrificio cada nueva renuncia a la satisfacción de los instintos y declarando "sagrado" el nuevo provecho así aportado a la colectividad.

Aquellos individuos a quienes una constitución indomable impide incorporarse a esta represión general de los instintos son considerados por la sociedad como "delincuentes" y declarados fuera de la ley, a menos que su posición social o sus cualidades sobresalientes les permitan imponerse como "grandes hombres" o como "héroes".

El instinto sexual —o, mejor dicho, los instintos sexuales, pues la investigación analítica enseña que el instinto sexual es un compuesto de muchos instintos parciales— se halla probablemente más desarrollado en el hombre que en los demás animales superiores y es, desde luego, en él mucho más constante, puesto que ha superado casi por completo la periodicidad, a la cual aparece sujeto en los animales. Pone a la disposición de la labor cultural grandes magnitudes de energía, pues posee en alto grado la peculiaridad de poder desplazar su fin sin perder grandemente en intensidad. Esta posibilidad de cambiar el fin sexual primitivo por otro, ya no sexual, pero psíquicamente afín al primero, es lo que designamos con el nombre de capacidad de *sublimación*. Contrastando con una tal facultad de desplazamiento que constituye su valor cultural, el instinto sexual es también susceptible de tenaces fijaciones, que lo inutilizan para todo fin cultural y lo degeneran, conduciéndolo a las llamadas anormalidades sexuales. La energía original del instinto sexual varía probablemente con el sujeto e igualmente, desde luego, su parte susceptible de sublimación. A nuestro juicio, la organización congénita es la que primeramente decide qué parte del instinto podrá ser susceptible de sublimación en cada individuo; pero, además, las influencias de la vida y la acción del intelecto sobre el aparato anímico consiguen sublimar otra nueva parte. Claro está que este proceso de desplazamiento no puede ser continuado hasta lo infinito, como tampoco puede serlo la transformación del calor en trabajo mecánico en nuestras maquinarias. Para la inmensa mayoría de las organizaciones parece imprescindible cierta medida de satisfacción sexual directa, y la privación de esta medida, individualmente variable, se paga con fenómenos que, por su daño funcional y su carácter subjetivo displaciente, hemos de considerar como patológicos.

Aún se nos abren nuevas perspectivas al atender al hecho de que el instinto sexual del hombre no tiene originariamente como fin la reproducción, sino determinadas formas de la consecución del placer[16]. Así se manifiesta efectivamente en la niñez individual, en la que alcanza tal consecución de placer no sólo en los órganos genitales, sino también en otros lugares del cuerpo (zonas erógenas), y puede, por lo tanto, prescindir de todo otro objeto erótico menos cómodo. Damos a esta fase el nombre de estadio de *autoerotismo*, y adscribimos a la educación la labor de limitarlo, pues la permanencia en él del instinto sexual le haría incoercible e inaprovechable ulteriormente. El desarrollo del instinto sexual pasa luego del autoerotismo al amor a un objeto, y de la autonomía de las zonas erógenas a la subordinación de las mismas a la primacía de los genitales, puestos al servicio de la reproducción. En el curso de esta evolución, una parte de la excitación sexual, emanada del propio cuerpo, es inhibida como inaprovechable para la reproducción, y en el caso más favorable, conducida a la sublimación. Resulta así que mucha parte de las energías utilizables para la labor cultural tiene su origen en la represión de los elementos perversos de la excitación sexual.

Ateniéndonos a estas fases evolutivas del instinto sexual podremos distinguir tres grados de cultura: Uno, en el cual la actividad del instinto sexual va libremente más allá de la reproducción; otro, en el que el instinto sexual queda coartado en su totalidad, salvo en la parte puesta al servicio de la reproducción;

---

[16] *Cf. Tres ensayos para una teoría sexual*, en el tomo II de estas *Obras Completas*.

y un tercero, en fin, en el cual sólo la reproducción legítima es considerada y permitida como fin sexual. A este tercer estadio corresponde nuestra presente moral sexual "cultural".

Tomando como nivel el segundo de estos estadios, comprobamos ya la existencia de muchas personas a quienes su organismo no permite plegarse a las normas en él imperantes. Hallamos, en efecto, series enteras de individuos, en los cuales la citada evolución del instinto sexual, desde el autoerotismo al amor a un objeto, con la reunión de los genitales como fin, no ha tenido efecto de un modo correcto y completo, y de estas perturbaciones del desarrollo resultan dos distintas desviaciones nocivas de la sexualidad normal; esto es, propulsoras de la cultura y desviaciones que se comportan entre sí como un positivo y un negativo. Trátase aquí —exceptuando a aquellas personas que presentan un instinto sexual exageradamente intenso e indomable— de las diversas especies de *perversos*, en los que una fijación infantil a un fin sexual provisional ha detenido la primacía de la función reproductora, y, en segundo lugar, de los *homosexuales* o *invertidos*, en los cuales, y de un modo aún no explicado por completo, el instinto sexual ha quedado desviado del sexo contrario. Si el daño de estas dos clases de perturbaciones del desarrollo es en realidad menor de lo que podría esperarse, ello se debe, sin duda, a la compleja composición del instinto sexual, que permite una estructuración final aprovechable a la vida sexual, aun cuando uno o varios componentes del instinto hayan quedado excluidos del desarrollo. Así, la constitución de los invertidos u homosexuales se caracteriza frecuentemente por una especial aptitud del instinto sexual para la sublimación cultural.

De todos modos, un desarrollo intenso o hasta exclusivo de las perversiones o de la homosexualidad hace desgraciado al sujeto correspondiente y le inutiliza socialmente, resultando así que ya las exigencias culturales del segundo grado han de ser reconocidas como una fuente de dolor para cierto sector de la humanidad. Los destinos de estas personas, cuya constitución difiere de la de sus congéneres, son muy diversos según la mayor o menor energía de su instinto sexual. Dado un instinto sexual débil, pueden los perversos alcanzar una coerción total de aquellas tendencias que los sitúan en conflicto con las exigencias morales de su grado de cultura. Pero este es también su único rendimiento, pues agotan en tal inhibición de sus instintos sexuales todas las energías, que de otro modo aplicarían su labor cultural. Quedan reducidos a su propia lucha interior y paralizados para toda acción exterior. Se da en ellos el mismo caso que más adelante volveremos a hallar al ocuparnos de la abstinencia exigida en el tercer grado cultural.

Dado un instinto sexual muy intenso, pero perverso, pueden esperarse dos desenlaces. El primero, que bastará con enunciar, es que el sujeto permanezca perverso y condenado a soportar las consecuencias de su divergencia del nivel cultural. El segundo es mucho más interesante, y consiste en que, bajo la influencia de la educación y de las exigencias sociales, se alcanza, sí, una cierta inhibición de los instintos perversos, pero una inhibición que en realidad no logra por completo su fin, pudiendo calificarse de inhibición frustrada. Los instintos sexuales, coartados, no se exteriorizan ya, desde luego, como tales —y en esto consiste el éxito parcial del proceso inhibitorio—, pero sí en otra forma igualmente nociva para el individuo y que le inutiliza para toda labor social tan en absoluto como le hubiera inutilizado la satisfacción no modificada de los instintos inhibidos. En esto último consiste el fracaso parcial del proceso, fracaso que a la larga anula el éxito. Los fenómenos sustitutivos, provocados en este caso por la inhibición de los instintos, constituyen aquello que designamos con el nombre de nerviosidad, y más especialmente con el de psiconeurosis. Los neuróticos son aquellos hombres que, poseyendo una organización desfavorable, llevan a cabo, bajo el influjo de las exigencias culturales, una inhibición aparente, y en el fondo fracasada, de sus instintos, y que, por ello, sólo con un enorme gasto de energías y sufriendo un continuo empobrecimiento interior pueden sostener su colaboración en la obra cultural o tienen que abandonarla temporalmente por enfermedad. Calificamos a las neurosis de "negativo" de las perversiones porque contienen en estado de "represión" las mismas tendencias, las cuales, después del proceso represor, continúan actuando desde lo inconsciente.

La experiencia enseña que para la mayoría de los hombres existe una frontera más allá de la cual no puede seguir su constitución las exigencias culturales. Todos aquellos que quieren ser más nobles de lo que su constitución les permite sucumben a la neurosis. Se encontrarían mejor si les hubiera sido posible ser peores. La afirmación de que la perversión y la neurosis se comportan como un positivo o un negativo encuentra con frecuencia una prueba inequívoca en la observación de sujetos pertenecientes a una misma generación. No es raro encontrar una pareja de hermanos en la que el varón es un perverso sexual y la hembra, dotada como tal de un instinto sexual más débil, una neurótica, pero con la particularidad de que sus síntomas expresan las mismas tendencias que las perversiones del hermano, más activamente sexual. Correlativamente, en muchas familias son los hombres sanos, pero inmorales hasta un punto indeseable, y las mujeres, nobles y refinadas, pero gravemente nerviosas.

Una de las más evidentes injusticias sociales es la de que el *standard* cultural exija de todas las personas la misma conducta sexual, que, fácil de observar para aquellos cuya constitución se lo permite, impone a otros los más graves sacrificios psíquicos. Aunque claro está que esta injusticia queda eludida en la mayor parte de los casos por la transgresión de los preceptos morales.

Hasta aquí hemos desarrollado nuestras observaciones refiriéndonos a las exigencias planteadas al individuo en el segundo de los grados de cultura por nosotros supuestos, en el cual sólo quedan prohibidas las actividades sexuales llamadas perversas, concediéndose, en cambio, amplia libertad al comercio sexual considerado como normal. Hemos comprobado que ya con esta distribución de las libertades y las restricciones sexuales queda situado al margen, como perverso, todo un grupo de individuos, y sacrificado a la nerviosidad otro, formado por aquellos sujetos que se esfuerzan en no ser perversos, debiéndolo ser por su constitución. No es ya difícil prever el resultado que habrá de obtenerse al restringir aún más la libertad sexual, prohibiendo toda actividad de este orden fuera del matrimonio legítimo, como sucede en el tercero de los grados de cultura antes supuestos. El número de individuos fuertes que habrán de situarse en franca rebeldía contra las exigencias culturales aumentará de un modo extraordinario, e igualmente el de los débiles que en su conflicto entre la presión de las influencias culturales y la resistencia de la constitución se refugiarán en la enfermedad neurótica.

Surgen aquí tres interrogantes:

1. —Cuál es la labor que las exigencias del tercer grado de cultura plantean al individuo.

2. —Si la satisfacción sexual legítima permitida consigue ofrecer una compensación aceptable de la renuncia exigida.

3. —Cuál es la proporción entre los daños eventuales de tal renuncia y sus provechos culturales.

La respuesta a la primera cuestión roza un problema varias veces tratado ya y cuya discusión no es posible agotar aquí: el problema de la abstinencia sexual. Lo que nuestro tercer grado de cultura exige al individuo es, en ambos sexos, la abstinencia hasta el matrimonio o hasta el fin de la vida para aquellos que no lo contraigan. La afirmación, grata a todas las autoridades, de que la abstinencia sexual no trae consigo daño alguno, ni es siquiera difícil de observar, ha sido sostenida también por muchos médicos. Pero no es arriesgado asegurar que la tarea de dominar por medios distintos de la satisfacción un impulso tan poderoso como el instinto sexual es tan ardua, que puede acaparar todas las energías del individuo. El dominio por medio de la sublimación, esto es, por la desviación de las fuerzas instintivas sexuales hacia fines culturales elevados, no es asequible sino a una limitada minoría, y aún a esta sólo temporalmente y con máxima dificultad durante la fogosa época juvenil. La inmensa mayoría sucumbe a la neurosis o sufre otros distintos daños. La experiencia demuestra que la mayor parte de las personas que componen nuestra sociedad no poseen el temple constitucional necesario para la labor que plantea la observación de abstinencia. Aquellos que hubieran enfermado dada una menor restricción sexual, enferman antes y más intensamente bajo las exigencias de nuestra moral sexual cultural contemporánea, pues contra la amenaza de la tendencia sexual normal por disposiciones defectuosas o trastornos del desarrollo no conocemos garantía más segura que la misma satisfacción sexual. Cuanto mayor es la disposición de una persona a la neurosis, peor soporta la abstinencia; toda vez que los instintos parciales que se sustraen al desarrollo normal antes descrito se hacen, al mismo tiempo, tanto más incoercibles. Pero también aquellos sujetos que, bajo las exigencias del segundo grado de cultura, hubieran permanecido sanos, sucumben aquí a la neurosis en gran número, pues la prohibición eleva considerablemente el valor psíquico de la satisfacción sexual. La libido estancada se hace apta para percibir algunos de los puntos débiles que jamás faltan en la estructura de una *vita sexualis* y se abre paso por él hasta la satisfacción sustitutiva neurótica en forma de síntomas patológicos. Aprendiendo a penetrar en la condicionalidad de las enfermedades nerviosas se adquiere pronto la convicción de que su incremento en nuestra sociedad moderna procede del aumento de las restricciones sexuales.

Tócanos examinar ahora la cuestión de si el comercio sexual dentro del matrimonio legítimo puede ofrecer una compensación total de la restricción sexual anterior al mismo. El material en que fundamentar una respuesta negativa se nos ofrece tan abundante, que sólo muy sintéticamente podremos exponerlo. Recordaremos, ante todo, que nuestra moral sexual cultural restringe también el comercio sexual aun dentro del matrimonio mismo, obligando a los cónyuges a satisfacerse con un número por lo general muy limitado de concepciones. Por esta circunstancia no existe tampoco en el matrimonio un comercio sexual satisfactorio más que durante algunos años, de los cuales habrá de deducir, además, aquellos períodos en los que la mujer debe ser respetada por razones higiénicas. Al cabo de estos tres, cuatro o cinco años, el matrimonio falla por completo en cuanto ha prometido la satisfacción de las necesidades sexuales, pues todos los medios inventados hasta el día para evitar la concepción disminuyen el placer sexual, repugnan a la sensibilidad de los cónyuges o son directamente perjudiciales para la salud. El temor a las consecuencias del comercio sexual hace desaparecer primero la ternura física de los esposos y más tarde, casi siempre, también la mutua inclinación psíquica destinada a recoger la herencia de la intensa pasión inicial. Bajo la desilusión anímica y la privación corporal, que es así el destino de la mayor parte de los matrimonios, se encuentran de nuevo transferidos los cónyuges al estado anterior a su enlace, pero con una ilusión menos y sujetos de nuevo a la tarea de dominar y desviar su instinto sexual.

No hemos de entrar a investigar en qué medida lo logra el hombre llegado a plena madurez; la experiencia nos muestra que hace uso frecuente de la parte de libertad sexual que aun el más riguroso orden sexual le concede, si bien en secreto y a disgusto. La "doble" moral sexual existente para el hombre en nuestra sociedad es la mejor confesión de que la sociedad misma que ha promulgado los preceptos restrictivos no cree posible su observancia.

Por su parte, las mujeres que, en calidad de sustratos propiamente dichos de los intereses sexuales de los hombres, no poseen sino en muy escasa medida el don de la sublimación, y para las cuales sólo durante la lactancia pueden constituir los hijos una sustitución suficiente del objeto sexual; las mujeres, repetimos, llegan a contraer, bajo el influjo de las desilusiones aportadas por la vida conyugal, graves neurosis que perturban duraderamente su existencia. Bajo las actuales normas culturales, el matrimonio ha cesado de ser hace mucho tiempo el remedio general de todas las afecciones nerviosas de la mujer. Los médicos sabemos ya, por el contrario, que para "soportar" el matrimonio han de poseer las mujeres una gran salud, y tratamos de disuadir a nuestros clientes de contraerlo con jóvenes que ya de solteras han dado muestras de nerviosidad. Inversamente, el remedio de la nerviosidad originada por el matrimonio sería la infidelidad conyugal. Pero cuanto más severamente educada ha sido una mujer y más seriamente se ha sometido a las exigencias de la cultura, tanto más temor le inspira este recurso, y en su conflicto entre sus deseos y sus deberes busca un refugio en la neurosis. Nada protege tan seguramente su virtud como la enfermedad. El matrimonio, ofrecido como perspectiva consoladora al instinto sexual del hombre culto durante toda la juventud, no llega, pues, a constituir siquiera una solución durante su tiempo. No digamos ya a compensar la renuncia anterior.

Aun reconociendo estos prejuicios de la moral sexual cultural, se puede todavía responder a nuestra tercera interrogante alegando que las conquistas culturales consiguientes a tan severa restricción sexual compensan e incluso superan tales prejuicios individuales, que, en definitiva, sólo llegan a alcanzar cierta gravedad en una limitada minoría. Por mí parte, me declaro incapaz de establecer aquí un balance de pérdidas y ganancias. Sólo podría aportar aún numerosos datos para la valoración de las pérdidas. Volviendo al tema, antes iniciado, de la abstinencia, he de afirmar que la misma trae aún consigo otros perjuicios diferentes de las neurosis, las cuales integran, además, mucha mayor importancia de la que en general se les concede.

La demora del desarrollo y de la actividad sexuales, a la que aspiran nuestra educación y nuestra cultura, no trae consigo, en un principio, peligro alguno e incluso constituye una necesidad si tenemos en cuenta cuán tarde comienzan los jóvenes de nuestras clases ilustradas a valérselas por sí mismos y a ganar su vida, circunstancia en que se nos muestra, además, la íntima relación de todas nuestras instituciones culturales y la dificultad de modificar alguno de sus elementos sin atender a los restantes. Pero, pasados los veinte años, la abstinencia no está ya exenta de peligros para el hombre, y cuando no conduce a la nerviosidad trae consigo otros distintos daños. Suele decirse que la lucha con el poderoso instinto sexual y la necesaria acentuación en ella de todos los poderes éticos y estéticos de la vida anímica "aceran" el carácter. Esto es exacto para algunas naturalezas favorablemente organizadas. Así mismo, ha de concederse que la diferenciación de los caracteres individuales, tan acentuada hoy en día, ha sido hecha posible por la restricción sexual. Pero en la inmensa mayoría de los casos la lucha contra la sensualidad agota las energías disponibles del carácter, y ello en una época en la que el joven precisa de todas sus fuerzas para conquistar su participación y su puesto en la sociedad. La relación entre la sublimación posible y la actividad sexual necesaria oscila, naturalmente, mucho según el individuo e incluso según la profesión. Un artista abstinente es algo apenas posible. Por el contrario, no son nada raros los casos de abstinencia entre los jóvenes consagrados a una disciplina científica. Estos últimos pueden extraer de la abstinencia nuevas energías para el estudio.

En cambio, el artista hallará en la actividad sexual un excitante de función creadora. En general, tengo la impresión de que la abstinencia no contribuye a formar hombres de acción, enérgicos e independientes, ni pensadores originales o valerosos reformadores, sino más bien honradas medianías que se sumergen luego en la gran masa, acostumbrada a seguir con cierta resistencia los impulsos iniciados por individuos enérgicos.

En los resultados de la lucha por la abstinencia se revela también la conducta voluntariosa y rebelde del instinto sexual. La educación cultural no tendería quizá sino a su coerción temporal hasta el matrimonio, con la intención de dejarlo luego libre para servirse de él. Pero contra el instinto tienen más éxito las medidas extremas que las contemporizaciones. La coerción va con frecuencia demasiado lejos, dando lugar a que al llegar al momento de conceder libertad al instinto sexual, presente este ya daños duraderos, resultado al que no se tendía ciertamente. De aquí que la completa abstinencia durante la juventud no sea para el hombre la mejor preparación al matrimonio. Así lo sospechan las mujeres, y prefieren entre sus pretendientes aquellos que han demostrado ya con otras mujeres su masculinidad. Los perjuicios de la severa abstinencia exigida a las mujeres antes del matrimonio son especialmente evidentes. La educación no debe considerar nada fácil la labor de coartar la sensualidad de la joven hasta su matrimonio, pues recurre para ello a los medios más poderosos. No sólo prohíbe el comercio sexual y ofrece elevadas primas a la conservación de la inocencia, sino que trata de evitar a las adolescentes toda tentación, manteniéndolas en la ignorancia del papel que les está reservado y no tolerándoles impulso amoroso alguno que no pueda conducir al matrimonio. El resultado es que las muchachas, cuando de pronto se ven autorizadas a enamorarse por las autoridades familiares, no llegan a poder realizar la función psíquica correspondiente y van al matrimonio sin la seguridad de sus propios sentimientos. A consecuencia de la demora artificial de la función erótica sólo desilusiones procuran al hombre que ha ahorrado para ellas todos sus deseos. Sus sentimientos anímicos permanecen aún ligados a sus padres, cuya autoridad creó en ellas la coerción sexual, y su conducta corporal adolece de frigidez, con lo cual queda el hombre privado de todo placer sexual intenso. Ignoro si el tipo de mujer anestésica existe fuera de nuestras civilizaciones, aunque lo creo muy probable, pero lo cierto es que nuestra educación cultural se esfuerza precisamente en cultivarlo, y estas mujeres, que conciben sin placer, no se muestran muy dispuestas a parir frecuentemente con dolor. Resulta así que la preparación al matrimonio no consigue sino hacer fracasar los fines del mismo. Más tarde, cuando la mujer vence ya la demora artificialmente impuesta a su desarrollo sexual, llega a la cima de su existencia femenina y siente despertar en ella la plena capacidad de amar, pero se encuentra con que las relaciones conyugales se han enfriado hace ya tiempo, y como premio a su docilidad anterior le queda la elección entre el deseo insatisfecho, la infidelidad o la neurosis.

La conducta sexual de una persona constituye el *prototipo* de todas sus demás reacciones. A aquellos hombres que conquistan enérgicamente su objeto sexual les suponemos análoga energía en la persecución de otros fines. En cambio, aquellos que por atender a toda clase de consideraciones renuncian a la satisfacción de sus poderosos instintos sexuales serán, en los demás casos, más conciliadores y resignados que activos. En las mujeres puede comprobarse fácilmente un caso especial de este principio de la condición prototípica de la vida sexual con respecto al ejercicio de las demás funciones. La educación les prohíbe toda elaboración intelectual de los problemas sexuales, los cuales les inspiran siempre máxima curiosidad, y las atemoriza con la afirmación de que tal curiosidad es poco femenina y denota una disposición viciosa. Esta intimidación coarta su actividad intelectual y rebasa en su ánimo el valor de todo conocimiento, pues la prohibición de pensar se extiende más allá de la esfera sexual, en parte a consecuencia de relaciones inevitables y en parte automáticamente, proceso análogo al que provocan los dogmas en el pensamiento del hombre religioso o las ideas dinásticas en el de los monárquicos incondicionales. No creo que la antítesis biológica entre trabajo intelectual y actividad sexual explique la "debilidad mental fisiológica" de la mujer, como pretende Moebius en su discutida obra. En cambio, opino que la indudable inferioridad intelectual de tantas mujeres ha de atribuirse a la coerción mental necesaria para la coerción sexual.

Al tratar de la abstinencia no se suele distinguir suficientemente dos formas de la misma; la abstención de toda actividad sexual en general y la abstención del comercio sexual con el sexo contrario. Muchas personas que se vanaglorian de la abstinencia no la mantienen, quizá, sino con el auxilio de la masturbación o de prácticas análogas relacionadas con las actividades sexuales autoeróticas de la primera infancia. Pero precisamente a causa de esta relación no son tales medios sustitutivos de satisfacción sexual nada inofensivos, pues crean una disposición a aquellas numerosas formas de neurosis y psicosis que tienen por condición la regresión de la vida sexual a sus formas infantiles. Tampoco la masturbación corresponde a las exigencias ideales de la moral sexual cultural y provoca en el ánimo de los jóvenes aquellos mismos conflictos con el ideal educativo a los que intentaban sustraerse por medio de la abstinencia. Además, pervierte el carácter en más de un sentido, haciéndole adquirir hábitos perjudiciales, pues, en primer lugar, y conforme a la *condición prototípica* de la sexualidad, le acostumbra a alcanzar fines importantes sin esfuerzo alguno, por caminos fáciles y no mediante un intenso desarrollo de energía, y en segundo, eleva el objeto sexual, en las fantasías concomitantes a la satisfacción, a perfecciones difíciles de hallar luego en la realidad. De este modo, ha podido proclamar un ingenioso escritor (Karl Kraus), invirtiendo los términos, que "el coito no es sino un subrogado insuficiente del onanismo".

La severidad de las normas culturales y la dificultad de observar la abstinencia han coadyuvado a concretar esta última en la abstención del coito con personas de sexo distinto y a favorecer otras prácticas sexuales, equivalentes, por decirlo así, a una semiobediencia. Dado que el comercio sexual normal es implacablemente perseguido por la moral —y también por la higiene, a causa de la posibilidad de contagio—, ha aumentado considerablemente en importancia social aquellas prácticas sexuales, entre individuos de sexo diferente, a las que se da el nombre de perversas y en las cuales es usurpada por otras partes del cuerpo la función de los genitales. Pero estas prácticas no pueden ser consideradas tan innocuas como otras análogas transgresiones cometidas en el comercio sexual; son condenables desde el punto de vista ético, puesto que convierten las relaciones eróticas entre dos seres, de algo muy fundamental, en un cómodo juego sin peligro ni participación anímica. Otra de las consecuencias de la restricción de la vida sexual normal ha sido el incremento de la satisfacción homosexual. A todos aquellos que ya son homosexuales por su organización o han pasado a serlo en la niñez viene a agregarse un gran número de individuos de edad adulta, cuya libido, viendo obstaculizado su curso principal, deriva por el canal secundario homosexual.

Todas estas secuelas inevitables e indeseadas de la abstinencia impuesta por nuestra civilización concluyen en una consecuencia común, consistente en trastornar fundamentalmente la preparación al matrimonio, el cual había de ser, no obstante, según la intención de la moral sexual cultural, el único heredero de las tendencias sexuales. Todos aquellos hombres que a consecuencia de prácticas sexuales onanistas o perversas han enlazado su libido a situaciones y condiciones distintas de las normales desarrollan en el matrimonio una potencia disminuida. Igualmente, las mujeres que sólo mediante tales ayudas han conseguido conservar su virginidad, muestran en el matrimonio una anestesia total para el comercio sexual normal. Estos matrimonios, en los que ambos cónyuges adolecen ya, desde un principio, de una disminución de sus facultades eróticas, sucumben mucho más rápidamente al proceso de disolución. A causa de la escasa potencia del hombre, la mujer queda insatisfecha y permanece anestésica aun en aquellos casos en que su disposición a la frigidez, obra de la educación, hubiera cedido a la acción de intensas experiencias sexuales. Para tales parejas resulta aún más difícil que para las sanas evitar la concepción, pues la potencia disminuida del hombre soporta mal el empleo de medidas preventivas. En esta perplejidad, el comercio conyugal queda pronto interrumpido, como fuente de preocupaciones y molestias, y abandonado así el fundamento de la vida matrimonial.

Todas las personas peritas en estas materias habrán de reconocer que no exagero en modo alguno, sino que me limito a describir hechos comprobables en todo momento. Para los no iniciados ha de resultar increíble lo raro que es hallar en los matrimonios situados bajo el imperio de nuestra moral sexual cultural una potencia normal del marido, y lo frecuente, en cambio, de la frigidez de la mujer. No sospechan, ciertamente, cuántos renunciamientos trae consigo, a veces para ambas partes, el matrimonio, ni a lo que queda reducida la felicidad de la vida conyugal, tan apasionadamente deseada. Ya indicamos que en tales circunstancias el desenlace más próximo es la enfermedad nerviosa. Describiremos ahora en qué forma actúa tal matrimonio sobre el hijo único o los pocos hijos de él nacidos. A primera vista nos parece encontrarlos, en estos casos, ante una transferencia hereditaria, que, detenidamente examinada, resulta no ser sino el efecto de intensas impresiones infantiles. La mujer no satisfecha por su marido, y a consecuencia de ello neurótica, hace objeto a sus hijos de una exagerada ternura, atormentada por constantes zozobras, pues concentra en ellos su necesidad de amor y despierta en ellos una prematura madurez sexual. Por otro lado, el desacuerdo reinante entre los padres excita la vida sentimental del niño y le hace experimentar, ya en la más tierna edad, amor, odio y celos. Luego, la severa educación, que no tolera actividad alguna a esta vida sexual tan tempranamente despertada, interviene como poder represor y el conflicto surgido así en edad tan tierna del sujeto integra todos los factores precisos para la causación de una nerviosidad que ya no le abandonará en toda su vida.

Vuelvo ahora a mi afirmación anterior de que al juzgar las neurosis no se les concede, por lo general, toda su verdadera importancia. Al hablar así no me refiero a aquella equivocada apreciación de estos estados, que se manifiesta en un descuido absoluto por parte de los familiares del enfermo y en las seguridades eventualmente dadas por los médicos de unas cuantas semanas de tratamiento hidroterápico o algunos meses de reposo conseguirán dar al traste con la enfermedad. Esta actitud no es adoptada hoy en día más que por gentes ignorantes, sean o no médicos, o tienden tan sólo a procurar al paciente un consuelo de corta duración. Por lo general, se sabe ya que una neurosis crónica, si bien no destruye por completo las facultades del enfermo, representa para él una pesada carga, tan pesada, quizá, como una tuberculosis o una enfermedad del corazón. Aún podríamos darnos en cierto modo por conformes si las neurosis se limitaran a excluir de la labor cultural a cierto número de individuos, de todos modos débiles, consintiendo participar en ella a los demás, al precio sólo de algunas molestias subjetivas. Pero lo que sucede, y a ello se refiere precisamente mi afirmación inicial, es que la neurosis, sea cualquiera el individuo a quien ataque, sabe hacer fracasar en toda la amplitud de su radio de acción la intención cultural, ejecutando así la labor de las fuerzas anímicas enemigas de la cultura y por ello reprimidas. De este modo, si la sociedad paga con un incremento de la nerviosidad, la docilidad a sus preceptos restrictivos no podrá hablarse de una ventaja social obtenida mediante sacrificios individuales, sino de un sacrificio totalmente inútil. Examinemos, por ejemplo, el caso frecuentísimo de una mujer que no quiere a su marido porque las circunstancias que presidieron su enlace y la experiencia de su ulterior vida conyugal no le han aportado motivo alguno para quererle, pero que desearía poder amarle por ser esto lo único que corresponde al ideal del matrimonio en el que fue educada. Sojuzgará, pues, todos los impulsos que tienden a expresar la verdad y contradicen su ideal, y se esforzará en representar el papel de esposa amante, tierna y cuidadosa. Consecuencia de esta autoimposición será la enfermedad neurótica, la cual tomará en breve plazo completa venganza del esposo insatisfactorio, haciéndole víctima de tantas molestias y preocupaciones como le hubiera causado la franca confesión de la verdad. Es este uno de los ejemplos más típicos de los rendimientos de las neurosis. La represión de otros impulsos no directamente sexuales, enemigos de la cultura, va seguida de un análogo fracaso de la compensación. Así, un individuo que, sojuzgando violentamente su inclinación a la dureza y la crueldad, ha llegado a ser extremadamente bondadoso, pierde de tal proceso, muchas veces, tan gran parte de sus energías que no llega a poner en obra todo lo correspondiente a sus impulsos compensadores y hace, en definitiva, menos bien del que hubiera hecho sin yugular sus tendencias constitucionales.

Agregamos aún que, al limitar la actividad sexual de un pueblo, se incrementan en general el temor a la vida y el miedo a la muerte, factores que perturban la capacidad individual de goce, suprimen la disposición individual a arrostrar la muerte por la consecución de un fin, disminuyen el deseo de engendrar descendencia y excluyen, en fin, al pueblo o al grupo de que se trate de toda participación en el porvenir. Ante estos resultados habremos de preguntarnos si nuestra moral sexual cultural vale la pena del sacrificio que nos impone, sobre todo si no nos hemos libertado aún suficientemente del hedonismo para no ingresar en los fines de nuestra evolución cultural cierta dosis de felicidad individual. No es, ciertamente, labor del médico la de proponer reformas sociales, pero he creído poder apoyar su urgente necesidad ampliando la exposición hecha por Ehrenfels de los daños imputables a nuestra moral sexual cultural con la indicación de su responsabilidad en el incremento de la nerviosidad moderna.

Teorías sexuales infantiles

1908

Los materiales del presente estudio proceden de diversas fuentes. En primer lugar, de la observación inmediata de las manifestaciones y actividades infantiles; en segundo, de los recuerdos infantiles conscientes, comunicados por individuos neuróticos adultos, durante el tratamiento psicoanalítico, y, por último, de la traducción a lo consciente de los recuerdos inconscientes de tales individuos neuróticos y de las deducciones y conclusiones resultantes de sus análisis.

El hecho de que la primera de tales fuentes no haya proporcionado ya, por sí sola, todo el material interesante depende de la conducta generalmente observada por los adultos con respecto a la vida sexual infantil. Pretendiendo que el niño no desarrolla actividad sexual alguna, se omite realizar una labor de observación en este sentido, y, por otro lado, se coartan apresuradamente todas aquellas manifestaciones infantiles que pudieran ser signos de tal actividad y, como tales, merecedoras de atención y estudio. Así, pues, las ocasiones de utilizar esta fuente, la más pura y generosa de todas, son limitadísimas. Con respecto al material precedente de las manifestaciones espontáneas de individuos adultos sobre sus recuerdos infantiles conscientes podrá objetarse, a lo más, la posibilidad de una alteración de tales recuerdos al ser evocados en el análisis, pero, aparte de esto, habrá de tenerse en cuenta, al valorarlo, que los sujetos correspondientes han enfermado ulteriormente de neurosis. Por último, el material extraído de la tercera de las fuentes citadas será objeto de todos aquellos ataques que se acostumbra dirigir contra las garantías de la investigación psicoanalítica y la seguridad de las conclusiones de ellas deducidas. Por nuestra parte, sólo aduciremos aquí que el conocimiento y la práctica de la técnica psicoanalítica procura en plazo brevísimo una amplia confianza con sus resultados. Con referencia a los que integran este trabajo, puedo garantizar haber procedido en su deducción con máximo cuidado.

Otra cuestión harto difícil de decidir es la de hasta qué punto debe presuponerse en todo sujeto infantil, sin excepción alguna, lo que aquí nos proponemos exponer sobre los niños en general. El influjo de la educación y la distinta intensidad del instinto sexual han de dar, seguramente, origen a grandes oscilaciones individuales en la conducta sexual infantil, determinando especialmente la emergencia más o menos temprana del interés sexual. Por esta causa no he articulado mi exposición conforme a épocas infantiles sucesivas, prefiriendo presentar reunido todo aquello que la vida infantil nos ofrece en épocas más o menos tempranas, según el sujeto. Desde luego, tengo la convicción de que ningún niño —o por lo menos, ningún niño de inteligencia completa o superior— llega a la pubertad sin que los problemas sexuales hayan ocupado ya su pensamiento en los años anteriores a la misma.

No me parece grandemente atendible la alegación de que los neuróticos constituyen una clase especial de individuos, caracterizados por una disposición degenerativa, de cuya vida infantil no es lícito deducir conclusiones sobre la infancia en general. Los neuróticos son hombres como los demás, sin que sea posible diferenciarlos con precisión de los normales, ni distinguirles en su infancia de los que luego se conservan sanos. Uno de los más valiosos resultados de nuestras investigaciones psicoanalíticas ha sido el de comprobar que las neurosis no poseen un contenido psíquico peculiar y exclusivo suyo, pudiéndose afirmar así, según expresión de C. G. Jung, que los neuróticos enferman a consecuencia de aquellos mismos complejos con los cuales luchan los sanos. La diferencia está en que los sanos saben dominar tales complejos sin sufrir graves daños, prácticamente comprobables, mientras que el nervioso no consigue dominarlos sino al precio de costosos productos substitutivos, cuya emergencia equivale prácticamente al fracaso de la labor desarrollada para alcanzar tal dominio. Las diferencias entre nerviosos y normales son mucho menores en la infancia, por lo cual no podemos considerar como un error de método el aprovechamiento de los recuerdos infantiles de los neuróticos para deducir por ellos, por analogía, conclusiones sobre la infancia normal. Además, como los individuos ulteriormente neuróticos suelen traer consigo al mundo, en su constitución, un instinto sexual muy intenso, que tiende a madurar y manifestarse prematuramente, sus recuerdos de la niñez nos permitirán aprehender gran parte de la actividad sexual infantil, con una claridad y una precisión mucho mayores de las que nos es posible obtener aplicando directamente a otros niños nuestras facultades de observación, nada penetrantes de por sí. De todos modos, el valor verdadero de este material procedente de las manifestaciones de individuos neuróticos adultos no podrá ser fijado hasta que se recojan también los recuerdos infantiles de los adultos normales, labor que ya hubo de iniciar Havelock Ellis.

A causa de las desfavorables circunstancias que presiden este género de investigaciones, nuestro presente trabajo se refiere casi exclusivamente al desarrollo sexual en los individuos masculinos. Pero el valor de una colección como la que aquí intentamos presentar puede no ser meramente descriptivo. El conocimiento de las teorías sexuales infantiles, tal y como el pensamiento infantil las conforma, puede ser interesante en más de un sentido, y así resulta serlo también, sorprendentemente, para la interpretación de los mitos y fábulas de la antigüedad. Mas para lo que se demuestra indispensable es para la concepción de las neurosis mismas, en las cuales conservan aún todo su valor tales teorías infantiles y ejercen una influencia determinante sobre la estructura de los síntomas.

Si nos fuera posible renunciar a nuestra envoltura corporal, y una vez convertidos así en seres sólo pensamiento, procedentes, por ejemplo, de otro planeta, observar con mirada nueva y exenta de todo prejuicio las cosas terrenas, lo que más extrañaríamos sería, quizá, la existencia de dos sexos, que siendo tan *semejantes*, evidencian, no obstante, su diversidad con signos manifiestos. Mas no parece que los niños tomen también este hecho fundamental como punto de partida de sus investigaciones sobre los problemas sexuales. Conociendo desde el principio de su vida un padre y una madre, aceptan su existencia como una realidad que no precisa de investigación alguna. Idéntica conducta sigue el niño con respecto a una hermanita de la que no le separen sino uno o dos años. La curiosidad sexual de los niños no despierta espontáneamente a consecuencia de una necesidad congénita de casualidad, sino bajo el aguijón de los instintos egoístas en ellos dominantes, cuando al cumplir, por ejemplo, los dos años, se ven sorprendidos por la aparición de un nuevo niño. Aquellos niños que permanecen únicos en su casa se transfieren también a tal situación por sus observaciones en otras familias. La disminución —experimentada o temida— del cuidado de los mismos familiares y la previsión de que en adelante deberá compartirlo todo con el recién llegado, despiertan la sensibilidad del sujeto y aguzan su pensamiento. El niño mayor manifiesta una franca hostilidad a su competidor, exteriorizándola en juicios nada amables sobre el mismo, en el deseo de que "se lo vuelva a llevar la cigüeña", y a veces, incluso, en pequeños atentados contra la criatura que yace inerme en su cuna. Una mayor diferencia de edad debilita, por lo general, la expresión de esta hostilidad primaria. Asimismo, en el niño que permanece único puede llegar a dominar, más adelante, el deseo de tener un hermanito que le secunde en sus juegos como ha observado en otras casas.

Bajo el estímulo de estos sentimientos y preocupaciones comienza el niño a reflexionar sobre el primero y magno problema de la vida, y se pregunta *de dónde vienen los niños*, o, mejor dicho, en un principio, tan sólo de dónde ha venido aquel niño que ha puesto fin a su privilegiada situación. En muchos de los enigmas que nos plantean los mitos y leyendas creemos percibir el eco de esta primera interrogante, que por su parte es, como toda investigación, un producto de la lucha del hombre con la vida, como si en el pensamiento se viese planteada la labor de prevenir la repetición de un suceso tan temido. Supongamos, sin embargo, que el pensamiento del niño se libera pronto de la excitación en él provocada por el suceso indeseado y continúa laborando como instinto espontáneo de investigación. Si el niño no ha sido ya muy intimidado, tomará, antes o después, el camino más próximo y acudirá en demanda de respuesta a sus padres y guardadores, que representan para él la fuente de todo conocimiento. Pero este camino falla en absoluto. Las personas interrogadas eluden la respuesta, reprochan al niño su curiosidad o salen del paso recurriendo a una fábula cualquiera —en los países germanos a la de la cigüeña, muy importante desde el punto de vista mitológico, y según el cual es esta ave la que trae a los niños, cogiéndolos del agua—. Tengo mis razones para suponer que el número de los niños que no se satisfacen con esta explicación y la acogen con intensa incredulidad es mucho mayor de lo que los padres suponen. Sé de un niño de tres años que pocos momentos después de obtener tal explicación fue echado de menos en su casa y hallado a la orilla de un estanque próximo, adonde había acudido para ver a los niños que la cigüeña iba a buscar en él. Otro dio tímida expresión a su incredulidad, asegurando en el acto que quien traía a los niños no era la cigüeña, sino... la garza real. Las múltiples observaciones que he realizado o me han sido comunicadas me han llevado a creer que los niños rehúsan toda fe a la teoría de la cigüeña y que, a partir de este primer engaño, alimentan en sí una gran desconfianza hacia los "mayores" y mantienen ya secreta la prosecución de su investigación. Pero en tales sucesos viven ya la primera ocasión de un "conflicto psíquico", puesto que ciertas opiniones suyas, por las que siente una predilección de carácter instintivo, pero que no "parece bien" a los mayores, chocan con las mantenidas por la autoridad de los mismos y que a ellos no les parecen aceptables. Este conflicto psíquico puede dar rápido origen a una "disociación psíquica". La opinión "oficial", cuya aceptación dará al niño nota de "juicioso", al mismo tiempo que coartará su actividad reflexiva, llegará a dominar en su psiquismo consciente; la otra, en cuyo favor ha aportado, entre tanto, la labor investigadora nuevas pruebas, que, sin embargo, habrán de ser rechazadas, será sojuzgada y pervivirá en estado inconsciente, quedando así constituido el complejo nodular de la neurosis.

Con el análisis de un niño de cinco años llevado a cabo por su propio padre, que luego me autorizó a publicarlo, he aportado no hace mucho la prueba irrefutable de un descubrimiento hacia el cual me habían orientado ya mucho antes mis psicoanálisis de adultos. Sé ahora, fijamente, que las transformaciones provocadas en el aspecto de la madre por el embarazo no escapan a los ojos del niño, el cual no tarda luego en establecer la relación exacta entre un aumento de volumen de la madre y la aparición del nuevo infante. En el caso antes citado, el niño tenía tres años y medio cuando nació su hermanita, y cuatro años y nueve meses cuando dejó ver, con transparentes alusiones, su exacto conocimiento de lo sucedido. Pero este temprano conocimiento es siempre mantenido secreto, y sucumbe más tarde a la represión y al olvido con todos los demás resultados de la investigación sexual infantil.

Así, pues, la fábula de la cigüeña no pertenece al número de las teorías sexuales infantiles. Por el contrario, la observación de los animales, que no disimulan su vida sexual y a los que tan afín se siente el niño, es lo que más coadyuva a robustecer su incredulidad. Con el descubrimiento de que la criatura se forma dentro del cuerpo de la madre, descubrimiento que el niño realiza aún por sí mismo y sin auxilio ninguno ajeno, se encontraría ya el infantil investigador en camino de resolver el problema en que primeramente pone a prueba sus energías intelectuales. Pero llegado a este punto ve impedido el progreso ulterior de su labor investigadora por el desconocimiento de un dato insustituible y por teorías erróneas que le son inspiradas por el estado de su propia sexualidad.

Estas falsas teorías sexuales, que ahora examinaremos, muestran un singularísimo carácter común. Aunque todas erran de un modo grotesco, cada una de ellas contiene alguna parte de verdad, asemejándose en esto a aquellas teorías que calificamos de "geniales", edificadas por los adultos como tentativas de resolver los problemas universales que desafían el pensamiento humano. La parte de verdad integrada en estas teorías sexuales infantiles se explica por su derivación de los componentes del instinto sexual activos ya en el niño, pues tales hipótesis no son el fruto de un capricho psíquico ni de impresiones casuales, sino de una necesidad de la constitución psicosexual, siendo esta la razón de que podamos hablar de teorías sexuales infantiles típicas y hallemos en todos aquellos niños, en cuya vida sexual no es posible penetrar, las mismas opiniones erróneas.

La primera de tales teorías se enlaza con el desconocimiento de las diferencias sexuales, indicando ya antes como característica infantil, que consiste *en atribuir a toda persona, incluso a las de sexo femenino, órganos genitales masculinos*, como los que el niño conoce por su propio cuerpo. Precisamente en aquella constitución sexual que reconocemos como "normal" es ya en la infancia el pene la zona erógena directiva y el principal objeto sexual autoerótico, y el valor que el sujeto le concede se refleja lógicamente en una imposibilidad de representarse a una personalidad análoga a él sin un elemento tan esencial. Cuando el niño ve desnuda a una hermanita suya o a otra niña, sus manifestaciones demuestran que su prejuicio ha llegado a ser lo bastante enérgico para falsear la percepción de lo real. Así, no comprueba la falta del miembro, sino que dice *regularmente*, como con intención consoladora y conciliante: "El... es aún pequeñito, pero ya le crecerá cuando vaya siendo mayor". La imagen de la mujer provista de un miembro viril retorna aún en los sueños de los adultos. El durmiente, presa de intensa excitación sexual, se dispone a realizar el coito con una mujer, pero al desnudarla descubre, en lugar de los genitales femeninos, un cumplido miembro viril, y esta visión pone fin al sueño y a la excitación sexual. Las numerosas figuras hermafroditas que la antigüedad clásica nos ha legado reproducen fielmente esta representación infantil, generalmente extendida un día, siendo de observar que tal imagen no hiere la sensibilidad de la mayoría de los hombres normales, mientras que los casos reales de hermafroditismo genital despiertan casi siempre máxima repugnancia.

Cuando esta representación de la mujer provista de un miembro viril llega a quedar "fijada" en el niño, resistiendo a todas las influencias de la vida ulterior y creando la incapacidad de renunciar al pene en el objeto sexual, el sujeto —cuya vida sexual puede permanecer normal en todo otro aspecto— se hace necesariamente homosexual, y busca sus objetos sexuales entre hombres que por algunos caracteres somáticos o anímicos recuerden a la mujer. La mujer real, tal y como luego la descubre, no puede constituir nunca para él un objeto sexual, pues carece a sus ojos del atractivo sexual esencial, e incluso puede llegar a inspirarle horror por su relación con otra impresión de su vida infantil. El niño en el que domina principalmente la excitación del pene contrae, por lo general, el hábito de procurarse placer por medio de estímulos manuales, y al ser sorprendido alguna vez por sus padres o guardadores en tales manejos es atemorizado con la amenaza de cortarle el miembro. El efecto de esta "amenaza de castración" es, como corresponde a la alta valoración del órgano amenazado, extraordinariamente profundo y duradero. Las leyendas y los mitos testimonian de la excitación y el espanto que en la sensibilidad infantil se enlazan a este complejo de la castración, el cual sólo muy a disgusto es recordado luego por la conciencia. La visión ulterior de los genitales femeninos, cuya forma interpreta como el resultado de una mutilación, recuerda al sujeto la amenaza anterior, despertando así aquellos, en el homosexual, espanto en lugar de placer. Esta reacción no es ya susceptible de modificación alguna cuando el homosexual llega al conocimiento científico de que la hipótesis infantil que atribuye a la mujer la posesión de un pene no es, en realidad, tan errónea. La anatomía ha reconocido en el clítoris femenino el órgano homólogo al pene, y la fisiología de los procesos sexuales ha añadido que este pene incipiente y no susceptible de mayor desarrollo se conduce en la infancia de la mujer como un verdadero pene y constituye la sede de estímulos que incitan a la sujeto a maniobras de carácter onanista, prestando su excitabilidad un marcado carácter masculino a la actividad sexual de la niña y haciéndose necesario, en los años de la pubertad, un avance de la represión destinado a desvanecer esta sexualidad masculina y dar nacimiento a la mujer. La persistencia de la excitabilidad clitoridiana disminuye la función sexual de la mujer, haciéndola anestésica para el coito. Inversamente, la represión antes indicada puede también resultar excesiva y quedar entonces parcialmente anulados sus efectos por la emergencia de productos sustitutivos histéricos.

Todos estos hechos no contradicen, ciertamente, la teoría sexual infantil de que la mujer posee, como el hombre, un pene.

No es difícil observar que la niña comparte la elevada valoración que su hermano concede a los genitales masculinos. Muestra por esta parte del cuerpo de los niños un vivo interés, en el que no tarda en transparentarse la envidia. Se siente desaventajada, intenta orinar en la misma postura que los niños y afirma que hubiese preferido ser un chico. No creemos necesario puntualizar qué falta habría de compensar la realización de tal deseo.

Si el niño pudiera aprovechar para sus deducciones la indicación que supone la excitación experimentada en sus órganos genitales, se aproximaría considerablemente a la solución de su problema. El que el niño se forme dentro del cuerpo de la madre no es, desde luego, una explicación suficiente. ¿Cómo penetra en él? ¿Y quién provoca su desarrollo? Es muy probable que el padre tenga algo que ver en ello, puesto que declara que el niño es "suyo"[17]. Por otro lado, la excitación que el niño siente en sus órganos genitales siempre que maneja en su pensamiento estas cuestiones le hace sospechar que el pene ha de tener alguna intervención en tales enigmáticos procesos. A esta excitación se enlazan, además, impulsos que el niño no acierta a explicarse, obscuros impulsos a un acto violento, a una penetración, a romper algo o abrir un agujero en alguna parte. Pero cuando el niño parece hallarse así en el mejor camino para postular la existencia de la vagina y descubrir, en la penetración del pene paterno en el cuerpo de la madre, el acto por medio del cual nace la criatura en el seno materno, queda bruscamente interrumpida la investigación al tropezar con la teoría de que la madre posee también, como el padre, un pene. La existencia

---

[17] Véase el *Análisis de la fobia de un niño de cinco años (Caso «Juanito»)*, en el tomo XV de estas *Obras Completas*.

de la cavidad que acoge al pene permanece, pues, ignorada por el niño, y el fracaso de sus meditaciones le hace cesar en ellas y olvidarlas más tarde. Pero tales cavilaciones y dudas se constituyen en prototipo de todo proceso mental ulterior encaminado a la solución de problemas y el primer fracaso ejerce ya, para siempre, una influencia paralizante.

El desconocimiento de la vagina afirma también al niño la segunda de sus teorías sexuales. Si el niño se forma dentro del cuerpo de la madre, desprendiéndose luego de él, tal separación no puede tener efecto sino por un solo camino, esto es, por el conducto intestinal. *El niño es expulsado como un excremento, en una deposición*. Cuando en años infantiles ulteriores vuelve esta cuestión al pensamiento del niño o llega a ser objeto de una conversación con alguno de sus compañeros, surge, como nueva explicación, la de que los niños nacen a través del ombligo, o de una abertura practicada en el vientre de la madre, para extraerlos, como a la Caperucita Roja, de la barriga del lobo. Estas teorías son expuestas en voz alta y recordadas luego conscientemente, pues no contienen ya nada repulsivo. En cambio, los mismos niños han olvidado por completo que en años anteriores creían en otra distinta teoría del nacimiento, a la que se opone ahora la represión de los componentes sexuales anales, sobrevenida en el intervalo. En aquellos primeros tiempos, la defecación era algo de lo que se podía hablar sin asco en la *nursery*. El niño no se hallaba aún tan lejos de sus tendencias constitucionales coprófilas y no era para él nada degradante haber venido al mundo como una masa fecal, no condenada aún por la repugnancia. La teoría de la cloaca, exacta en tantos animales, era la más natural y la única que el niño podía encontrar verosímil.

Pensando consecuentemente, niega el niño a la mujer el doloroso privilegio de parir hijos. Si los niños son paridos por el ano, también el hombre puede parirlos. Así, pues, el niño puede fantasear que da a luz a un hijo, sin que por ello hayamos de imputarle tendencias femeninas. Tales fantasías no son sino un resto de actividad de su erotismo anal.

Cuando la teoría de la cloaca perdura en la conciencia del niño en ulteriores años infantiles, cosa que sucede algunas veces, trae también consigo una solución del problema de la génesis de los niños, aunque ya no de carácter primitivo. Sucede entonces como en los cuentos. Se tiene un niño por haber comido una determinada cosa. Las enfermas mentales suelen luego reanimar esta teoría infantil. Así, una maníaca, al recibir la visita del médico, le conducirá ante un montón de excrementos que ha depositado en un rincón de su celda, y se lo mostrará diciendo: "Mire usted el niño que he tenido hoy".

La tercera de las teorías sexuales infantiles típicas surge cuando los niños llegan a ser testigos casuales del comercio sexual de sus padres, aunque, naturalmente, no hayan conseguido más que una percepción muy incompleta del mismo. Pero cualquiera que haya sido el objeto de su percepción —la situación recíproca de los dos protagonistas, los ruidos o ciertos detalles accesorios—, *su interpretación del coito es siempre de carácter sádico*, viendo en él algo que la parte más fuerte impone violentamente a la más débil y comparándolo, sobre todos los observadores masculinos, a una lucha cuerpo a cuerpo, como las que ellos sostienen con sus camaradas de juego, y que no dejan de integrar una cierta mezcla de excitación sexual. No he podido comprobar que los niños descubran en tales escenas por ellos sorprendidas el dato que les faltaba para la solución de su problema. En muchos casos, parecía que si tal relación permanecía oculta a los ojos de los niños, era precisamente por haber interpretado el acto erótico como un acto de violencia. Pero esta interpretación parece, a su vez, un retorno de aquel obscuro impulso a una acción cruel, que se enlazaba con la excitación del pene en las primeras meditaciones del infantil sujeto sobre el problema del origen de los niños. No puede negarse tampoco la posibilidad de que aquel temprano impulso sádico, que casi habría dejado adivinar el coito, surgiera por su parte bajo el influjo de obscurísimas reminiscencias del comercio sexual de los padres; reminiscencias cuyo material habría reunido el niño, sin utilizarlo aún, durante los primeros años de su vida, en los que compartió la alcoba de sus progenitores[18].

La teoría sádica del coito, que, al no ser relacionada con otras impresiones, induce al sujeto en error en lugar de aportarle una confirmación de sus hipótesis, es, a su vez, expresión de uno de los componentes sexuales congénitos, más o menos intenso en cada niño, y en consecuencia resulta parcialmente exacta, adivinando en parte la esencia del acto sexual y la "lucha de los sexos" que a él precede. No es tampoco raro que el niño encuentre confirmada esta teoría suya por observaciones casuales que aprehende en parte exacta y en parte erróneamente, o incluso de un modo antitético. En muchos matrimonios se resiste realmente la mujer al abrazo conyugal, que no le proporciona placer alguno, y trae, en cambio, consigo el peligro de un nuevo embarazo. La madre ofrece así al niño, que supone dormido (o que finge estarlo), una impresión que no puede ser interpretada sino como una defensa contra un acto de violencia. Otras veces es toda la vida conyugal la que ofrece al niño el espectáculo de una continua disputa expresada en palabras y gestos hostiles, no pudiendo así extrañar al infantil observador que tal disputa prosiga por la noche y tenga el mismo desenlace violento que sus diferencias con sus hermanos o compañeros de juegos.

Las huellas de sangre en las sábanas o en la ropa interior de la madre confirman también las hipótesis sádicas del niño,

---

[18] En una obra autobiográfica —*Monsieur Nicolas ou le coeur humain dévolié*— publicada en 1794 confirma Restif de la Bretonne esta errónea interpretación sádica del coito al relatar una impresión de sus cuatro años.

que ve en ellas una prueba de que el padre ha repetido durante la noche sus violencias, cuando la interpretación real sería más bien la de una pausa en el comercio sexual. El "horror a la sangre" de ciertos nerviosos sólo resulta explicable relacionándolo con estas impresiones infantiles. El error infantil integra aquí, de nuevo, alguna parte de verdad, puesto que la efusión de sangre constituye, en determinadas circunstancias, una prueba de la iniciación sexual.

En una relación menos estrecha con el insoluble problema del origen de los niños, se pregunta también el sujeto infantil en qué consiste el "estar casado", y da a esta interrogante respuestas distintas, según las coincidencias de sus observaciones ocasionales de las relaciones de sus padres con sus propios instintos parciales, aun revestidos de placer. Tales respuestas no parecen integrar más que un solo elemento común: el de prometerse en el matrimonio una consecución de placer y una superación del pudor. La teoría más frecuentemente hallada por mí ha sido la de que los casados *orinan uno delante de otro*, o que *el marido orina en el orinal de la mujer*, variante que parece querer indicar simbólicamente un más exacto conocimiento. Otras veces, se transfiere el sentido del matrimonio al hecho de *enseñarse mutuamente el trasero* (sin avergonzarse).

En un caso en el que la educación había conseguido retrasar más de lo corriente el conocimiento de lo sexual, la sujeto, una muchacha de catorce años en la que ya se había iniciado la menstruación, concibió, bajo la sugerencia de sus lecturas, la idea de que el matrimonio consista en que los cónyuges *mezclaban su sangre*, y como su hermana menor no menstruaba aún, intentó una agresión sexual contra una amiga que le comunicó hallarse menstruando a la sazón, queriendo obligarla a una tal "mezcla de sangre".

Las opiniones infantiles sobre la esencia del matrimonio suelen perdurar en la memoria consciente del sujeto y entrañan gran importancia para la sintomática de las eventuales neurosis ulteriores. En un principio, se crean expresiones en aquellos juegos infantiles en los cuales realizan los niños unos con otros aquellos actos que suponen constituir el matrimonio, y posteriormente el deseo de estar casado puede elegir la expresión infantil y emerger en una fobia inexplicable a primera vista, o en un síntoma correspondiente[19].

Tales serían las principales teorías sexuales típicas del niño, estructuradas por él espontáneamente, en temprana edad infantil, bajo la sola influencia de los componentes instintivos sexuales. Sé muy bien que no he conseguido aún reunir todo el material existente ni relacionar sin solución de continuidad alguna estos productos mentales con el resto de la vida infantil. Por lo menos, añadiré todavía algunas observaciones que toda persona conocedora de la cuestión habrá de echar de menos. Así, la importante teoría de que los niños son engendrados en un beso, teoría que delata claramente el predominio de la zona erógena bucal. Que yo sepa, es esta teoría exclusivamente femenina y la hallamos a veces con carácter patógeno en muchachas cuya investigación sexual infantil ha sido rigurosamente coartada por sus padres o guardadores. Una de mis pacientes llegó por sí sola, merced a una observación casual, a la teoría de la *couvade*, que, como es sabido, constituye en algunos pueblos una costumbre general, encaminada muy probablemente a desvanecer las dudas sobre la paternidad, nunca libre de ellas. Habiendo advertido que un tío suyo, individuo un tanto original, permanecía varios días sin salir de casa después de tener su mujer un niño y recibía a las visitas en bata, dedujo que ambos cónyuges participaban en el parto y tenían que guardar cama.

---

[19] Los juegos infantiles más importantes en este aspecto son los de "la visita del médico" y "papá y mamá".

Hacia los diez o los once años suelen llegar a los niños las primeras revelaciones sexuales. Un niño, criado en un ambiente social más libre o que ha tenido mejores ocasiones de observar hechos sexuales, comunica a los demás sus descubrimientos, porque le hacen aparecer "más hombre" ante sus camaradas. Lo que así descubren los niños es casi siempre la verdad, esto es, la existencia de la vagina y su destino, mas, aparte de esto, las revelaciones que así se hacen unos niños a otros suelen contener también errores y residuos de las anteriores teorías sexuales infantiles. Casi nunca son completas ni suficientes para la solución del problema primitivo. El desconocimiento de la substancia seminal impide ahora, como antes el de la vagina, la solución definitiva, pues el niño no puede adivinar que el miembro viril destila una sustancia distinta de la orina. A estas revelaciones de los años próximos a la pubertad se enlaza un nuevo impulso de la investigación sexual infantil. Pero las teorías que ahora constituyen los niños carecen ya de aquel sello típico y primitivo que caracteriza a las tempranas teorías sexuales infantiles primarias, edificadas durante una época en la que los componentes sexuales podían emerger en ellas sin obstáculos ni modificación algunos. No me ha parecido que los esfuerzos mentales ulteriores merezcan ser recogidos, no pudiendo tampoco serles atribuida una importancia patógena. Su diversidad depende, naturalmente, en primer término, de la naturaleza de las explicaciones comunicadas al niño, y su importancia está en que vuelven a despertar las huellas, ya inconscientes, de aquel primer período de interés sexual, no siendo raro ver enlazarse a ellos una actividad sexual onanista y un principio de extrañamiento sentimental de los padres. De aquí el juicio condenatorio de los educadores que pretenden que tales revelaciones sexuales en estos años "pervierten" a los niños.

Unos cuantos ejemplos nos mostrarán que elementos integran estas ulteriores cavilaciones sexuales de los niños. Una niña confiesa haber oído decir a sus condiscípulas que el marido da a la mujer un huevo que ella empolla dentro de su cuerpo. Un niño, a quien también ha sido comunicada esta teoría, identifica el "huevo" con los testículos, y se rompe los cascos pensando cómo puede renovarse en cada caso el contenido del escroto. Las revelaciones infantiles son casi siempre insuficientes para prevenir dudas esenciales sobre el proceso de la vida sexual. Así, hay niñas que suponen que el acto sexual es realizado una sola vez y dura largo tiempo, hasta veinticuatro horas, procediendo luego de esta única vez, sucesivamente, todos los hijos. Podría sospecharse que esta teoría había sido sugerida a tales niñas por un previo conocimiento de la reproducción de ciertos insectos. Pero esta hipótesis no se confirma jamás. Otras niñas no advierten la duración del embarazo y suponen que el niño nace inmediatamente después de la primera noche conyugal. Marcel Prévost ha utilizado este error de las adolescentes en una divertida narración, que forma parte de sus *Cartas de mujeres*. El tema de esta ulterior investigación sexual de los niños o de los adolescentes que han permanecido en una fase infantil es difícil de agotar y no carece, en general, de interés; mas por ahora, habré de limitarme a indicar que en tal investigación llegan también los niños a conclusiones erróneas, destinadas a contradecir otros conocimientos anteriores más exactos, pero reprimidos ya e inconscientes.

También tiene su importancia la forma en que los niños reaccionan a las explicaciones que les son dadas. En algunos de ellos ha alcanzado ya la represión sexual tan alto grado, que se niegan a dar oídos a toda explicación y logran permanecer ignorantes hasta una época avanzada, o por lo menos, aparentemente ignorantes, pues en los análisis de individuos neuróticos surgen a la luz los conocimientos sexuales que el sujeto poseyó en su temprana infancia y sucumbieron luego a la represión, quedando relegados a lo inconsciente. Sé también de dos niños, entre los diez y los trece años, que después de escuchar serenamente una explicación sexual, respondieron a su iniciador: "Es posible que tu padre y otras personas hagan eso, pero de nuestro padre estamos seguros que no lo haría jamás". Mas por distinta que pueda ser esta conducta ulterior de los niños ante la satisfacción de su curiosidad sexual, hemos de aceptar, para sus primeros años infantiles, un proceder totalmente uniforme y creer que, por entonces, se afanaban por averiguar lo que los padres hacían entre sí para tener niños.

Aportaciones a la psicología de la vida erótica

1910-1912

I. Sobre un tipo especial de elección de objeto en el hombre

Hasta ahora hemos abandonado a los poetas la descripción de las "condiciones eróticas" conforme a las cuales realizan los hombres su elección de objeto, e igualmente la de la forma en que llegan a armonizar con la realidad las exigencias de su fantasía. Los poetas reúnen, en efecto, ciertas condiciones que les capacitan para tal labor, poseyendo, sobre todo, sensibilidad para percibir los movimientos anímicos secretos de los demás y valor para dejar hablar en voz alta a su propio inconsciente. Pero, desde el punto de vista del conocimiento, el valor de sus descripciones queda muy disminuido por determinada circunstancia. El poeta se encuentra ligado a la condición de provocar un placer estético e intelectual, además de ciertos efectos sentimentales, y, en consecuencia, no puede presentar la realidad tal y como se le ofrece, sino que se ve obligado a aislar algunos de sus fragmentos, a excluir de la totalidad los elementos indeseables, a introducir otros que completan el conjunto y a mitigar y suavizar las asperezas del mismo. Son estos los privilegios de la llamada "libertad poética". Pero, además, el poeta no puede dedicar sino muy escaso interés al origen y a la evolución de estados anímicos, que describe ya plenamente constituidos. Resulta, pues, inevitable que la ciencia entre también a manejar —con mano más torpe y menor consecución de placer— aquellas mismas materias cuya elaboración poética viene complaciendo a los hombres desde hace milenios enteros. Todas estas observaciones habrán de justificar nuestra tentativa de someter también a una elaboración estrictamente científica la vida erótica humana. La ciencia constituye, precisamente, la más completa liberación del principio del placer de que es capaz nuestra actividad psíquica.

Los tratamientos psicoanalíticos nos ofrecen frecuente ocasión de acopiar datos sobre la vida erótica de los enfermos neuróticos, y durante esta labor recordamos que también en los individuos sanos de tipo medio, e incluso en personalidades sobresalientes, hemos observado o averiguado una conducta análoga. La acumulación de tales datos permite luego diferenciar más precisamente tipos aislados. Uno de estos tipos de la elección masculina de objeto amoroso merece ser descrito en primer término por serle característica toda una serie de "condiciones eróticas", cuya coincidencia, singularmente incomprensible a primera vista, queda fácilmente explicada en el análisis.

1. —La primera de tales condiciones eróticas es de carácter específico; su descubrimiento presupone la existencia de los demás caracteres de este tipo. Es la que pudiéramos llamar condición del "perjuicio del tercero", y consiste en que el sujeto no elegirá jamás como objeto amoroso una mujer que se halle aún libre, esto es, una muchacha soltera o a una mujer independiente de todo lazo amoroso. Su elección recaerá, por el contrario, invariablemente, en alguna mujer sobre la cual pueda ya hacer valer un derecho de propiedad otro hombre, marido, novio o amante. Esta condición muestra a veces tal inflexibilidad, que una mujer indiferente al sujeto o hasta despreciada por él mientras permaneció libre, pasa a constituirse en objeto de su amor en cuanto entable relaciones amorosas con otro hombre.

2. —La segunda condición es quizá menos constante, pero no menos singular. El tipo cuya descripción nos proponemos

surge de su coincidencia con la primera; coincidencia que no es, desde luego, obligada, pues dicha primera condición aparece también aislada en muchos casos. Esta segunda condición consiste en que la mujer casta e intachable no ejerce nunca sobre el sujeto aquella atracción que podría constituirla en objeto amoroso, quedando reservado tal privilegio a aquellas otras, sexualmente sospechosas, cuya pureza y fidelidad pueden ponerse en duda. Dentro de este carácter, cabe toda una serie de matices, desde la casada ligeramente asequible al *flirt* hasta la cocota francamente entregada a la poligamia, pero el sujeto de nuestro tipo no renunciará jamás en su elección a algo de este orden. Exagerando un poco, podemos llamar a esta condición la del "amor a la prostituta".

La condición primera facilita la satisfacción de impulsos rivales y hostiles contra el hombre a quien se roba la mujer amada. La segunda, que exige la liviandad de la mujer, provoca los *celos*, que parecen constituir una necesidad para los amantes de este tipo. Sólo cuando pueden arder en celos alcanza su amor máxima intensidad y adquiere para ellos la mujer su pleno valor, por lo cual no dejarán nunca de aprovechar toda posible ocasión de vivir tan intensas sensaciones. Mas, para mayor singularidad, no es el poseedor legal de la mujer amada quien provoca sus celos, sino otras distintas personas, cuyo trato con el objeto de su amor pueda inspirarles alguna sospecha. En los casos extremos, el sujeto no muestra ningún deseo de ser el único dueño de la mujer y parece encontrarse muy a gusto en el *ménage à trois*. Uno de mis pacientes, a quien las infidelidades de su dama lo habían hecho sufrir lo indecible, no opuso objeción alguna a su matrimonio, e incluso coadyuvó a él con la mejor voluntad, no mostrando luego en muchos años celos ningunos del marido. Otro de los casos típicos por mí observados se mostró muy celoso del marido e incluso obligó a su amante a cesar todo comercio sexual con el mismo en su primer enamoramiento de este orden; pero luego, en otras numerosas pasiones análogas, se comportó ya como los demás sujetos de este tipo, no viendo en el esposo legítimo estorbo alguno.

Los apartados que siguen no se refieren ya a las condiciones exigidas al objeto erótico, sino a la conducta del amante para con el mismo.

3. —En la vida erótica normal, el valor de la mujer es determinado por su integridad sexual y disminuye en razón directa de su acercamiento a la prostitución. Parece, pues, una singular anormalidad que los amantes de este tipo consideren como *objetos eróticos valiosísimos* precisamente a aquellas mujeres cuya conducta sexual es, por lo menos, dudosa. En sus relaciones con mujeres de este orden ponen nuestros sujetos todas sus energías psíquicas, desinteresándose por completo de cuanto no se refiere a su amor. Son, para ellos, las únicas mujeres a quienes se puede amar, y en cada una de sus pasiones de esta clase se juran observar una absoluta fidelidad al objeto amado, aunque luego no cumplan tan apasionado propósito. Estos caracteres de las relaciones amorosas descritas muestran claramente impreso un carácter *obsesivo*, propio por lo demás en cierto grado de todo enamoramiento. Pero de la fidelidad e intensidad de uno de estos enamoramientos no debe deducirse que llene la vida entera del sujeto o constituya en ella un caso único. Por lo contrario, en la vida de los individuos pertenecientes a este tipo se repiten tales enamoramientos con idénticas singularidades. Los objetos eróticos pueden llegar incluso a constituir *una larga serie*, sustituyéndose unos a otros conforme a circunstancias exteriores; por ejemplo, los cambios de residencia y de medio.

4. —Uno de los caracteres más singulares de este tipo de amante es su tendencia a “salvar” a la mujer elegida. El sujeto tiene la convicción de ser necesario a su amada, que sin él perdería todo apoyo moral y descendería rápidamente a un

nivel lamentable. La salva, pues, no abandonándola, pase lo que pase. La intención redentora puede hallarse justificada algunas veces por la ligereza sexual de la mujer y por la amenaza que pesa sobre su posición social; pero surge igualmente y con idéntica intensidad en aquellos casos en los que no se dan tales circunstancias reales. Uno de los individuos de este tipo, que sabía conquistar a sus damas con acabadas artes de seducción e ingeniosa dialéctica, no retrocedía luego ante ningún esfuerzo para conservar a sus amantes en el camino de la "virtud", escribiendo para ello originales tratados de moral.

Si abarcamos ahora en una ojeada los distintos elementos del cuadro descrito, o sea, las condiciones de falta de libertad y ligereza sexual de la amada, su alta valoración, la necesidad de sentir celos, la fidelidad, compatible, no obstante, con la sustitución de un objeto por otro en una larga serie, y, por último, la intención redentora, no supondremos probable que todos estos caracteres tengan su origen en una sola fuente. Y, sin embargo, la investigación psicoanalítica de la vida de estos sujetos no tarda en descubrirnos tal fuente común. Su elección de objeto, tan singularmente determinada, y su extraña conducta amorosa tienen el mismo origen psíquico que la vida erótica del individuo normal. Se derivan de la fijación infantil del cariño a la persona de la madre y constituyen uno de los desenlaces de tal fijación. La vida erótica normal no muestra ya sino muy pocos rasgos que delaten el carácter prototípico de dicha fijación para la ulterior elección del objeto; por ejemplo, la predilección de los jóvenes por las mujeres maduras. En estos casos, la libido del sujeto se ha desligado relativamente pronto de la madre. Por el contrario, en nuestro tipo, la libido ha continuado aún ligada a la madre después de la pubertad, y durante tanto tiempo que los caracteres maternos permanecen impresos en los objetos eróticos ulteriormente elegidos, los cuales resultan así subrogados maternos fácilmente reconocibles. Se nos impone aquí la comparación con la estructura craneana del recién nacido, en la que se nos ofrece un vaciado de la pelvis materna.

Habremos de probar ahora que los rasgos característicos de nuestro tipo, tanto en lo que se refiere a las condiciones de su elección de objeto como a su conducta amorosa, proceden realmente de la constelación materna. Nada más fácil en cuanto a la primera condición, la de la dependencia previa de la mujer o del "tercero perjudicado". Es evidente que para el niño criado en familia la pertenencia de la madre al padre constituye un atributo esencial de la figura materna. Así, pues, el "tercero perjudicado" no es sino el padre mismo. Tampoco resulta difícil integrar en la constelación materna la exagerada valoración que lleva al sujeto a considerar único e insustituible el objeto de cada uno de sus amoríos; nadie ha tenido más de una madre y nuestra relación con ella se basa en un hecho indubitable y que no puede repetirse.

Si los objetos eróticos elegidos por nuestro tipo han de ser, ante todo, subrogados de la figura materna, nos explicaremos asimismo su repetida substitución en serie, tan incompatible, al parecer, con el firme propósito de fidelidad, característico de estos sujetos. El psicoanálisis nos enseña también en casos de distinto orden que aquellos elementos que actúan en lo inconsciente como algo insustituible suelen exteriorizar su actividad provocando la formación de series inacabables, puesto que ninguno de los subrogados proporciona la satisfacción anhelada. Así, el insaciable preguntar de los niños en una edad determinada depende de una sola interrogante, que no se atreven a formular, y la inagotable verbosidad de ciertos neuróticos es producto del peso de un secreto que quiere surgir a la luz, pero que ellos no revelan, a pesar de todas las tentaciones.

En cambio, la segunda condición, esto es, la de liviandad del objeto elegido, no parece poder derivarse del complejo materno. El pensamiento consciente del adulto ve en la madre una personalidad de intachable pureza moral, y nada hay tan ofensivo cuando llega del exterior, o tan doloroso cuando surge en la conciencia íntima, como una duda sobre esta cualidad de la madre. Pero precisamente la decidida antítesis entre la "madre" y la "prostituta" ha de estimularnos a investigar la evolución y la relación inconsciente de estos dos complejos, pues sabemos ya de antiguo que en lo inconsciente suelen confundirse en uno solo elementos que la conciencia nos ofrece antitéticamente disociados. Tal investigación nos conduce al período en que el niño llega ya a cierto conocimiento de la naturaleza de las relaciones sexuales de los adultos, período que situamos en los años inmediatamente anteriores a la pubertad. Revelaciones brutales, de franca tendencia despreciativa y rebelde, inician al infantil sujeto en el secreto de la vida sexual, destruyendo la autoridad de los adultos, incompatible con el descubrimiento de su vida sexual. Lo que más impresiona al niño es la aplicación de tales revelaciones a la vida de sus propios padres. Así, no es raro verle rechazar indignado tal posibilidad, diciendo a su iniciador: "Es posible que tus padres y otras personas hagan eso; pero los míos, no".

Como corolario casi regular de la "ilustración sexual" averigua el niño al mismo tiempo la existencia de ciertas mujeres que realizan profesionalmente el acto sexual, siendo por ello generalmente despreciadas. Al principio no comparte tal desprecio, y lo que experimenta es una mezcla de atracción y horror al darse cuenta de que también a él pueden iniciarle tales mujeres en la vida sexual, que suponía privilegio exclusivo de los "mayores". Cuando más tarde no puede ya mantener aquella primera duda que excluía a sus padres de las bajas normas de la actividad sexual, llega a decirse, con lógico cinismo, que la diferencia entre la madre y la prostituta no es, en último término, tan grande, puesto que ambas realizan el mismo acto. Las revelaciones sexuales han despertado en él las huellas mnémicas de sus impresiones y deseos infantiles más tempranos, reanimando consiguientemente determinados impulsos psíquicos. Comienza, pues, a desear a la madre, en el nuevo sentido descubierto, y a odiar de nuevo al padre como a un rival que estorba el cumplimiento de tal deseo. En nuestra terminología decimos que el sujeto queda dominado por el complejo de Edipo. El hecho de que la madre haya otorgado al padre el favor sexual le parece constituir algo como una imperdonable infidelidad. Cuando estos impulsos no se desvanecen rápidamente, su único desenlace posible es el de agotarse en fantasías que giran alrededor de la actividad sexual de la madre, y la tensión provocada por tales fantasías induce al sujeto a buscar su descarga en el onanismo. A causa de la constante actuación conjunta de los dos motivos impulsores, el deseo y la venganza, predominan las fantasías cuyo argumento es la infidelidad conyugal de la madre. El amante con quien la madre comete tales infidelidades presenta casi siempre los rasgos de la propia personalidad, pero idealizada y situada en la edad del padre rival. Bajo el nombre común de "novela familiar" hemos visto en otro lugar[20] los múltiples productos de esta actividad imaginativa y su entretejimiento con diversos intereses egoístas de este período de la vida individual. Ahora bien: una vez conocido este fragmento del desarrollo anímico, no puede parecernos ya contradictorio e incomprensible que la liviandad exigida del objeto como requisito de su elección se derive también directamente del complejo materno. El tipo de hombre al que nos venimos refiriendo se nos hace ahora comprensible como un resultado de la fijación del sujeto a las fantasías de su pubertad, las cuales logran hallar más tarde un acceso a la vida real. No creemos aventurado suponer que el

---

[20] O. Rank: *Die Mythus von der Geburt des Helden*, 1909, 2.ª edición, 1922.

onanismo practicado durante los años de la pubertad contribuye también considerablemente a la fijación de tales fantasías.

La tendencia a "redimir" a la mujer querida no parece enlazarse sino de un modo muy indirecto y superficial de carácter consciente, con las citadas fantasías, que han llegado a conquistar el dominio de la vida erótica real. La inconsciencia y la infidelidad de la mujer amada la exponen a graves peligros, y es comprensible que el amante se esfuerce en preservarla de ellos, guardando su virtud y oponiéndose a sus malas inclinaciones. Sin embargo, el estudio de los recuerdos encubridores, las fantasías y los sueños nos descubren también en este caso una acabada "racionalización" de un motivo inconsciente, equiparable a la acabada elaboración secundaria de un sueño. En realidad, el "motivo de la redención" posee significación e historia propias y es una ramificación independiente del complejo materno o, más exactamente, del complejo parental. Cuando el niño oye decir que *debe* su vida a sus padres o que su madre *le ha dado la vida*, surgen en él impulsos cariñosos unidos a otros antagónicos de afirmación personal independiente, impulsos que dan origen al deseo de corresponder a sus padres con un don análogo, pagando así la deuda con ellos contraída. Sucede como si el sujeto se dijera, movido por un sentimiento de rebeldía: "No necesito nada de mi padre y quiero devolverle todo lo que le he costado". Bajo el dominio de estos sentimientos, construye entonces la fantasía de *salvar a su padre de un peligro de muerte*, quedando así en paz con él, fantasía que suele desplazarse luego sobre la figura del emperador, el rey u otra elevada personalidad cualquiera, quedando así capacitada para hacerse consciente e incluso para ser utilizada en la creación poética. Cuando la fantasía de salvación es aplicada al padre, predomina francamente su sentido rebelde de independencia personal. En cambio, cuando se refiere a la madre, toma, la mayoría de las veces, su sentido cariñoso. La madre ha dado la vida al niño y no es fácil corresponder a este don singular con otro equivalente. Mas por medio de un ligero cambio de sentido, fácil en lo inconsciente y comparable a la difusión consciente de los conceptos, la salvación de la madre adquiere el sentido de regalarle o hacerle un niño; naturalmente, un niño en todo semejante al sujeto. Este cambio de sentido no es nada arbitrario, y el significado de la nueva modalidad de la fantasía de salvación no se aleja de su primitivo sentido tanto como a primera vista pudiera parecer. La madre le ha dado a uno una vida, la propia, y uno corresponde a este don dándole a ella otra vida, la de un niño en todo semejante a uno. El hijo muestra su agradecimiento deseando tener de su madre un hijo igual a él, lo que equivale a identificarse totalmente con el padre en la fantasía de la salvación. Este deseo del sujeto *de ser su propio padre* satisface todos sus instintos: los cariñosos, los de gratitud, los sensuales y los rebeldes. Tampoco el factor constituido por el "peligro" que justifica la salvación queda perdido en el cambio de sentido: el nacimiento mismo es el suceso peligroso en el cual es salvado el niño por los esfuerzos de la madre. El nacimiento, primer peligro de muerte para el individuo, se constituye en prototipo de todos los peligros ulteriores que nos producen angustia, siendo probablemente este suceso el que nos lega la expresión de aquel afecto al que damos el nombre de miedo o de angustia. El Macduff de la leyenda escocesa, que no había nacido, habiendo sido arrancado del seno de su madre, no conocía por ello la angustia.

Artemidoro, el antiguo onirocrítico, estaba en lo cierto al afirmar que el sueño cambiaba de sentido según quien lo soñara. Conforme a las leyes que rigen la expresión de las ideas inconscientes, la "salvación" puede variar de significado según sea fantaseada por un hombre o por una mujer. Puede significar tanto engendrar un hijo (en el hombre) como parir un hijo (en la mujer).

Estos diversos significados de la "salvación" en los sueños y las fantasías se hacen más transparentes en aquellos procesos de este orden en los que interviene como elemento el agua. Cuando un hombre salva en sueños a una mujer de las aguas, quiere ello decir que la hace madre, lo cual equivale, según las observaciones precedentes, a hacerla *su madre*. Cuando una mujer salva a un niño de igual peligro, confiesa con ello, como la hija del Faraón en la leyenda de Moisés[21], ser su madre.

En ocasiones, la fantasía de la "salvación" referida al padre entraña también un sentido cariñoso. Quiere entonces expresar el deseo de tener al padre por hijo, esto es, de tener un hijo que se asemeje al padre. Así, pues, si la tendencia a salvar a la mujer amada constituye un rasgo esencial del tipo erótico aquí descrito, es precisamente a causa de las relaciones indicadas con el complejo parental.

No creo necesario justificar el método seguido en el presente estudio y consistente —como en el dedicado al erotismo anal— en destacar primero del material de observación tipos extremos y precisamente delimitados. En ambos sectores es mucho mayor el número de individuos que sólo muestran algunos rasgos aislados del tipo descrito, o los muestran mucho más desdibujados. Naturalmente, sólo la exposición del conjunto total en el que aparecen integrados tales tipos hace posible su exacto estudio.

II. Sobre la degradación general de la vida erótica

1

Si preguntamos a un psicoanalítico cuál es la enfermedad para cuyo remedio se acude a él más frecuentemente, nos indicará

[21] Rank, *l. c.*

—previa excepción de las múltiples formas de la angustia— la impotencia psíquica. Esta singular perturbación ataca a individuos de naturaleza intensamente libidinosa y se manifiesta en que los órganos ejecutivos de la sexualidad rehúsan su colaboración al acto sexual, no obstante aparecer antes y después perfectamente intactos y a pesar de existir en el sujeto una intensa inclinación psíquica a realizar dicho acto. El primer dato para la comprensión de su estado lo obtiene el paciente al observar que el fallo no se produce sino con una persona determinada y nunca con otras. Descubre así que la inhibición de su potencia viril depende de alguna cualidad del objeto sexual, y a veces indica haber advertido en su interior un obstáculo, una especie de voluntad contraria, que se oponía con éxito a su intención consciente. Pero no le es posible adivinar en qué consiste tal obstáculo interno, ni qué cualidad del objeto sexual es la que lo provoca. En esta perplejidad acaba por atribuir el primer fallo a una impresión "casual" y concluye erróneamente que su repetición se debe a la acción inhibitoria del recuerdo de dicho primer fallo, constituido en representación angustiosa.

Sobre este tema de la impotencia psíquica existen ya varios estudios psicoanalíticos de diversos autores[22]. Todo analítico puede confirmar por propia experiencia médica las explicaciones en ellos ofrecidas. Se trata realmente de la acción inhibitoria de ciertos complejos psíquicos, que se sustraen al conocimiento del individuo material patógeno cuyo contenido más frecuente es la fijación incestuosa, no dominada, en la madre o la hermana. Fuera de estos complejos habrá de concederse atención a la influencia de las impresiones penosas

[22] M. Steiner: *Die funktionelle Impotenz des Mannes und ihre Behandlung*, 1907; W. Stekel: *Nervüse Angstzustände und ihre Behandlung*, Viena, 1908; Ferenczi: "Analytische Deutung der Berhandlung der psychosexuellen Impotenz beim Manne", en *Psychiat. Nuerol. Wochenschrift*, 1908.

accidentales experimentadas por el sujeto en conexión con su actividad sexual infantil y con todos aquellos factores susceptibles de disminuir la libido, que ha de ser orientada hacia el objeto sexual femenino[23].

Al someter un caso de franca impotencia psíquica a un penetrante estudio psicoanalítico obtenemos sobre los procesos psicosexuales que en él se desarrollan los siguientes datos: el fundamento de la enfermedad es de nuevo, como muy probablemente en todas las perturbaciones neuróticas, una inhibición del proceso evolutivo que conduce a la libido hasta su estructura definitiva y normal. En el caso que nos ocupa no han llegado a fundirse las dos corrientes cuya influencia asegura una conducta erótica plenamente normal: la corriente "cariñosa" y la corriente "sensual".

De estas dos corrientes es la cariñosa la más antigua. Procede de los más tempranos años infantiles, se ha constituido tomando como base los intereses del instinto de conservación y se orienta hacia los familiares y los guardadores del niño. Integra desde un principio ciertas aportaciones de los instintos sexuales, determinados componentes eróticos más o menos visibles durante la infancia misma y comprobables siempre por medio del psicoanálisis en los individuos ulteriormente neuróticos. Corresponde a la *elección de objeto primario infantil.* Vemos por ella que los instintos sexuales encuentran sus primeros objetos guiándose por las valoraciones de los instintos del *yo*, del mismo modo que las primeras satisfacciones sexuales son experimentadas por el individuo en el ejercicio de las funciones somáticas necesarias para la conservación de la vida. El "cariño" de los padres y guardadores, que raras veces oculta por completo su carácter erótico ("el niño, juguete erótico"), contribuye a

[23] W. Stekel, *l. c.*, página 191.

acrecentar en el niño las aportaciones a las cargas psíquicas de los instintos del *yo*, intensificándolas en una medida susceptible de influir el curso ulterior de la evolución, sobre todo cuando concurren otras determinadas circunstancias.

Estas fijaciones cariñosas del niño perduran a través de toda la infancia y continúan incorporándose considerables magnitudes de erotismo, el cual queda desviado así de sus fines sexuales. Con la pubertad sobreviene luego la poderosa corriente "sensual", que no ignora ya sus fines. Al parecer, no deja nunca de recorrer los caminos anteriores, acumulando sobre los objetos de la elección primaria infantil magnitudes de libido mucho más amplias. Pero al tropezar aquí con el obstáculo que supone la barrera moral contra el incesto, erigida en el intervalo, tenderá a transferirse lo antes posible de dichos objetos primarios a otros, ajenos al círculo familiar del sujeto y con los cuales sea posible una vida sexual real. Estos nuevos objetos son elegidos, sin embargo, conforme al prototipo (la imagen) de los infantiles, pero con el tiempo atraen a sí todo el cariño ligado a los primitivos. El hombre abandonará a su padre y a su madre —según el precepto bíblico— para seguir a su esposa, fundiéndose entonces el cariño y la sensualidad. El máximo grado de enamoramiento sensual traerá consigo la máxima valoración psíquica. (La supervaloración normal del objeto sexual por parte del hombre).

Dos distintos factores pueden provocar el fracaso de esta evolución progresiva de la libido. En primer lugar, el grado de *interdicción real* que se oponga a la nueva elección de objeto, apartando de ella al individuo. No tendrá, en efecto, sentido alguno decidirse a una elección de objeto cuando no es posible elegir o no cabe elegir nada satisfactorio. En segundo, el grado de *atracción* ejercido por los objetos infantiles que de abandonar se trata, grado directamente proporcional a la carga erótica de que fueron investidos en la infancia. Cuando estos factores muestran energía suficiente entra en acción el mecanismo general de la producción de las neurosis. La libido se aparta de la realidad, es acogida por la fantasía (introversión), intensifica las imágenes de los primeros objetos sexuales y se fija en ellos. Pero el obstáculo opuesto al incesto obliga a la libido orientada hacia tales objetos a permanecer en lo inconsciente. El onanismo, en el que se exterioriza la actividad de la corriente sensual, inconsciente ahora, contribuye a intensificar las indicadas fijaciones. El hecho de que el progreso evolutivo de la libido, fracasado en la realidad, quede instaurado en la fantasía mediante la substitución de los objetos sexuales primitivos por otros ajenos al sujeto en las situaciones imaginativas conducentes a la satisfacción onanista, no modifica en nada el estado de cosas. La sustitución permite el acceso de tales fantasías a la conciencia, pero no trae consigo proceso alguno en los destinos de la libido.

Puede suceder así que toda la sensualidad de un joven quede ligada en lo inconsciente a objetos incestuosos o, dicho en otros términos, fijada en fantasías incestuosas inconscientes. El resultado es entonces una impotencia absoluta, que en ocasiones puede quedar reforzada por una debilitación real, simultáneamente adquirida, de los órganos genitales.

La impotencia psíquica propiamente dicha exige premisas menos marcadas. La corriente sensual no ha de verse obligada a ocultarse en su totalidad detrás de la cariñosa, sino que ha de conservar energía y libertad suficientes para conquistar en parte el acceso a la realidad. Pero la actividad sexual de tales personas presenta claros signos de no hallarse sustentada por toda su plena energía instintiva psíquica, mostrándose caprichosa, fácil de perturbar, incorrecta, muchas veces, en la ejecución, y poco placentera. Pero, sobre todo, se ve obligada a eludir toda aproximación a la corriente cariñosa, lo que supone una considerable limitación de la elección de objeto. La corriente sensual, permanecida activa, buscará tan sólo objetos que no despierten el recuerdo de los incestuosos prohibidos, y la impresión producida al sujeto por aquellas mujeres cuyas cualidades podrían inspirarle una valoración psíquica elevada no se resuelve en él en excitación sensual, sino en cariño eróticamente ineficaz. La vida erótica de estos individuos permanece disociada en dos direcciones, personificadas por el arte en el amor divino y el amor terreno (o animal). Si aman a una mujer, no la desean, y si la desean, no pueden amarla. Buscan objetos a los que no necesitan amar para mantener alejada su sensualidad de los objetos amados, y conforme a las leyes de la "sensibilidad del complejo" y del "retorno de lo reprimido", son víctimas del fallo singular de la impotencia psíquica en cuanto que el objeto elegido para eludir el incesto les recuerde en algún rasgo, a veces insignificante, el objeto que de eludir se trata.

Contra esta perturbación los individuos que padecen la disociación erótica descrita se acogen principalmente a la *degradación* psíquica del objeto sexual, reservando para el objeto incestuoso y sus subrogados la supervaloración que normalmente corresponde al objeto sexual. Dada una tal *degración* del objeto, su sensualidad puede ya exteriorizarse libremente, desarrollar un importante rendimiento y alcanzar intenso placer. A este resultado contribuye aún otra circunstancia. Aquellas personas en quienes las corrientes cariñosa y sensual no han confluido debidamente viven, por lo general, una vida sexual poco refinada. Perduran en ellas fines sexuales perversos, cuyo incumplimiento es percibido como una sensible disminución de placer, pero que sólo parece posible alcanzar con un objeto sexual rebajado e inestimado.

Descubrimos ya los motivos de las fantasías descritas en un apartado anterior, en las cuales el adolescente rebaja a su madre al nivel de la prostituta. Tales fantasías tienden a construir, por lo menos en la imaginación, un puente sobre el abismo que separa las dos corrientes eróticas, y degradando a la madre, ganarla para objeto de la sensualidad.

2

Hemos desarrollado hasta aquí una investigación médico-psicológica de la impotencia psíquica, ajena en apariencia al título del presente estudio. Pronto se verá, sin embargo, que tal introducción nos era necesaria para llegar a nuestro verdadero tema.

Hemos reducido la impotencia psíquica a la no confluencia de las corrientes cariñosa y sensual en la vida erótica y hemos atribuido esta perturbación de la evolución normal de la libido al influjo de intensas fijaciones infantiles y al obstáculo opuesto luego, en realidad, a la corriente sensual por la barrera erigida contra el incesto en el período intermedio. Contra esta teoría cabe una importante objeción: nos da demasiado; nos explica por qué ciertas personas padecen impotencia psíquica, pero nos lleva a extrañar que alguien pueda escapar a tal dolencia. En efecto, puesto que los factores señalados —la intensa fijación infantil, la barrera erigida contra el incesto y la prohibición opuesta al instinto sexual en los años inmediatos a la pubertad— son comunes a todos los hombres pertenecientes a cierto nivel cultural, sería de esperar que la impotencia psíquica fuese una enfermedad general de nuestra sociedad civilizada y no se limitase a casos individuales.

Podríamos inclinarnos a eludir tal conclusión acogiéndonos al factor cuantitativo de la causación de la enfermedad, o sea, a aquella mayor o menor magnitud de las aportaciones de los distintos factores etiológicos, de la cual depende que se constituya o no un estado patológico manifiesto. Mas, aunque nada nos parece oponerse a esta conducta, no habremos de seguirla para rechazar la conclusión indicada. Por el contrario, queremos sentar la afirmación de que la impotencia psíquica se halla mucho más difundida de lo que se supone, apareciendo caracterizada por una cierta medida de esta perturbación la vida erótica del hombre civilizado.

Si damos al concepto de la impotencia psíquica un sentido más amplio, no limitándolo a la imposibilidad de llevar a cabo el acto sexual, no obstante la perfecta normalidad de los órganos genitales y la intención consciente de complacerse en él, habremos de incluir también entre los individuos aquejados de tal enfermedad a aquellos sujetos a los que designados con el nombre de psicoanestésicos, los cuales pueden realizar el coito sin dificultad alguna, pero no hallan en él especial placer, hecho bastante más frecuente de lo que pudiera creerse. La investigación psicoanalítica de estos casos tropieza con los mismos factores etiológicos descubiertos en la impotencia psíquica estrictamente considerada, pero no nos procura en un principio explicación alguna de las diferencias sintomáticas. Una analogía fácilmente justificable enlaza estos casos de anestesia masculina a los de frigidez femenina, infinitamente frecuentes, siendo el mejor camino para describir y explicar la conducta erótica de tales mujeres su comparación con la impotencia psíquica del hombre, mucho más ruidosa[24].

Prescindiendo de tal extensión del concepto de la impotencia psíquica y atendiendo tan sólo a las gradaciones de su sintomatología, no podemos eludir la impresión de que la conducta erótica del hombre civilizado presenta generalmente, hoy en día, el sello de la impotencia psíquica. Sólo en una limitada minoría aparecen debidamente confundidas las corrientes cariñosa y sexual. El hombre siente coartada casi siempre su actividad sexual por el respeto a la mujer, y sólo desarrolla su plena potencia con objetos sexuales degradados, circunstancia a la que coadyuva el

---

[24] Ha de reconocerse, de todos modos, que la frigidez femenina es un tema complejo, accesible también desde otros puntos.

hecho de integrar en sus fines sexuales componentes perversos, que no se atreve a satisfacer en la mujer estimada. Sólo experimenta, pues, un pleno goce sexual cuando puede entregarse sin escrúpulo a la satisfacción, cosa que no se permitirá, por ejemplo, con la mujer propia. De aquí, su necesidad de un objeto sexual rebajado, de una mujer éticamente inferior, en la que no pueda suponer repugnancias estéticas y que ni conozca las demás circunstancias de su vida, ni pueda juzgarle. A tal mujer dedicará entonces sus energías sexuales, aunque su cariño pertenezca a otra de tipo más elevado. Esta necesidad de un objeto sexual degradado, al cual se enlace fisiológicamente la posibilidad de una completa satisfacción, explica la frecuencia con que los individuos pertenecientes a las más altas clases sociales buscan sus amantes, y a veces sus esposas, en clases inferiores.

No creo aventurado hacer también responsable de esta conducta erótica, tan frecuente entre los hombres de nuestras sociedades civilizadas, a los dos factores etiológicos de la impotencia psíquica propiamente dicha: la intensa fijación incestuosa infantil y la prohibición real opuesta al instinto sexual en la adolescencia. Aunque parezca desagradable y, además, paradójico, ha de afirmarse que para poder ser verdaderamente libre, y con ello verdaderamente feliz en la vida erótica, es preciso haber vencido el respeto a la mujer y el horror a la idea del incesto con la madre o la hermana. Aquellos que ante esta exigencia procedan a una seria introspección, descubrirán que, en el fondo, consideran el acto sexual como algo degradante, cuya acción impurificadora no se limita al cuerpo. El origen de esta valoración, que sólo a disgusto reconocerán, habrán de buscarlo en aquella época de su juventud en la que su corriente sensual, intensamente desarrollada ya, encontraba prohibida toda satisfacción, tanto en los objetos incestuosos como en los extraños.

También las mujeres aparecen sometidas en nuestro mundo civilizado a consecuencias análogas, emanadas de su educación y, además, a las resultantes de la conducta del hombre. Para ellas es, naturalmente, tan desfavorable que el hombre no desarrolle a su lado toda su potencia como que la supervaloración inicial del enamoramiento quede substituida por el desprecio después de la posesión. Lo que no parece existir en la mujer es la necesidad de rebajar el objeto sexual, circunstancia enlazada, seguramente, al hecho de no darse tampoco en ella nada semejante a la supervaloración masculina. Pero su largo apartamiento de la sexualidad y el confinamiento de la sensualidad en la fantasía tienen para ella otra importante consecuencia. En muchos casos no les es ya posible disociar las ideas de actividad sensual y prohibición, resultando así psíquicamente impotente, o sea, frígida, cuando por fin le es permitida tal actividad. De aquí la tendencia de muchas mujeres a mantener secretas durante algún tiempo relaciones perfectamente lícitas, y para otras la posibilidad de sentir normalmente en cuanto la prohibición vuelve a quedar establecida, por ejemplo, en unas relaciones ilícitas. Infieles al marido, pueden consagrar al amante una fidelidad de segundo orden.

A mi juicio, este requisito de la prohibición, que aparece en la vida erótica femenina, puede equipararse a la necesidad de un objeto sexual degradado en el hombre. Ambos factores son consecuencia del largo intervalo exigido por la educación, con fines culturales, entre la maduración y la actividad sexual, y tienden igualmente a desvanecer la impotencia psíquica resultante de la no confluencia de las corrientes cariñosa y sensorial. El hecho de que las mismas causas produzcan en el hombre y en la mujer efectos tan distintos depende quizá de otra divergencia comprobable en su conducta sexual. La mujer no suele infringir la prohibición opuesta a la actividad sexual durante el período de espera, quedando así establecido en ella el íntimo enlace entre las ideas de prohibición y sexualidad. En cambio, el hombre infringe generalmente tal precepto, a condición de rebajar el valor del objeto, y acoge, en consecuencia, esta condición en su vida sexual ulterior.

Ante la intensa corriente de opinión que propugna actualmente la necesidad de una reforma de la vida sexual, no será quizá inútil recordar que la investigación psicoanalítica no sigue tendencia alguna. Su único fin es descubrir los factores que se ocultan detrás de los fenómenos manifiestos. Verá con agrado que las reformas que se intenten utilicen sus descubrimientos para sustituir lo perjudicial por lo provechoso. Pero no puede asegurar que tales reformas no hayan de imponer a otras instituciones sacrificios distintos y quizá más graves.

3

El hecho de que el enfrenamiento cultural de la vida erótica traiga consigo una degradación general de los objetos sexuales nos mueve a transferir nuestra atención, desde tales objetos, a los instintos mismos. El daño de la prohibición inicial del goce sexual se manifiesta en que su ulterior permisión en el matrimonio no proporciona ya plena satisfacción. Pero tampoco una libertad sexual ilimitada desde un principio procura mejores resultados. No es difícil comprobar que la necesidad erótica pierde considerable valor psíquico en cuanto se le hace fácil y cómoda la satisfacción. Para que la libido alcance un alto grado es necesario oponerle un obstáculo, y siempre que las resistencias naturales opuestas a la satisfacción han resultado insuficientes, han creado los hombres otras convencionales, para que el amor constituyera verdaderamente un goce. Esto puede decirse tanto de los individuos como de los pueblos. En épocas en las que la satisfacción erótica no tropezaba con dificultades, por ejemplo, durante la decadencia de la civilización antigua, el amor perdió todo su valor, la vida quedó vacía y se hicieron necesarias enérgicas reacciones para restablecer los valores afectivos indispensables. En este sentido puede afirmarse que la corriente ascética del cristianismo creó para el amor valoraciones psíquicas que la antigüedad pagana no había podido ofrendarle jamás. Esta valoración alcanzó su máximo nivel en los monjes ascéticos, cuya vida no era sino una continua lucha contra la tentación libidinosa.

En un principio nos inclinamos, desde luego, a atribuir las dificultades aquí emergentes a cualidades generales de nuestros instintos orgánicos. Es también exacto, en general, que la importancia psíquica de un instinto crece con su prohibición. Si sometemos, por ejemplo, al tormento del hambre a cierto número de individuos muy diferentes entre sí, veremos que las diferencias individuales irán borrándose con el incremento de la imperiosa necesidad, siendo substituidas por las manifestaciones uniformes del instinto insatisfecho. Ahora bien, ¿puede igualmente afirmarse que la satisfacción de un instinto disminuya siempre tan considerablemente su valor psíquico? Pensemos, por ejemplo, en la relación entre el bebedor y el vino. El vino procura siempre al bebedor la misma satisfacción tóxica tantas veces comparada por los poetas a la satisfacción erótica y comparable realmente a ella aún desde el punto de vista científico. Nunca se ha dicho que el bebedor se vea precisado a cambiar constantemente de bebida, porque cada una de ellas pierde, una vez gustada, su atractivo. Por el contrario, el hábito estrecha cada vez más apretadamente el lazo que une al bebedor con la clase de vino preferida. Tampoco sabemos que el bebedor sienta la necesidad de emigrar a un país en que el vino sea más caro o esté prohibido su consumo, para reanimar con tales incitantes el valor de su gastada satisfacción. Nada de esto sucede. Las confesiones de nuestros grandes alcohólicos, de Boecklin, por ejemplo, sobre su relación con el vino[25]

[25] Floerke: *Zwei Jahre mit Boecklin*, 1902.

delatan una perfecta armonía que podría servir de modelo a muchos matrimonios. ¿Por qué ha de ser entonces tan distinta la relación entre el amante y su objeto sexual?

A mi juicio, y por extraño que parezca, habremos de sospechar que en la naturaleza misma del instinto sexual existe algo desfavorable a la emergencia de una plena satisfacción. En la evolución de este instinto, larga y complicada, destacan dos factores a los que pudiera hacerse responsables de tal dificultad. En primer lugar, a consecuencia del desdoblamiento de la elección de objeto y de la creación intermedia de la barrera contra el incesto, el objeto definitivo del instinto sexual no es nunca el primitivo, sino tan sólo un subrogado suyo. Pero el psicoanálisis nos ha demostrado que cuando el objeto primitivo de un impulso optativo sucumbe a la represión es reemplazado, en muchos casos, por una serie interminable de objetos sustitutivos, ninguno de los cuales satisface por completo. Esto nos explicaría la inconstancia en la elección de objeto, el "hambre de estímulos", tan frecuente en la vida erótica de los adultos.

En segundo lugar, sabemos que el instinto sexual se descompone al principio en una amplia serie de elementos —o, mejor dicho, nace de ella—, y que algunos de estos componentes no pueden ser luego acogidos en su estructura ulterior, debiendo ser reprimidos o destinados a fines diferentes. Trátase, sobre todo, de los componentes instintivos coprófilos, incompatibles con nuestra cultura estética desde el punto y hora, probablemente, en que la actitud vertical alejó del suelo nuestros órganos olfatorios, y, además, de gran parte de los impulsos sádicos adscritos a la vida erótica. Pero todos estos procesos evolutivos no van más allá de los estratos superiores de la complicada estructura. Los procesos fundamentales, que dan origen a la excitación erótica, permanecen invariados. Lo excremental se halla ligado íntima e inseparablemente a lo sexual, y la situación de los genitales *—inter urinas et faeces—* continúa siendo el factor determinante invariable. Modificando una conocida frase de Napoleón el Grande, pudiera decirse que "la anatomía es el destino". Los genitales mismos no han seguido tampoco la evolución general de las formas humanas hacia la belleza. Conservan su animalidad primitiva, y en el fondo tampoco el amor ha perdido nunca tal carácter. Los instintos eróticos son difícilmente educables y las tentativas de este orden dan tan pronto resultados exiguos como excesivos. No parece posible que la cultura llegue a conseguir aquí sus propósitos sin provocar una sensible pérdida de placer, pues la pervivencia de los impulsos no utilizados se manifiesta en una disminución de la satisfacción buscada en la actividad sexual.

Deberemos, pues, familiarizarnos con la idea de que no es posible armonizar las exigencias del instinto sexual con las de la cultura, ni tampoco excluir de estas últimas el renunciamiento y el dolor, y muy en último término el peligro de la extinción de la especie humana, víctima de su desarrollo cultural. De todos modos, este tenebroso pronóstico no se funda sino en la sola sospecha de que la insatisfacción característica de nuestras sociedades civilizadas es la consecuencia necesaria de ciertas particularidades impuestas al instinto sexual por las exigencias de la cultura.

Ahora bien: esta misma incapacidad de proporcionar una plena satisfacción que el instinto sexual adquiere en cuanto es sometido a las primeras normas de la civilización es, por otro lado, fuente de máximos rendimientos culturales, conseguidos mediante una sublimación progresiva de sus componentes instintivos. Pues, ¿qué motivo tendrían los hombres para dar empleo distinto a sus energías instintivas sexuales si tales energías, cualquiera que fuese su distribución, proporcionasen una plena satisfacción placiente? No podrían ya libertarse de tal placer y no realizarían progreso alguno. Parece así que la inextinguible diferencia entre las exigencias de los dos instintos —el sexual y el egoísta— los capacita para rendimientos cada vez más altos, si bien bajo un constante peligro, cuya forma actual es la neurosis, a la cual sucumben los más débiles.

La ciencia no se propone atemorizar, ni consolar tampoco. Mas, por mi parte, estoy pronto a conceder que las conclusiones apuntadas, tan extremas, deberían reposar sobre bases más amplias y que quizá otras orientaciones evolutivas de la humanidad lograran corregir los resultados de las que aquí hemos expuesto aisladamente.

III. El tabú de la virginidad

Entre las peculiaridades de la vida sexual de los pueblos primitivos no hay ninguna tan ajena a nuestros sentimientos como su valoración de la virginidad. Para nosotros, el hecho de que el hombre conceda un supremo valor a la integridad sexual de su pretendida es algo tan natural e indiscutible que, al intentar aducir las razones en que fundamos un tal juicio, pasamos por un momento de perplejidad. Pero no tardamos en advertir que la demanda de que la mujer no lleve al matrimonio el recuerdo del comercio sexual con otro hombre no es sino una ampliación consecuente del derecho exclusivo de propiedad que constituye la esencia de la monogamia, una extensión de este monopolio al pretérito de la mujer.

Sentado esto, no nos es ya difícil justificar lo que antes hubo de parecernos un prejuicio nacido de nuestras opiniones sobre la vida erótica femenina. El hombre que ha sido el primero en satisfacer los deseos amorosos de la mujer, trabajosamente refrenados durante largos años, y habiendo tenido que vencer previamente las resistencias creadas en ella por la educación y el medio ambiente, es el que ella conduce a una asociación duradera, cuya posibilidad excluye para los demás. Sobre este hecho como base, se establece para la mujer una servidumbre que garantiza su posesión ininterrumpida y le otorga capacidad de resistencia contra nuevas impresiones y tentaciones.

La expresión “servidumbre sexual” fue elegida en 1892 por Krafft-Ebing[26] para designar el hecho de que una persona puede llegar a depender en un grado extraordinario de otra con la que mantiene relaciones sexuales. Esta servidumbre puede alcanzar algunas veces caracteres extremos, llegando a la pérdida de toda voluntad propia y al sacrificio de los mayores intereses personales. Ahora bien: el autor no olvida advertir que una cierta medida de tal servidumbre “es absolutamente necesaria si el lazo ha de lograr alguna duración”. Esta cierta medida de servidumbre sexual es, en efecto, indispensable como garantía del matrimonio, tal y como este se entiende en los países civilizados, y para su defensa contra las tendencias polígamas que lo amenazan. Entendiéndolo así, nuestra sociedad civilizada ha reconocido siempre este importante factor.

Krafft-Ebing hace nacer la servidumbre sexual del encuentro de un “grado extraordinario de enamoramiento y debilidad de carácter”, por un lado, con un ilimitado egoísmo, por otro. Pero la experiencia analítica no nos permite satisfacernos con esta sencilla tentativa de explicación. Puede comprobarse más bien que el factor decisivo es la magnitud de la resistencia sexual vencida, y secundariamente, la concentración y la unicidad del proceso que culminó en tal victoria. La servidumbre es así más frecuente e intensa en la mujer que en el hombre, si bien este último parece actualmente mucho más propenso a ella que en la antigüedad. En aquellos casos en los que hemos podido estudiar la servidumbre en sujetos masculinos, hemos comprobado que constituía la consecuencia de unas relaciones eróticas en las que una mujer determinada había logrado vencer la impotencia psíquica del sujeto, el cual permaneció ya ligado

---

[26] Krafft-Ebing: “Bermerkungen ueber «geslechtliche Hoerigkeit» und Masochismus” en *Jahrbuecher für Psychiatrie*, X Bd., 1892.

a ella desde aquel momento. Muchos matrimonios singulares y algunos trágicos destinos —a veces de muy amplias consecuencias— parecen explicarse por este origen de la fijación erótica a una mujer determinada.

Volviendo a la mencionada conducta de los pueblos primitivos, habremos de hacer constar que sería inexacto describirla diciendo que no dan valor alguno a la virginidad y aduciendo como prueba su costumbre de hacer desflorar a las adolescentes fuera del matrimonio y antes del primer coito conyugal. Muy al contrario, parece que también para ellos constituye el desfloramiento un acto importantísimo, pero que ha llegado a ser objeto de un tabú, esto es, de una prohibición de carácter religioso. En lugar de reservarlo al prometido y futuro marido de la adolescente, la costumbre exige que el mismo *eluda tal función*[27].

No está en mi ánimo reunir todos los testimonios literarios de la existencia de esta prohibición moral, ni perseguir su difusión geográfica y enumerar todas las formas en que se manifiesta. Me limitaré, pues, a hacer constar que esta perforación del himen fuera del matrimonio ulterior es algo muy difundido entre los pueblos primitivos hoy en día existentes. Crawley dice al este respecto[28]: *This marriage ceremony consists in perforation of the hymen by some appointed person other than the husband; it is most common in the lowest stages of culture, especially in Australia.*

Ahora bien: si el desfloramiento no ha de ser realizado en el primer coito conyugal, habrá de tener efecto por alguien y en alguna forma antes del mismo. Citaremos algunos pasajes

---

[27] Crawley: *The mystic rose, a study of primitive marriage*, Londres, 1902; Bartels-Ploss: *Das Weib in der Natur und Voelkerkunde*, 1891; Frazer: *Taboo and the perils of the soul*; Havelock Ellis: *Studies in the psychology of sex*, 1913.

[28] *l. c.*, pág. 347.

de la obra de Crawley que nos ilustran sobre esta cuestión, dándonos, además, margen para algunas observaciones críticas.

Página 191: "Entre los dieri y algunas tribus vecinas (Australia) es costumbre general proceder a la rotura del himen al llegar las jóvenes a la pubertad. En las tribus de Portland y Glenelg se encomienda esta función a una anciana, acudiéndose también, a veces, en demanda de tal servicio, a los hombres blancos".

Página 307: "La rotura artificial del himen es verificada algunas veces en la infancia, pero más generalmente en la pubertad... Con frecuencia, aparece combinada —como en Australia— con un coito ceremonial".

Página 348 (con referencia a ciertas tribus australianas en las que se observan determinadas limitaciones exógamas del matrimonio): "El himen es perforado artificialmente, y los hombres que han asistido a la operación realizan después el coito (de carácter ceremonial) con la joven, conforme a un orden de sucesión preestablecido... El acto se divide, pues, en dos partes: perforación y coito".

Página 349: "Entre los masais (África ecuatorial), la práctica de esta operación es uno de los preparativos más importantes del matrimonio. Entre los sacais (malayos), los batta (Sumatra) y los alfoes (islas Célebes), la desfloración es llevada a cabo por el padre de la novia. En las islas Filipinas existían hombres que tenían por oficio desflorar a las novias cuando estas no lo habían sido ya, en su infancia, por una anciana encargada de tal función. En algunas tribus esquimales se abandona la desfloración de la novia al *angekok* o sacerdote".

Las observaciones críticas antes enunciadas se refieren a dos puntos determinados. Es de lamentar, en primer lugar, que en los datos transcritos no se distinga más precisamente entre la mera destrucción del himen sin coito y el coito realizado con tal fin. Sólo en un lugar se nos dice explícitamente que el acto se divide en dos partes: el desfloramiento (manual o instrumental) y el acto sexual inmediato. El rico material aportado por Bartels-Ploss nos es de escasa utilidad para nuestros fines, por atenerse casi exclusivamente al resultado anatómico del desfloramiento, desatendiendo su importancia psicológica. En segundo lugar, quisiéramos que se nos explicara en qué se diferencia el coito "ceremonial" (puramente formal, solemne, oficial), realizado en estas ocasiones, del coito propiamente dicho. Los autores que he podido consultar han sido quizá demasiado pudorosos para entrar en más explicaciones o no han visto tampoco la importancia psicológica de tales detalles sexuales. Es de esperar que los relatos originales de los exploradores y misioneros sean más explícitos e inequívocos, pero no siéndome de momento accesible esta literatura, extranjera en su mayor parte, no puedo asegurar nada sobre este punto. Además, las dudas a él referentes pueden desvanecerse con la reflexión de que un coito aparentemente ceremonial no sería sino la sustitución del coito completo, llevado a cabo en épocas pretéritas[29].

Para la explicación de este tabú de la virginidad podemos acogernos a diversos factores que expondremos rápidamente. El desfloramiento de las jóvenes provoca por lo general efusión de sangre. Una primera tentativa de explicación puede, pues, basarse en el horror de los primitivos a la sangre, considerada por ellos como esencia de la vida. Este tabú de la sangre aparece probado por múltiples preceptos ajenos a la sexualidad. Se enlaza evidentemente a la prohibición de matar y constituye una defensa contra la sed de sangre de los hombres primitivos y sus instintos homicidas. Esta interpretación enlaza el tabú de la virginidad al tabú de la menstruación, observado casi sin excepciones. Para el primitivo, el enigmático fenómeno

---

[29] En muchos otros ejemplos de este orden está comprobado que la novia es entregada totalmente a personas distintas del novio, por ejemplo, a sus acompañantes (los *garçons d'honneur* de nuestras costumbres europeas).

del sangriento flujo mensual se une inevitablemente a representaciones sádicas. Interpreta la menstruación —sobre todo la primera— como la mordedura de un espíritu animal y quizá como signo del comercio sexual con él. Algunos relatos permiten reconocer en este espíritu el de un antepasado, llevándonos a deducir, con ayuda de otros hechos[30], que las adolescentes son consideradas durante el período como propiedad de dicho antepasado, recayendo así sobre ellas en tales días un riguroso tabú.

Mas, por otra parte, nos parece aventurado conceder demasiada influencia a este horror de los primitivos a la efusión de sangre, pues en definitiva no ha logrado desterrar otros usos practicados por los mismos pueblos —la circuncisión masculina y la femenina, mucho más cruenta (escisión de clítoris y de los pequeños labios)—, ni anular la validez de un ceremonial en el que también se derrama sangre. No sería, pues, de extrañar que el horror a la efusión de sangre hubiese sido también superado con relación al primer coito en favor del marido.

Otra segunda explicación, ajena también a lo sexual, presenta una mayor generalidad y consiste en afirmar que el primitivo es víctima de una constante disposición a la angustia, idéntica a la que nuestras teorías psicoanalíticas atribuyen a los neuróticos. Esta disposición a la angustia alcanzará máxima intensidad en todas aquellas ocasiones que se aparten de lo normal, trayendo consigo algo nuevo, inesperado, incomprensible e inquietante. De aquí proceden también aquellos ceremoniales incorporados a religiones muy ulteriores y enlazados a la iniciación de todo asunto nuevo, al comienzo de cada período de tiempo y a las primicias del hombre, el animal o el vegetal. Los peligros de que el sujeto angustiado se cree amenazado

---

[30] *Cf.* Freud: *Tótem y tabú*, tomo VIII de estas *Obras Completas*.

alcanzan en su ánimo temeroso su más alto grado al principio de la situación peligrosa, siendo entonces cuando debe buscar una defensa contra ellos. La significación del primer coito conyugal justifica plenamente la adopción previa de medidas de defensa. Las dos tentativas de explicación que preceden —la del horror a la efusión de sangre y la de la angustia ante todo acto primero— no se contradicen. Por el contrario, se prestan mucho esfuerzo. El primer acto sexual es ciertamente un acto inquietante, tanto más cuanto que provoca efusión de sangre.

Una tercera explicación —la preferida por Crawley— advierte que el tabú de la virginidad pertenece a un amplio conjunto que abarca toda la vida sexual. El tabú no recae tan sólo sobre el primer coito, sino sobre el comercio sexual en general. Casi podría decirse que la mujer es tabú en su totalidad. No lo es únicamente en las situaciones derivadas de su vida sexual: la menstruación, el embarazo, el parto y el puerperio. También fuera de ellas pesan sobre el comercio con la mujer tantas y tan severas restricciones que no es posible sostener ya la pretendida libertad sexual de los salvajes. Es indiscutible que en ciertas ocasiones la sexualidad de los primitivos se sobrepone a toda coerción, pero ordinariamente se nos muestra restringida por diversas prohibiciones y preceptos, más estrechamente aún que en las civilizaciones superiores. En cuanto el hombre inicia alguna empresa especial, una partida de caza, una expedición guerrera o un viaje, debe mantenerse alejado de la mujer. La infracción de este precepto paralizaría sus fuerzas y le conduciría al fracaso. También en los usos cotidianos se transparenta una tendencia a la separación de los sexos. Las mujeres y los hombres viven en grupos separados. En muchas tribus no existe apenas algo semejante a nuestra vida familiar. La separación llega hasta el punto de estar prohibido a cada sexo pronunciar los nombres de las personas de sexo contrario, poseyendo las mujeres un vocabulario especial. La necesidad sexual rompe, naturalmente, de continuo estas barreras; pero existen aún algunas tribus en las cuales la unión sexual de los esposos ha de celebrarse fuera de la casa y en secreto.

Allí donde el primitivo ha establecido un tabú es porque temía un peligro, y no puede negarse que en todos estos preceptos de aislamiento se manifiesta un temor fundamental a la mujer. Este temor se basa quizá en que la mujer es muy diferente del hombre, mostrándose siempre incomprensible, enigmática, singular y, por todo ello, enemiga. El hombre teme ser debilitado por la mujer, contagiarse de su femineidad y mostrarse luego incapaz de hazañas viriles. El efecto enervante del coito puede ser muy bien el punto de partida de un tal temor, a cuya difusión contribuiría luego la percepción de la influencia adquirida por la mujer sobre el hombre al cual se entrega. En todo esto no hay ciertamente nada que no subsista aún entre nosotros.

En opinión de muchos autores, los impulsos eróticos de los primitivos son relativamente débiles y no alcanzan jamás las intensidades que acostumbramos a comprobar en la humanidad civilizada. Otros han discutido este juicio; pero, de todos modos, los usos tabú enumerados testimonian de la existencia de un poder que se opone al amor, rechazando a la mujer por considerarla extraña y enemiga.

En términos muy análogos a los psicoanalíticos describe Crawley que entre los primitivos cada individuo se diferencia de los más por un *taboo of personal isolation*, fundado precisamente en estas pequeñas diferencias, dentro de una general afinidad, sus sentimientos de individualidad y hostilidad. Sería muy atractivo proseguir el desarrollo de esta idea y derivar de este “narcisismo de las pequeñas diferencias” la hostilidad que, en todas las relaciones humanas, vemos sobreponerse a los sentimientos de confraternidad, derrocando el precepto general de amar a nuestro prójimo como a nosotros mismos.

El psicoanálisis cree haber adivinado una parte principalísima de los fundamentos en que se basa la repulsa narcisista de la mujer, refiriendo tal repulsa al complejo de la castración y a su influencia sobre el juicio estimativo de la mujer.

Pero con estas últimas reflexiones nos hemos alejado mucho de nuestro tema. El tabú general de la mujer no arroja luz ninguna sobre los preceptos especiales referentes al primer acto sexual con una mujer virgen. En este punto hemos de acogernos a las dos primeras explicaciones expuestas —el horror a la efusión de sangre y el temor a todo acto inicial—, e incluso hemos de reconocer que tales explicaciones no penetran tampoco hasta el nódulo del precepto tabú que nos ocupa. Este precepto se basa evidentemente en la intención de *negar* o *evitar precisamente al ulterior marido* algo que se considera inseparable del primer acto sexual, aunque en dicho acto hubiera de derivarse por otro lado, y según nuestra observación inicial, una ligazón particularmente intensa de la mujer a la persona del marido.

No entra esta vez en nuestros planes examinar el origen y la última significación de los preceptos tabú. Lo hemos hecho ya en nuestro libro *Tótem y tabú*[31], en el que señalamos como condición de la génesis del tabú la existencia de una ambivalencia original, y vimos el origen del mismo en los sucesos prehistóricos que condujeron a la formación de la familia. En los usos tabú actualmente observados entre los primitivos no puede ya reconocerse tal significación inicial. Al querer hallarla, todavía olvidamos demasiado fácilmente que también los pueblos más primitivos viven hoy en una civilización muy distante de la prehistórica, una civilización tan antigua como la nuestra y que, como ella, corresponde a un estadio avanzado, si bien distinto, de la evolución.

---

[31] Véase el tomo VIII de estas *Obras Completas*.

En los primitivos actuales encontramos ya el tabú desarrollado hasta formar un artificioso sistema, comparable al que nuestros neuróticos construyen en sus fobias, sistema en el cual los motivos antiguos han sido substituidos por otros nuevos. Dejando a un lado los problemas genéticos antes apuntados, volveremos, pues, a nuestra conclusión de que el primitivo establece un tabú allí donde teme un peligro. Este peligro es, generalmente considerado, de carácter psíquico, pues el primitivo no siente la menor necesidad de llevar aquí a efecto dos diferenciaciones que a nosotros nos parecen ineludibles. No separa el peligro material del psíquico ni el real del imaginario. En su concepción del Universo, consecuentemente animista, todo peligro procede de la intención hostil de un ser dotado, como él, de un alma, y tanto el peligro que amenaza por parte de una fuerza natural como los que provienen de animales feroces o de otros hombres. Mas, por otro lado, acostumbra también a proyectar sus propios impulsos hostiles sobre el mundo exterior; esto es, a atribuirlos a aquellos objetos que le disgustan o siente, simplemente, extraños de él. De este modo considera también a la mujer como una fuente de peligros, y ve en el primer acto sexual con una de ellas un riesgo especialmente amenazador.

Una detenida investigación de la conducta de la mujer civilizada contemporánea en las circunstancias a las que nos venimos refiriendo puede proporcionarnos quizá la explicación del temor de los primitivos a un peligro concomitante a la iniciación sexual. Anticipando los resultados de esta investigación, apuntaremos que tal peligro existe realmente, resultando así que el primitivo se defiende, por medio del tabú de la virginidad, de un peligro acertadamente sospechado, si bien meramente psíquico.

La reacción normal al coito nos parece ser que la mujer, plenamente satisfecha, estreche al hombre entre sus brazos, y vemos en ello una expresión de su agradecimiento y una promesa de su duradera servidumbre. Pero sabemos también que el primer coito no tiene, por lo regular, tal consecuencia. Muy frecuentemente no supone sino desengaño para la mujer, que permanece fría e insatisfecha y precisa por lo general de algún tiempo y de la repetición del acto sexual para llegar a encontrar en él plena satisfacción. Estos casos de frigidez meramente inicial y pasajera constituyen el punto de partida de una serie gradual, que culmina en aquellos otros, lamentables, de frigidez perpetua, contra la cual se estrellan todos los esfuerzos amorosos del marido. A mi juicio, esta frigidez de la mujer no ha sido bien comprendida aún y, salvo en aquellos casos en los que ha de ser atribuida a una insuficiente potencia del marido, demanda una explicación que quizá podamos aportar examinando los fenómenos que le son afines.

Entre tales fenómenos no quisiéramos integrar la frecuentísima tentativa de fuga ante el primer coito, pues tales tentativas distan mucho de ser unívocas, y, sobre todo, han de interpretarse, siquiera en parte, como expresión de la tendencia femenina general a la defensa. En cambio, creo que ciertos casos patológicos pueden arrojar alguna luz sobre el enigma de la frigidez femenina. Me refiero a aquellos casos en los que después del primer coito, e incluso después de cada uno de los sucesivos, da la mujer franca expresión a su hostilidad contra el marido, insultándole, amenazándole o llegando incluso a golpearle. En un definido caso de este género, que pude someter a un minucioso análisis, sucedía esto, a pesar de que la mujer amaba tiernamente a su marido, siendo a veces ella misma la que le incitaba a realizar el coito y encontrando en él innegable e intensa satisfacción. A mi juicio, esta singular reacción contraria es un resultado de aquellos mismos impulsos que en general sólo consiguen manifestarse bajo la forma de frigidez sexual, logrando coartar la reacción amorosa, pero no imponer sus fines propios. En los casos patológicos aparece disociado en sus dos componentes aquello que en la frigidez, mucho más frecuente, se asocia para producir una inhibición, análogamente a como sucede, según sabemos hace ya largo tiempo, en ciertos síntomas de la neurosis obsesiva. Así, pues, el peligro oculto en el desfloramiento de la mujer sería el de atraerse su hostilidad, siendo precisamente el marido quien mayor interés debe tener en eludir tal hostilidad.

El análisis nos revela sin gran dificultad cuáles son los impulsos femeninos que originan esta conducta paradójica en la que esperamos hallar la explicación de la frigidez. El primer coito pone en movimiento una serie de impulsos contrarios a la emergencia de la disposición femenina deseable, algunos de los cuales no habrán de surgir ya obligadamente en las ulteriores repeticiones del acto sexual. Recordaremos aquí, ante todo, el dolor provocado por el desfloramiento, e incluso nos inclinaremos a atribuirle carácter decisivo y a prescindir de buscar otros. Pero no tardamos en darnos cuenta de que en realidad no puede atribuirse al dolor tan decidida importancia, debiendo más bien sustituirlo por la ofensa narcisista concomitante siempre a la destrucción de un órgano. Tal ofensa encuentra, precisamente en este caso, una representación racional en el conocimiento de la disminución del valor sexual de la desflorada. Los usos matrimoniales de los primitivos previenen, pues, contra esta supervaloración. Hemos visto que en algunos casos el ceremonial consta de dos partes y que al desgarramiento del himen, llevado a cabo con la mano o con un instrumento, sucede un coito oficial o simulado con los camaradas o testigos del marido. Esto nos demuestra que el sentido del precepto tabú no queda aún plenamente cumplido con la evitación del desfloramiento anatómico y que el peligro de que se debe librar al esposo no reside tan sólo en la reacción de la mujer al dolor del primer contacto sexual.

Otra de las razones que motivan el desengaño producido por el primer coito es su imposibilidad de procurar a la mujer, por lo menos a la mujer civilizada, todo lo que de él se prometía. Para ella, el comercio sexual se hallaba enlazado hasta aquel momento a una enérgica prohibición, y al desaparecer esta, el comercio sexual legal hace el efecto de algo muy distinto. Este último enlace preexistente entre las ideas de "actividad sexual" y "prohibición" se transparenta casi cómicamente en la conducta de muchas novias, que ocultan sus relaciones amorosas a todos los extraños e incluso a sus mismos padres, aun en aquellos casos en los que nada justifica tal secreto ni es de esperar oposición alguna. Tales jóvenes declaran francamente que el amor pierde para ellas mucha parte de su valor al dejar de ser secreto. Esta idea adquiere en ocasiones tal predominio, que impide totalmente el desarrollo del amor en el matrimonio y la mujer no recobra ya su sensibilidad amorosa si no es en unas relaciones ilícitas y rigurosamente secretas, en las cuales se siente segura de su propia voluntad, no influida por nada ni por nadie.

Sin embargo, tampoco este motivo resulta suficientemente profundo. Depende, además, de condiciones estrictamente culturales y no parece poder enlazarse, sin violencia, a la situación de los primitivos. En cambio, existe aún otro factor, basado en la historia evolutiva de la libido, que nos parece presentar máxima importancia. La investigación analítica nos ha descubierto la regularidad de las primeras fijaciones de la libido y su extraordinaria intensidad. Trátase aquí de deseos sexuales infantiles tenazmente conservados, y en la mujer, por lo general, de una fijación de la libido al padre o a un hermano, sucedáneo de aquel, deseos orientados, con gran frecuencia, hacia fines distintos del coito o que sólo lo integran como fin vagamente reconocido. El marido es siempre, por decirlo así, un sustituto. En el amor de la mujer, el primer puesto lo ocupa siempre alguien que no es el marido; en los casos típicos, el padre, y el marido, a lo más, el segundo. De la intensidad y del arraigo de esta fijación depende que el sustituto sea o no rechazado como insatisfactorio. La frigidez se incluye, de este modo, entre las condiciones genéticas de la neurosis. Cuanto más poderoso es el elemento psíquico en la vida de una mujer, mayor resistencia habrá de oponer la distribución de su libido a la conmoción provocada por el primer acto sexual y menos poderosos resultarán los efectos de su posesión física. La frigidez emergerá entonces en calidad de inhibición neurótica o constituirá una base propicia al desarrollo de otras neurosis. A este resultado coadyuva muy importantemente una inferioridad de la potencia masculina, por ligera que sea.

A esta actuación de los primeros deseos sexuales parece responder la costumbre seguida por los primitivos al encomendar el desfloramiento a uno de los ancianos de la tribu o a un sacerdote; esto es, a una persona de carácter sagrado, o, en definitiva, a una substitución del padre. En este punto parece iniciarse un camino que nos lleva hasta el tan discutido *ius primae noctis* de los señores feudales. A. J. Storfer sostiene esta misma opinión[32] e interpreta, además, la tan difundida institución del "matrimonio de Tobías" (la costumbre de guardar continencia en las tres primeras noches) como el reconocimiento de los privilegios del patriarca, interpretación iniciada antes por C. G. Jung[33]. No nos extrañará ya encontrar también a los ídolos entre los subrogados del padre encargados del desfloramiento. En algunas regiones de la India, la recién casada debía sacrificar su himen a un ídolo de madera, y según refiere San Agustín, en las ceremonias nupciales romanas (¿de su época?) existía igual costumbre, si bien mitigada en el sen-

[32] *Zur Sonderstellung des Vatermordes*, 1911 (*Schriften zur engewandten Seelenkunde*, XII).

[33] Die Bedeutung des Waters für die Schicksal des Einzelnen", en *Jahrbuch für Psychoanalyse*, I, 1909.

tido de que la novia se limitaba a sentarse sobre el gigantesco falo del dios Príapo[34].

Hasta estratos más profundos aún penetra otro motivo, al que hemos de atribuir el primer lugar de la reacción paradójica contra el hombre, y cuya influencia se manifiesta igualmente, a mi juicio, en la frigidez de la mujer. El primer coito activa todavía en ésta otros antiguos impulsos, distintos de los descritos y contrarios, en general, a la función femenina.

Por el análisis de un gran número de mujeres neuróticas sabemos que pasan por un temprano estadio en el que envidian al hermano el signo de la virilidad, sintiéndose ellas desventajadas y humilladas por la carencia de miembro (o, más propiamente dicho, por su disminución). Para nosotros, esta "envidia del pene" pertenece al "complejo de la castración". Si entre lo "masculino" incluimos el deseo de ser hombres, se adaptará muy bien a esta conducta el nombre de "protesta masculina" creado por A. Adler para elevar este factor a la categoría de sustentáculo general de la neurosis. Durante esta fase no ocultan muchas veces las niñas tal envidia ni la hostilidad en ella basada, y tratan de proclamar su igualdad al hermano, intentando orinar en pie como él. En el caso antes citado de agresión ulterior al coito, no obstante un tierno amor al marido, pude comprobar que la fase descrita había existido con anterioridad a la elección del objeto. Sólo después de ella se orientó la libido de la niña hacia el padre, substituyendo el deseo de poseer un miembro viril por el de tener un niño.

No me sorprendería que en otros casos siguiera la sucesión temporal de estos impulsos un orden inverso, no entrando en acción esta parte del complejo de la castración hasta después

[34] Ploss y Bartels: *Das Weib*, I, XII, y Dulaure: *Des divinités génératrices*, París 1885.

de realizada la elección de objeto. Pero la fase masculina de la mujer, durante la cual envidia al niño la posesión de un pene, pertenece a un estadio evolutivo anterior a la elección de objeto y se halla más cerca que ella del narcisismo primitivo.

No hace mucho he tenido ocasión de analizar un sueño de una recién casada, en el que se transparentaba una reacción a su desfloramiento, delatando el deseo de castrar a su joven marido y conservar ella su pene. Cabía también quizá la interpretación, más inocente, de que lo deseado era la prolongación y repetición del acto, pero ciertos detalles del sueño iban más allá de este sentido, y tanto el carácter como la conducta ulterior de la sujeto testimoniaban en favor de la primera interpretación. Detrás de esta envidia del miembro viril se vislumbra la hostilidad de la mujer contra el hombre, hostilidad que nunca falta por completo en las relaciones entre los dos sexos y de la cual hallamos claras pruebas en las aspiraciones y las producciones literarias de las "emancipadas". En una especulación paleobiológica retrotrae Ferenczi esta hostilidad de la mujer hasta la época en que tuvo lugar la diferenciación de los sexos. En un principio —opina— la cópula se realizaba entre los individuos idénticos, uno de los cuales alcanzó un desarrollo más poderoso y obligó al otro, más débil, a soportar la unión sexual. El rencor originado por esta subyugación perduraría aún hoy en la disposición actual de la mujer. Por mi parte, nada encuentro que reprochar a esta clase de especulaciones, siempre que no se llegue a concederles un valor superior al que pueden alcanzar.

Después de esta enumeración de los motivos de la paradójica reacción de la mujer ante el desfloramiento, continuada de la frigidez, podemos concluir, resumiendo, que la insatisfacción sexual de la mujer descarga sus reacciones sobre el hombre que la inicia en el acto sexual. El tabú de la virginidad recibe así un preciso sentido, pues nos explicamos muy bien la existencia de un precepto encaminado a librar precisamente de tales peligros al hombre que va a iniciar una larga convivencia con la mujer. En grados superiores de cultura, la valoración de estos peligros ha desaparecido ante la promesa de la servidumbre y seguramente ante otros diversos motivos y atractivos; la virginidad es considerada como una dote a la cual no debe renunciar el hombre. Pero el análisis de las perturbaciones del matrimonio nos enseña que los motivos que impulsan a la mujer a tomar venganza de su desfloramiento no se han extinguido tampoco por completo en el alma de la mujer civilizada. A mi juicio, ha de extrañar el observador el extraordinario número de casos en los que la mujer permanece frígida en un primer matrimonio y se considera desgraciada, y, en cambio, disuelto este primer matrimonio, ama tiernamente y hace feliz al segundo marido. La reacción arcaica se ha agotado, por decirlo así, en el primer objeto.

No puede tampoco afirmarse que el tabú de la virginidad haya desaparecido por completo en nuestra vida civilizada. El alma popular lo conoce, y los poetas lo han utilizado en sus creaciones. En una de sus comedias nos presenta Anzengruber a un joven campesino que renuncia a casarse con la novia a él destinada, dejándose convencer inocentemente por el argumento de que la muchacha es "una chicuela, que no sabe aún nada de la vida". Permite así su matrimonio con otro y se resigna, pensando en casarse con ella cuando enviude y no sea ya peligrosa para él. El título de esta obra, *El veneno virginal*, recuerda la creencia de que los encantadores de serpientes les hacen morder antes en un lienzo, en el que dejan el veneno, pudiendo después manejarlas sin peligro[35].

[35] También merece citarse aquí, no obstante apartarse algo su argumento de la situación descrita, una narración, magistralmente concisa, de A. Schnitzler, titulada *El destino del barón de Leisenbogh*. El amante de una actriz de amplia experiencia amorosa maldice, al morir en un accidente, al primer hombre que después la posea. Durante algún tiempo, la actriz, a quien este tabú crea una

Una conocida figura dramática, la Judith de la tragedia de Hebbel *Judith y Holofernes*, nos ofrece una acabada representación del tabú de la virginidad y de gran parte de su motivación. Judith es una de aquellas mujeres cuya virginidad aparece protegida por un tabú. Su primer marido, paralizado la primera noche por un enigmático temor, no se atrevió ya a aproximarse a ella. "Mi belleza es como la de una flor venenosa —dice Judith—. Produce la cura y la muerte". Al ver sitiada luego su ciudad por el caudillo asirio, concibe el plan de seducirle y perderle con su hermosura, utilizando así un motivo patriótico para encubrir otro sexual. Desflorada por el poderoso Holofernes, orgulloso de su fuerza y de su falta de escrúpulos, su indignación le da fuerzas para decapitarle, convirtiéndose en libertadora de su pueblo. La decapitación nos es ya conocida como un substitutivo simbólico de la castración, y de este modo Judith es la mujer que castra el hombre que la ha desflorado, como sucedía en el sueño de mi paciente recién casada, antes mencionado. Hebbel sexualizó intencionadamente el relato patriótico, tomado de los libros apócrifos del Antiguo Testamento, en los cuales Judith se vanagloria a su regreso de no haber sido violada. También falta en el texto bíblico todo dato sobre su trágica noche nupcial. Pero nuestro autor, con su fina sensibilidad de poeta, sospechó, sin duda, el motivo primitivo, desvanecido en aquel relato tendencioso, y devolvió al tema todo su contenido original.

En un excelente análisis explica I. Sadger cómo el propio complejo parental del poeta determinó su elección de asunto

---

especie de nueva virginidad, no se resuelve a conceder a nadie sus favores. Pero, enamorada de un cantante, encuentra al fin un medio de librarse de la maldición, entregándose antes, por una noche, al barón de Leisenbogh, que viene solicitándola en vano muchos años. En él se cumple la maldición, y muere súbitamente al descubrir el motivo de su inesperada fortuna amorosa.

dramático y por qué en la lucha de los sexos tomó siempre partido por la mujer, sabiendo infundirse en sus más ocultos movimientos anímicos[36]. Cita igualmente la motivación que el poeta mismo atribuye a su modificación del asunto y la tacha, con razón, de artificiosa, considerándola destinada únicamente a justificar externamente, y en el fondo, a encubrir algo inconsciente para el propio autor. Nada he de objetar tampoco a la explicación dada por Sadger al hecho de convertir a Judith, viuda, según el texto bíblico, en viuda virgen. Pero sí añadiré que después de fijar el poeta la virginidad de su protagonista, su penetrante imaginación permaneció ligada a la reacción hostil, desencadenada por el desfloramiento.

Podemos, pues, concluir que el desfloramiento no tiene tan sólo la consecuencia cultural de ligar duraderamente la mujer al hombre, sino que desencadena también una reacción arcaica de hostilidad contra él, reacción que puede tomar formas patológicas, las cuales se manifiestan frecuentemente en fenómenos de inhibición en la vida erótica conyugal, y a los que hemos de atribuirse el que las segundas nupcias resulten muchas veces más felices que las primeras. El singular tabú de la virginidad, y el temor con que entre los primitivos elude el marido el desfloramiento, quedan plenamente justificados por esta reacción hostil.

Resulta muy interesante descubrir en la práctica analítica mujeres en las cuales las dos reacciones contrapuestas de servidumbre y hostilidad se manifiestan al mismo tiempo y permanecen íntimamente enlazadas. Entre estas mujeres hay algunas que parecen completamente disociadas de sus maridos y que, sin embargo, no pueden desligarse de ellos. Cuantas veces intentan orientar su amor hacia otra persona, se lo estorba la imagen del

[36] "De la Patografía a la Psicografía", en *Imago*, I, 1912.

marido al que, sin embargo, no aman. El análisis demuestra, en estos casos, que tales mujeres permanecen ligadas a sus maridos por servidumbre, pero no ya por cariño. No logran libertarse de ellos porque no han acabado de vengarse de ellos, y en los casos más extremos, porque ni siquiera se ha hecho aún consciente en su ánimo el impulso vengativo.

La organización genital infantil

(Adicción a la teoría sexual)

1923

La investigación psicoanalítica ofrece tales dificultades, que no es imposible desatender consecuentemente, durante decenios enteros de continua observación, rasgos generales y hechos característicos, hasta un momento en que nos salen al paso y se imponen a nuestra atención. El presente trabajo tiende a rectificar tal omisión en el estudio de la evolución sexual infantil.

Los lectores de mis *Tres ensayos para una teoría sexual* (1905) no ignorarán que ninguna de las posteriores ediciones de dicha obra constituye una refundición total de la primera, habiéndose limitado a integrar en ellas, por medio de interpolaciones y modificaciones, los progresos de nuestro conocimiento, pero sin alterar la ordenación primaria[37]. Es, por tanto, muy posible que el texto primario y las adiciones y modificaciones ulteriores no aparezcan algunas veces plenamente fundidos en una unidad libre de contradicciones. Al principio, el acento recaía sobre la diferencia fundamental entre la vida sexual de los niños y la de los adultos. Más tarde pasaron al primer término las *organizaciones pregenitales* de la libido y el *desdoblamiento* de la evolución sexual en *dos fases*, hecho este tan singular como rico en consecuencias. Por último, atrajo nuestro interés la *investi-*

[37] Véase el tomo II de estas *Obras Completas*. Para la traducción de los *Tres ensayos para una teoría sexual* en él incluidos, sirvió de base la 4.ª edición alemana. (Viena, 1920).

gación sexual infantil, y partiendo de ella, llegamos a descubrir *la gran afinidad de la forma final de la sexualidad infantil* (hacia los cinco años) con la estructura definitiva sexual del adulto. Hasta aquí la última edición (1922) de mi teoría sexual.

En las páginas de esta edición[38] afirmo que "con frecuencia, o regularmente, tiene ya efecto en los años infantiles una elección de objeto semejante a la que caracteriza la fase evolutiva de la pubertad, elección que se verifica orientándose todos los instintos sexuales hacia una única persona, en la cual desean conseguir sus fines. Es esta la máxima aproximación posible en los años infantiles a la estructura definitiva de la vida sexual posterior a la pubertad. La diferencia está tan sólo en que la síntesis de los instintos parciales y su subordinación a la primacía de los genitales no aparecen aún establecidos en la infancia, o sólo muy imperfectamente. La constitución de tal primacía en favor de la reproducción es, por lo tanto, la última fase de la organización sexual".

La afirmación de que la primacía de los genitales no aparece aún establecida, o sólo muy imperfectamente, en el temprano período infantil no nos satisface ya por completo. La afinidad de la vida sexual infantil con la del adulto va mucho más allá y no se limita a la emergencia de una elección de objeto. Si bien no llega a establecerse una perfecta síntesis de los instintos parciales bajo la primacía de los genitales, el interés dedicado a los genitales y la actividad genital adquieren de todos modos, al alcanzar el curso evolutivo de la sexualidad infantil su punto más alto, una importancia predominante poco inferior a la que logran en la madurez. En el carácter principal de esta *organización genital infantil* hallamos, además, su más importante diferencia de la organización genital definitiva del adulto. Este

[38] Tomo II de estas *Obras Completas.*

carácter diferencial consiste en que el sujeto infantil no admite sino un solo órgano genital, el masculino, para ambos sexos. No existe, pues, una primacía genital, sino una primacía del *falo*.

Desgraciadamente no podemos referirnos en la exposición de este tema más que al sujeto infantil masculino, pues nos faltan datos sobre el desarrollo de los procesos correlativos en las niñas. El niño percibe, desde luego, las diferencias externas entre hombres y mujeres, pero al principio no tiene ocasión de enlazar tales diferencias a una diversidad de sus órganos genitales. Así, pues, atribuye a todos los demás seres animados, hombres y animales, órganos genitales análogos a los suyos y llega hasta buscar en los objetos inanimados un miembro igual al que él posee[39]. Este órgano tan fácilmente excitante, capaz de variar de estructura y dotado de extrema sensibilidad ocupa en alto grado el interés del niño y plantea continuamente nuevos problemas a su instinto de investigación. Quisiera observarlo en otras personas, para compararlo con el suyo, y se conduce como si sospechara que aquel miembro podría y debería ser mayor. La fuerza impulsora que este signo viril desarrollará luego en la pubertad se exterioriza en este período infantil bajo la forma de curiosidad sexual. Muchas de las exhibiciones y agresiones sexuales que el niño realiza y que de verificarse en una edad posterior serían juzgados como manifestaciones de salacidad, se revelan en el análisis como experimentos puestos al servicio de la investigación sexual.

En el curso de estas investigaciones llega el niño a descubrir que el pene no es un atributo común a todos los seres a él semejantes. La visión casual de los genitales de una hermanita o de una compañera de juegos le inicia en este descubrimiento.

---

[39] Es, además, singular la escasa atención que despiertan en el niño los demás elementos del órgano genital masculino (los testículos). Por los análisis sería imposible adivinar que el órgano genital se compone de algo más que el pene.

Los niños de inteligencia despierta han concebido ya anteriormente, al observar que las niñas adoptan al orinar otra postura y producen ruido distinto, la sospecha de alguna diversidad genital, e intentan repetir tales observaciones para lograr un pleno esclarecimiento. Ya es conocido cómo reaccionan a la primera percepción de la falta del pene en las niñas. Niegan tal falta, creen ver el miembro y salvan la contradicción entre la observación y el prejuicio pretendiendo que el órgano es todavía muy pequeño y crecerá cuando la niña vaya siendo mayor. Poco a poco llegan luego a la conclusión, efectivamente muy importante, de que la niña poseía al principio un miembro análogo al suyo, del cual fue luego despojada. La carencia de pene es interpretada como el resultado de una castración, surgiendo entonces en el niño el temor a la posibilidad de una mutilación análoga. Los desarrollos ulteriores son de sobra conocidos para tener que repetirlos aquí. Me limitaré, pues, a indicar que para *estimar exactamente la importancia del complejo de la castración es necesario atender al hecho de su emergencia en la fase de la primacía del falo*[40].

También es sabido cuánto desprecio, o hasta horror, a la mujer y cuánta disposición a la homosexualidad se derivan del convencimiento definitivo de su carencia de pene. Ferenczi ha referido, muy acertadamente, el símbolo mitológico del horror, la cabeza de Medusa, a la impresión producida por la visión de los genitales femeninos faltos de pene[41].

---

[40] Se ha indicado, acertadamente, que el niño adquiere ya la representación de un daño narcisista por pérdida corporal con la pérdida del seno materno después de mamar, por la expulsión diaria de las heces, e incluso ya por su separación del cuerpo de la madre en el momento de su nacimiento. Pero de un complejo de castración no debe hablarse sino cuando tal representación de una pérdida va unida a la de los genitales masculinos.

[41] *Internationale Zeitschrift für Psychoanalyse*, IV, 1923, 1. Por mi parte, agregaré que el mito se refiere a los genitales maternos. Palas Athenea, que lleva en su

Pero no debe creerse que el niño generalice rápida y gustosamente su observación de que algunas personas femeninas carecen de pene. Se lo estorba ya su hipótesis primera de que la carencia de pene es consecuencia de una castración punitiva. Por el contrario, cree que sólo algunas personas femeninas indignas, culpables probablemente de impulsos ilícitos, análogos a los suyos, han sido despojadas de los genitales. Las mujeres respetables, como la madre, conservan el pene. La femineidad no coincide aún para el niño con la falta de miembro viril[42]. Sólo más tarde, cuando el niño ataca los problemas de la génesis y el nacimiento de los niños y descubre que únicamente las mujeres pueden parirlos, es cuando deja de atribuir a la madre un miembro viril, construyendo entonces complicadas teorías encaminadas a explicar el trueque del pene por un niño. El genital femenino no parece ser descubierto en todo esto. Como ya sabemos, el infantil sujeto imagina que los niños se desarrollan en el seno materno (en el intestino) y son paridos por el ano. Pero con estas últimas teorías traspasamos la duración del período sexual infantil.

No es indiferente tener en cuenta las transformaciones que experimenta la polaridad sexual, para nosotros corriente, durante la evolución sexual infantil. La elección de objeto, que presupone ya un sujeto y un objeto, introduce una primera antítesis. En el estadio de la organización pregenital sádico-anal no puede hablarse aún de masculino y femenino; predomina la antítesis de activo y pasivo[43]. En el estadio siguiente de la

---

armadura la cabeza de Medusa, es por ello la mujer imposible, cuya visión ahora toda idea de aproximación sexual.

[42] El análisis de una señora joven me descubrió que la sujeto, huérfana de padre, había creído, hasta muy entrado el período de latencia, que tanto su madre como sus tías poseían un pene. En cambio, creía castrada, como ella, a una de sus tías, que era débil mental.

[43] *Cf.* El tomo II de estas *Obras Completas*.

organización genital infantil hay ya un masculino, pero no un femenino; la antítesis es aquí genital masculino o castrado. Sólo con el término de la evolución en la pubertad llega a coincidir la polaridad sexual con masculino y femenino. Lo masculino comprende el sujeto, la actividad y la posesión del pene. Lo femenino integra el objeto y la pasividad. La vagina es reconocida ya entonces como albergue del pene y viene a heredar al seno materno.

Dos mentiras infantiles

1913

Es explicable que los niños mientan cuando no hacen sino imitar las mentiras de los adultos. Pero cierto número de mentiras de niños de excelente condición tienen un significado especial y deberían hacer reflexionar a los padres, en lugar de indignarles. Dependen de intensos motivos eróticos y pueden acarrear fatales consecuencias cuando provocan una mala inteligencia entre el infantil sujeto y la persona por él amada.

I

Una niña de siete años, en su segundo año de escuela primaria, pide dinero a su padre para comprar pinturas con que teñir los huevos de Pascua. El padre rehúsa, alegando no tener dinero. Poco después, renueva la niña su demanda, pero justificándola con la obligación de contribuir a una colecta escolar, destinada a adquirir una corona para los funerales de una persona real. Cada uno de los colegiales debe aportar cincuenta céntimos. El padre le da diez marcos. Paga la niña su aportación, deja nueve marcos sobre la mesa del despacho paterno y con los cincuenta céntimos restantes compra las pinturas deseadas, que esconde en el cajón de sus juguetes. Durante la comida, el padre le pregunta qué ha hecho con el dinero que falta y si no lo ha empleado en las pinturas. Ella lo niega; pero su hermano, dos años mayor, la delata. Las pinturas son encontradas entre los juguetes. El padre, muy enfadado, abandona a la pequeña delincuente en manos de la madre, que le administra un severo correctivo. Luego, conmovida ante la intensa desesperación de la niña, la acaricia y sale con ella de paseo, para consolarla. Pero los efectos de este suceso, considerados por la paciente misma como "punto crítico" de su niñez, resultan ya inevitables. La sujeto, que hasta aquel día era una niña traviesa y voluntariosa, se hace tímida y hosca. Durante los preparativos de su boda es presa de incomprensibles arrebatos de cólera cada vez que su madre efectúa alguna compra para su nuevo hogar. Piensa que el dinero a tal efecto destinado es de su exclusiva propiedad, sin que nadie, fuera de ella, tenga derecho a administrarlo. De recién casada le repugna pedir a su marido dinero para sus gastos personales y establece una cuidadosa separación, innecesaria, entre el dinero de su marido y el "suyo". Durante el tratamiento sucede alguna vez que los envíos monetarios de su marido sufren retraso, dejándola sin dinero en una ciudad desconocida. Al darme una vez cuenta de ello le hago prometer que si volvía a encontrarse en tales circunstancias, aceptaría de mí el pequeño préstamo necesario para esperar sin apuros la llegada del giro. Me lo promete, pero al repetirse el hecho no mantiene la promesa y prefiere empeñar una joya. A mis reproches contesta que le es imposible aceptar de mí dinero alguno.

La infantil apropiación de los cincuenta céntimos tenía un significado que el padre no podía sospechar. Algún tiempo antes de su ingreso en la escuela primaria había realizado la niña un acto singular, en el que también había intervenido dinero. Una vecina le había entregado una corta cantidad para que acompañara a un hijo suyo, más pequeño aún, a efectuar una compra. Realizada esta, volvía a casa con el dinero sobrante; pero al ver en la calle a la criada de la vecina, arrojó al suelo las monedas. En el análisis de este acto, incomprensible para ella misma, surgió, como asociación espontánea, la idea de Judas, que arrojó los dineros recibidos por su traición. Declara tener la seguridad de haber oído relatar la historia de la Pasión antes de ir a la escuela. Pero, ¿hasta qué punto está justificada su identificación con Judas?

A la edad de tres años y medio tuvo una niñera, a la que tomó inmenso cariño. Esta niñera entabló relaciones eróticas con un médico, a cuya consulta acudía acompañando a la niña, la cual debió de ser testigo de distintos actos sexuales. No es seguro que viera al médico dar dinero a la muchacha, pero sí que esta última se aseguraba el silencio regalándole algunas monedas con las que adquirir golosinas al retornar a casa. También es posible que el mismo médico diera alguna vez dinero a la niña. Impulsada esta por un sentimiento de celos, delató, sin embargo, un día los manejos de su guardadora. Al llegar a casa, se puso a jugar con una moneda de cinco céntimos, tan ostensiblemente, que su madre hubo de interrogarle sobre la procedencia de aquel dinero. La niñera fue despedida.

El acto de tomar dinero de alguien adquirió para ella, desde muy temprano, la significación de la entrega física de las relaciones eróticas. Tomar dinero del padre equivalía a hacerle objeto de una declaración de amor. La fantasía de tener al padre por novio resulta tan seductora, que el deseo infantil de comprar pinturas con las que teñir los huevos de Pascua se sobrepuso fácilmente, con su ayuda, a la prohibición. Pero le era imposible confesar la apropiación del dinero. Tenía que negarla, porque el motivo del acto, inconsciente para ella misma, era inconfesable. El castigo impuesto por el padre constituía así una repulsa del cariño ofrecido, un doloroso desprecio, y quebrantó el ánimo de la niña. Durante el tratamiento surgió una intensa depresión, cuyo análisis condujo al recuerdo de lo ulteriormente relatado al verme yo obligado a copiar el desprecio paterno, rogándole que no me trajese más flores.

Para el psicoanalista no es casi necesario acentuar que el pequeño suceso infantil integra uno de los frecuentes casos de persistencia del primitivo erotismo anal en la vida erótica ulterior. También el deseo de teñir de colores los huevos procede de la misma fuente.

II

Una señora, gravemente enferma hoy a consecuencia de una dura frustración de la vida real, era de niña singularmente trabajadora, juiciosa y amante de la verdad, convirtiéndose luego en mujer de fina sensibilidad y muy cariñosa para con su marido. Pero en una época aún más temprana, en los primeros años de su vida, había sido una criatura terca y descontentadiza, y durante el período de su transformación a una bondad y una escrupulosidad exagerada cometió algunas faltas, que luego, en los tiempos de su enfermedad, se reprochaba severamente, considerándolas como signos de una perversión fundamental. Sus recuerdos la acusaban de haberse hecho culpable por entonces de frecuentes mentiras. Una vez, camino del colegio, se vanaglorió una de sus condiscípulas de haber tenido aquel día hielo (*Eeis*—hielo—helado) en el almuerzo, contestando ella: "En casa lo tenemos todos los días". En realidad, no comprendía siquiera lo que podía significar tener hielo en el almuerzo, ni conocía el hielo más que en los largos bloques en que es repartido por los coches de la fábrica, pero supone que las palabras de su compañera aludían a algo muy distinguido, y no quería ser menos.

Teniendo diez años le encargaron en la clase de dibujo que trazara a pulso una circunferencia. Pero ella hizo uso del compás, y de este modo trazó en seguida una curva perfecta, que enseñó, triunfante, a su vecina de clase. El profesor, que la oyó vanagloriarse, examinó el dibujo, y al descubrir en él las huellas del compás, la incitó a que confesara su engaño. La niña negó tenazmente, sin dejarse convencer por prueba alguna, y acabó encerrándose en un hosco mutismo. El profesor puso el hecho en conocimiento del padre; pero la buena conducta general de la muchacha les determinó a no dar al suceso consecuencia alguna.

Las dos mentiras de la niña dependían del mismo complejo. Siendo la mayor de cinco hermanas, había desarrollado desde muy temprano una adhesión extraordinariamente intensa a su padre, que luego, en años ulteriores, había de hacerla desdichada para toda su vida. Sin embargo, no pudo tardar en descubrir que su amado progenitor no poseía aquella grandeza que tan dispuesta estaba a atribuirle. Tenía que luchar con dificultades económicas y no era tan poderoso ni tan noble como ella había creído. Pero la sujeto no podía aceptar tal disminución de su ideal. Acumulando, según hábito femenino, toda su ambición en la persona del hombre amado, puso toda su alma en apoyar a su padre contra el mundo entero. De este modo mentía vanidosamente ante sus condiscípulos, para no disminuir a su padre. Cuando, más tarde, aprendió a identificar la palabra *Eeis* (hielo) con la palabra *Glace* (helado), quedó abierto el camino por el cual el reproche dependiente de estas reminiscencias pudo convertirse en un temor angustioso a los fragmentos de vidrio (*Glace*—helado; *Glas*—vidrio).

El padre era un excelente dibujante y había despertado muchas veces el encanto y admiración de sus hijos con muestras de su talento. Identificándose con él, dibujó la niña en el colegio aquella circunferencia cuya perfección sólo podía lograr por medios engañosos. Fue como si quisiera dar a entender orgullosamente: Fijaros las cosas que mi padre sabe hacer. El sentimiento de culpabilidad concomitante a su intensa inclinación hacia su padre halló una expresión en el engaño intentado, cuya confesión resultaba imposible por el mismo motivo del caso anterior, pues hubiera equivalido a la del amor incestuoso.

No deben ciertamente despreciarse estos episodios de la vida infantil. Sería un grave error fundar en tales delitos infantiles el propósito de un carácter inmoral. Dependen de los más enérgicos motivos del alma infantil y anuncian las disposiciones a destinos ulteriores y a futuras neurosis.

Asociación de ideas de una niña de cuatro años

1920

Una señora americana, madre de una niña de cuatro años, escribe en una carta particular:

«Tengo que contarte lo que ayer me dijo la pequeña. Todavía me dura la sorpresa. La prima Emily hablaba de su próxima boda. La niña le interrumpió de pronto, diciendo: —Si Emily se casa, tendrá un niño.

—¿De dónde sabes tú eso? —le pregunté, sorprendida.

—Sí —me respondió— cuando alguien se casa, tiene siempre un niño.

—Pero, ¿cómo puedes saber tú eso? —volví a preguntar—. Y ella: —Pues todavía sé muchas cosas más; sé también que los árboles crecen en la tierra (*in the ground*).

¡Fíjate qué singular asociación de ideas! La pequeña ha encontrado por sí misma la explicación que yo pensaba darle algún día. Y luego añadió: Sé también que Dios hace el mundo (*makes the world*). Cuando oigo estas cosas a mi pequeña, me parece mentira que no tenga aún cuatro años.»

La madre misma parece haber comprendido la transición de la primera a la segunda afirmación de su pequeña. La niña quiere decir: "Sé que los niños crecen en la madre", y expresa este conocimiento indirecta y simbólicamente, sustituyendo la madre por la madre tierra. Por numerosas observaciones análogas e indubitables conocemos ya cuán tempranamente saben los niños servirse de los símbolos. Pero también la tercera afirmación de la niña muestra un evidente enlace con las anteriores.

Es indudable que la niña quería comunicar una nueva parte de sus conocimientos sobre el origen de los niños: "Sé también que todo es obra del padre". Pero esta vez substituye la idea directa por la sublimación correspondiente: "Dios hace el mundo".

Las fantasías histéricas y su relación con la bisexualidad

1908

Los delirios de formas típicas y monótonas en que los paranoicos vierten la grandeza y las cuitas del propio *yo* son ya generalmente conocidos. Conocemos también por numerosas monografías la singular y diversa *mise en scène* que ciertos perversos crean para la satisfacción —imaginativa o real— de sus tendencias sexuales. En cambio, constituirá para muchos una novedad oír que en todas las psiconeurosis, y muy especialmente en la histeria, emergen productos psíquicos análogos, y que estos productos —denominados fantasías histéricas— muestran importantes relaciones con la acusación de los síntomas neuróticos.

Todas estas creaciones fantásticas tienen su fuente común y su prototipo normal en los llamados "sueños diurnos" de la juventud, estudiados ya por algunos autores, aunque todavía sin detenimiento suficiente[44]. Igualmente frecuentes, quizá, en ambos sexos, parecen ser siempre en la mujer de carácter erótico, y en el hombre de carácter erótico o ambicioso. No quiere esto decir que el factor erótico presente aquí en el hombre una menor importancia, pues un más detenido examen de los "sueños diurnos" masculinos nos revela que las hazañas en

[44] *Cf.* Breuer y Freud: Estudios sobre la histeria, 1895 (tomo X de estas *Obras Completas*); P. Janet: "Néuroses et idées fixes, I" (*Les rêveries subconscientes*, 1898); Havelock Ellis: *El instinto y el pudor*, 1900; Freud: *La interpretación de los sueños*, 1900; A. Pick: *Uber pathologische Träumerei und ihre Beziehungen zur Hysterie*, 1896.

ellos fantaseadas obedecen tan sólo al deseo de gustar a una mujer y ser preferido por ella[45]. Estas fantasías son satisfacciones de deseos nacidos de una privación y un anhelo y llevan con razón el nombre de "sueños diurnos", pues nos proporcionan la clave de los sueños nocturnos en los cuales el nódulo de la producción del sueño aparece constituido, precisamente, por tales fantasías diurnas, complicadas, deformadas y mal interpretadas por la instancia psíquica consciente[46].

Estos sueños diurnos interesan vivamente al sujeto, que los cultiva con todo cariño y los encierra en el más pudoroso secreto, como si contasen entre los más íntimos bienes de su personalidad. Sin embargo, en la calle descubrimos fácilmente al individuo entregado a una de estas ensoñaciones, pues su actividad imaginativa transciende en una repentina sonrisa ausente, en un soliloquio o en un aceleramiento de la marcha, con el que delata haber llegado al punto culminante de la situación ensoñada. Todos los ataques histéricos que hasta hoy he podido investigar demostraron ser ensoñaciones de este orden, involuntariamente emergentes. La observación no deja, en efecto, duda alguna de que tales fantasías puedan ser tanto inconscientes como conscientes, y en cuanto estas últimas se hacen inconsciente pueden devenir también patógenas; esto es, exteriorizarse en síntomas y ataques. En circunstancias favorables se hace aún posible a la conciencia apoderarse de una de estas fantasías inconscientes. Una de mis enfermas, a la que yo había llamado la atención sobre sus fantasías, me contó que en el curso de un paseo se había sorprendido llorando, y al reflexionar rápidamente había logrado aprisionar una fantasía, en la que entablaba relaciones amorosas con un

[45] Análoga opinión sostiene H. Ellis, *l.c.*, pág. 185 y siguientes.

[46] *Cf.* Freud: *La interpretación de los sueños*, tomo VI y VII de estas *Obras Completas*.

popular pianista (al que no conocía personalmente), tenía con él un hijo (la sujeto no los tenía) y era luego abandonada con el niño, quedando reducida a la más extrema miseria. Al llegar a este punto su fantasía fue cuando se le saltaron las lágrimas.

Las fantasías inconscientes, o lo han sido siempre, habiendo tenido su origen en lo inconsciente, o, lo que es más frecuente, fueron un día fantasías conscientes, sueños diurnos, y han sido luego intencionadamente olvidadas, relegadas a lo inconsciente por la *represión*. Su contenido puede entonces haber permanecido invariado o, por el contrario, haber sufrido alteración, en cuyo caso la fantasía inconsciente ahora constituirá un derivado de la anterior, consciente. Pero la fantasía inconsciente integra una importantísima relación con la vida sexual del individuo, pues es idéntica a la que el mismo empleó como base de la satisfacción sexual, en un período de masturbación. El acto masturbador (o en su más amplio sentido, onanista) se dividía por entonces en dos partes: la evocación de la fantasía, y, llegada ésta a su punto culminante, los manejos activos conducentes a la satisfacción sexual. Esta composición es más bien, como ya sabemos, una soldadura[47]. En un principio, la acción presentaba un carácter puramente autoerótico, apareciendo destinada a conseguir placer de una determinada zona erógena. Más tarde esta acción se fusionó con una representación optativa perteneciente al círculo de la elección de objeto, y sirvió para dar, en parte, realidad a la situación en que tal fantasía culminaba. Cuando luego renuncia el individuo a este orden de satisfacción masturbación-fantástica, queda abandonada la acción; pero la fantasía pasa de ser consciente, a ser inconsciente, y cuando la satisfacción sexual abandonada no es substituida por otra distinta, observando el sujeto una total abstinencia,

---

[47] *Cf. Tres ensayos para una teoría sexual*, tomo II de estas *Obras Completas*.

pero sin que le sea posible sublimar su libido, o sea, desviar su excitación sexual hacia fines más elevados; cuando todo esto se une, quedan cumplidas las condiciones necesarias para que la fantasía inconsciente adquiera nuevas fuerzas y consiga, con todo el poderío de la necesidad sexual, exteriorizarse, por lo menos en parte, bajo la forma de un síntoma patológico.

Las fantasías inconscientes son, de este modo, las premisas psíquicas más inmediatas de toda una serie de síntomas histéricos. Estos no son sino tales mismas fantasías inconscientes, exteriorizadas mediante la "conversión", y en cuanto son de carácter somático, demuestran en muchas ocasiones haber sido elegidos entre aquellas mismas sensaciones sexuales e inervaciones motoras que en un principio acompañaron a la fantasía de que se trate, consciente aún por entonces. De este modo queda, en realidad, anulado el abandono del onanismo y alcanzado, aunque nunca por completo, sí por aproximación, el último fin de todo el proceso patológico; o sea, el establecimiento de la satisfacción sexual antes primaria.

Al estudiar la histeria, nuestro interés se transfiere pronto desde los síntomas a las fantasías de las cuales surgen aquellos. La técnica psicoanalítica permite descubrir primero, partiendo de los síntomas, las fantasías inconscientes y hacerlas luego conscientes en el enfermo. Siguiendo este camino, hemos hallado que por lo menos el contenido de las fantasías inconscientes corresponde por completo a las situaciones de satisfacción sexual conscientemente creadas por los perversos. Si precisamos ejemplos de este orden, no tenemos más que recordar las invenciones de los césares romanos, de una extravagancia solo limitada por el desenfrenado poderío de la fantasía morbosa. Los delirios de los paranoicos no son sino fantasías de este género, pero que se han hecho inmediatamente conscientes. Aparecen basadas en los componentes sádico-masoquistas del instinto sexual y tiene también su pareja en ciertas fantasías inconscientes de los histéricos. También es conocido el caso —muy importante desde el punto de vista práctico— en que el histérico no exterioriza sus fantasías en forma de síntomas, sino en una realización consciente, fingiendo atentados, maltratos y agresiones sexuales.

Por este camino de la investigación psicoanalítica, que conduce desde los síntomas manifiestos a las fantasías inconscientes ocultas, descubrimos todo lo que es posible averiguar sobre la sexualidad de los psiconeuróticos, y entre ellos, el hecho que constituye el tema principal del presente trabajo.

A causa, probablemente, de las dificultades que se oponen a las fantasías inconscientes en su tendencia a lograr una exteriorización, la relación entre tales fantasías y los síntomas no es nada simple, sino muy complicada[48]. Por lo regular, dado un pleno desarrollo de la neurosis, un síntoma no corresponde a una única fantasía inconsciente, sino a varias; pero no de un modo arbitrario, sino conforme a ciertas normas de composición. Al comienzo de la enfermedad no aparecerán aún desarrolladas todas estas complicaciones.

En obsequio del interés general romperé aquí la cohesión de este trabajo para interpolar una serie de fórmulas encaminadas a agotar progresivamente la esencia de los síntomas histéricos. Estas fórmulas no se contradicen unas a otras, sino que corresponden, en parte, a definiciones más completas y penetrantes y, en parte, a la aplicación de puntos de vista distintos.

1) El síntoma histérico es el símbolo mnémico de ciertas impresiones y experiencias eficientes (traumáticas).

---

[48] Así sucede también con la relación entre las ideas "latentes" del sueño y los elementos del contenido "manifiesto" del mismo. Véase el capítulo dedicado a la "elaboración onírica" en *La interpretación de los sueños*, tomos VI y VII de estas *Obras Completas*.

2) El síntoma histérico es la substitución, creada por "conversión", para el retorno asociativo de estas experiencias traumáticas.

3) El síntoma histérico es —como también otros productos psíquicos— la expresión de una realización de deseos.

4) El síntoma histérico es la "realización" de una fantasía inconsciente puesta al servicio del cumplimiento de deseos.

5) El síntoma histérico sirve para la satisfacción sexual y representa una parte de la vida sexual de la persona (correlativamente, uno de los componentes de su instinto sexual).

6) El síntoma histérico corresponde al retorno de una forma de satisfacción sexual realmente utilizada en la vida infantil y reprimida después.

7) El síntoma histérico nace como transacción entre dos movimientos afectivos o instintivos contrarios, uno de los cuales tiende a la exteriorización de un instinto parcial o de un componente de la constitución sexual, y el otro, a evitar tal exteriorización.

8) El síntoma histérico puede tomar la representación de distintos movimientos inconscientes asexuales, pero no puede carecer de una significación sexual.

De estas diversas fórmulas es la séptima la que más completamente expresa la esencia del síntoma histérico como realización de una fantasía inconsciente, atendiendo debidamente, con la octava, a la significación del factor sexual. Varias de las fórmulas anteriores se hallan contenidas, como premisas, en esta obra.

A consecuencia de esta relación entre los síntomas y las fantasías no nos es difícil llegar, por medio del psicoanálisis de los síntomas, al conocimiento de los componentes del instinto sexual dominante en el individuo, tal y como ya lo hicimos en nuestros *Tres ensayos para una teoría sexual.* Pero esta investigación da, en algunos casos, un resultado inesperado. Muestra, en efecto, que para la solución del síntoma no basta su referencia a una fantasía sexual inconsciente o a una serie de fantasías, una de las cuales, la más importante y primitiva, es de naturaleza sexual, sino que para dicha solución nos son precisas dos fantasías sexuales, de carácter masculino una, y femenino la otra, de manera que una de ellas corresponde a un impulso homosexual. Esta novedad no altera en modo alguno el principio integrado en nuestra séptima fórmula, resultando así que un síntoma histérico corresponde necesariamente a una transacción entre un impulso libidinoso y otro represor; pero puede también corresponder, accesoriamente, a una asociación de dos fantasías libidinosas de carácter sexual contrario.

No me es posible exponer, dentro de los límites del presente trabajo, ejemplo alguno de este proceso. La experiencia me ha enseñado que un breve extracto de un análisis no puede jamás producir la impresión probatoria que con su exposición nos proponemos, y la exposición completa de un análisis requeriría mayor espacio del que nos está concedido.

Me limitaré, pues, a formular un nuevo principio y a explicar luego su significación.

9) Un síntoma histérico es expresión, por un lado, de una fantasía masculina y, por otro, de otra femenina, ambas sexuales e inconscientes.

He de hacer constar que no puedo atribuir a este principio la misma validez general que a los demás. Por lo que hasta ahora he podido observar, no se confirma en todas las cosas, ni tampoco en todos los síntomas de un caso. Por el contrario, no es difícil hallar casos en los cuales los impulsos de opuesto sentido sexual se manifiestan en síntomas distintos, de manera que los síntomas de la heterosexualidad y los de la homosexualidad pueden ser tan precisamente discriminados como las fantasías ocultas detrás de ellos. Pero la relación afirmada en la novena fórmula es lo suficientemente frecuente, y cuando se da, lo bastante importante para merecer especial atención. Me parece constituir el mayor grado de complicación que puede alcanzar la determinación de un síntoma histérico y, por lo tanto, no debemos esperar encontrarlo sino en neurosis ya prolongadas y muy organizadas[49].

Esta significación bisexual de los síntomas histéricos, comprobable de todos modos en numerosos casos, es una prueba más de mi afirmación anterior[50] de que en el psicoanálisis de sujetos psiconeuróticos se transparenta con especial claridad la supuesta bisexualidad original del individuo. El masturbador que en sus fantasías conscientes procura infundirse tanto en el hombre como en la mujer de la situación fantaseada nos ofrece el ejemplo de un proceso totalmente análogo y perteneciente al mismo sector. Por último, también conocemos ciertos ataques histéricos en los que la enferma representa, simultáneamente, los papeles de los dos protagonistas de la fantasía sexual subyacente. Así, en un caso observado por mí, la enferma sujetaba con una mano sus vestidos contra su cuerpo (como la mujer objeto de una agresión sexual) y con la otra mano intentaba despojarse de ellos (como el hombre agresor). A esta simultaneidad contradictoria se debe en gran parte la dificultad de reconocer la situación representada en el ataque, resultando así muy adecuada para encubrir la fantasía inconsciente en él exteriorizada.

En el tratamiento psicoanalítico es muy importante hallarse preparado a tropezar con esta significación bisexual de un síntoma. De este modo, no podrá extrañarnos ni desconcertarnos que un síntoma continúe manifestándose y presentando igual

---

[49] I. Sadger, que ha llegado también independientemente, en sus psicoanálisis, al descubrimiento de este principio sostiene su generalidad. ("Die Bedeutung der Psychoanalytschen Methode nach Freud", en *Zentralblatt für Nerv. und Psych.*, núm. 229, 1907).

[50] *Cf. Tres ensayos para una teoría sexual*, tomo II de estas *Obras Completas*.

intensidad aun después de haber descubierto una de sus significaciones sexuales. En estos casos pensaremos que se apoya todavía en la significación sexual contraria.

En el curso del tratamiento podemos asimismo observar cómo durante el análisis de una de las significaciones sexuales aprovecha el enfermo la facilidad de poder escapar constantemente con sus asociaciones espontáneas al campo de la significación contraria, como a una vía paralela.

Generalidades sobre el ataque histérico

1909

A

Al someter al psicoanálisis a una histérica cuya enfermedad se exterioriza en ataques, llegamos fácilmente a la convicción de que tales ataques no son sino fantasías traducidas en actos motores, proyectadas sobre la motilidad y mímicamente representadas. Estas fantasías son, desde luego, inconscientes, pero, fuera de esto, de naturaleza idéntica a aquellas que podemos aprehender inmediatamente en los ensueños diurnos o desentrañar, por medio de la interpretación analítica, en los sueños propiamente dichos. Un sueño sustituye muchas veces a un ataque, o más frecuentemente aún, lo explica, presentando una distinta manifestación de la misma fantasía representada en el ataque. Pudiera así esperarse que la observación del ataque revelara la fantasía en él representada, pero es muy raro que así suceda. Por lo general, la representación mímica de la fantasía ha sufrido bajo la influencia de la censura deformaciones análogas a la alucinatoria del sueño, ocultándose así tanto a la conciencia del sujeto como a la comprensión del observador.

El ataque histérico requiere, por lo tanto, una elaboración interpretadora, como la que emprendemos con los sueños. Pero tanto los fines a que tiende esta deformación como los poderes que la imponen y la técnica que desarrolla son los mismos que hemos conocido en la interpretación onírica.

1) El ataque se hace incomprensible por representar simultáneamente con un mismo material varias fantasías, o sea, por *condensación*. Los elementos comunes de las distintas fantasías forman, como en el sueño, el nódulo de la representación. Las fantasías así encubiertas son, frecuentemente, de muy distinto género, por ejemplo: un deseo reciente y la reviviscencia de una impresión infantil; las mismas inervaciones sirven entonces a ambas intenciones, con frecuencia en forma habilísima. Aquellos histéricos que hacen un amplio uso de la condensación llegan a tener suficiente con una única forma de ataque. Otros, en cambio, expresan una multiplicidad de fantasías patógenas por una multiplicación correlativa de las formas del ataque.

2) El ataque se hace ininteligible por encargarse el enfermo de desarrollar las actividades de las dos personas emergentes en la fantasía, o sea, por *identificación múltiple*. Recuérdese, por ejemplo, el caso citado en nuestro anterior ensayo sobre las fantasías histéricas y su relación con la bisexualidad, caso en el cual la enferma trataba de desnudarse con una mano (como hombre) y sujetaba sus vestidos con la otra (como mujer).

3) La inversión antagónica de las inervaciones, proceso análogo a la transformación de un elemento en su contrario, habitual en la elaboración de los sueños, produce también máxima deformación. Así, el sujeto representará en sus ataques el acto de abrazar, extendiendo sus brazos convulsivamente hacia otras, hasta anudar sus manos sobre la columna vertebral. El conocido "arco de círculo" del gran ataque histérico no es, probablemente, sino una tal negación por inervación antagónica de una posición apropiada al comercio sexual.

4) Por último, también coadyuva a desorientar al observador la *inversión del orden temporal* de la fantasía representada, proceso comprobable también en algunos sueños, que comienzan con el final de la acción para terminar por su principio. Ejemplo: una histérica fantasea la siguiente escena de seducción, en la que sentada en un parque, leyendo, y su falda, un poco levantada, deja ver el pie, pequeño y bien formado. Un caballero se acerca a ella, entabla conversación y se trasladan a otro lugar, donde se entregan a tierno transportes. Al representar la sujeto en el ataque esta fantasía comienza por una fase de convulsiones correspondientes al coito, y a continuación se levanta, se traslada a otro cuarto, se sienta, se pone a leer y responde luego a un interlocutor imaginario.

Las dos deformaciones últimamente descritas nos dejan entrever la intensidad de las resistencias que aún se oponen a lo reprimido en su emergencia en el ataque histérico.

B

La emergencia de los ataques histéricos sigue normas fácilmente comprensibles. Dado que el complejo reprimido está formado por una carga de libido y un contenido ideológico (fantasía), el ataque puede ser provocado como sigue: *1) Asociativamente*, cuando el contenido del complejo (suficientemente cargado) es aludido por un suceso de la vida consciente. *2) Orgánicamente*, cuando, por causas internas somáticas y por algún influjo psíquico externo, sobrepasa la carga de libido determinado nivel. *3)* En servicio de la *tendencia primaria*, como expresión del "refugio en la enfermedad", cuando la realidad se hace penosa o temible, o sea, como consuelo; y *4)* En servicio de *tendencias secundarias* con las que se ha aliviado la enfermedad, en cuanto la producción del ataque facilita el logro de un fin conveniente al enfermo. En este último caso, en ciertos individuos, el ataque da la impresión de una simulación consciente, puede prefijarse el momento de su aparición e incluso aplazarse su emergencia.

C

La investigación de la infancia de los histéricos muestra que el ataque histérico está destinado a constituir la sustitución de una satisfacción *autoerótica*, habitual en dicha época de su vida y abandonada después. En muchos casos esta satisfacción (masturbación manual o por presión de los muslos, movimientos de la lengua, etc.) retorna en el ataque mismo, sin que el sujeto tenga conciencia de ello. La emergencia del ataque por incremento de la libido y en servicio de la tendencia primaria —como consuelo— repite también exactamente las condiciones en las cuales era intencionadamente buscada en su tiempo por el sujeto la citada satisfacción autoerótica. La anamnesis del enfermo descubre los estadios siguientes: *a)* Satisfacción autoerótica no acompañada de representación alguna. *b)* Satisfacción autoerótica unida a una fantasía que desenlaza con el acto satisfaciente. *c)* Renuncia a la acción, manteniendo la fantasía; y *d)* Represión de esta fantasía, la cual se impone luego, intacta o modificada y adaptada a nuevas impresiones de la vida, en el ataque histérico, provocando eventualmente el retorno del acto satisfaciente antes ligado a ella y al que parecía haber renunciado ya el sujeto. Un ciclo típico de actividad sexual infantil: represión, fracaso de la represión y retorno de lo reprimido.

La incontinencia de orina en el momento del ataque no es inconciliable con el diagnóstico de una histeria, pues no hace sino repetir la forma infantil de la polución. No es tampoco raro encontrar, en casos indudables de histeria, la mordedura de la lengua. Este acto, tan compatible con la histeria como con los juegos eróticos, surge sobre todo en los ataques cuando el médico ha llamado la atención del enfermo sobre las dificultades del diagnóstico diferencial. Por último, aquellos ataques en los que el enfermo atenta contra su propia integridad personal (más frecuentes en sujetos masculinos) son los que reproducen un accidente de la vida infantil del sujeto (por ejemplo, el resultado de una pelea).

La pérdida de conciencia, la "ausencia" del ataque histérico, proviene de aquella pérdida de conciencia, fugaz, pero innegable, concomitante al grado máximo de toda satisfacción sexual intensa (incluso de la autoerótica). En las ausencias histéricas concomitantes al orgasmo en algunas mujeres jóvenes es donde más claramente puede comprobarse este proceso. Los llamados estados hipnoides, o sea, las ausencias durante la ensoñación, tan frecuentes entre los histéricos, descubren igual origen, pero su mecanismo es relativamente más sencillo. En un principio queda concentrada toda la atención del sujeto sobre el curso del proceso satisfaciente, y al culminar la satisfacción, toda esta carga de atención se resuelve de repente, produciéndose un momentáneo vacío en la conciencia. Esta laguna fisiológica de la conciencia es ampliada entonces en favor de la represión hasta que puede acoger todo lo que la instancia represora rechaza de sí.

D

El mecanismo reflejo del coito, pronto a desarrollarse en todo sujeto, masculino o femenino, es el que muestra en el ataque histérico a la libido reprimida el camino conducente a la descarga motora. Ya los antiguos decían que el coito era una "pequeña epilepsia". Nosotros podemos modificar este aserto diciendo que el ataque convulsivo histérico es un equivalente al coito. La analogía con el ataque epiléptico nos es de menos auxilio, puesto que la génesis del mismo nos es aún más desconocida que la del ataque histérico.

En definitiva, el ataque histérico, como la histeria en general, restablece con la mujer una parte de actividad sexual que ya hubo de existir en ella durante los años infantiles, dejando vislumbrar por entonces un carácter estrictamente masculino. Puede observarse con frecuencia que precisamente aquellas muchachas que hasta los años inmediatos a la pubertad mostraron naturaleza e inclinaciones algo masculinas comienzan a enfermar de histeria a partir de la pubertad. En toda una serie de casos, la neurosis histérica no corresponde sino a una intensidad excesiva de aquel típico impulso represivo que, suprimiendo la sexualidad masculina, hace surgir la mujer[51].

[51] *Cf. Tres ensayos para una teoría sexual*, tomo II de estas *Obras Completas*.

El carácter y el erotismo anal

1908

Entre las personas a las que intentamos prestar ayuda por medio de los métodos psicoanalíticos hallamos con bastante frecuencia un tipo que se distingue por la coincidencia de ciertas cualidades de carácter y en el que atraen, además, nuestra atención determinadas singularidades, una de cuyas funciones somáticas y los órganos en ella participantes hubieron de presentar durante la infancia. No puedo ya indicar con exactitud cuáles fueron las ocasiones que me movieron a sospechar una relación orgánica entre aquellas cualidades del carácter y estas singularidades de ciertos órganos, pero sí puedo asegurar que en la emergencia de tal sospecha no participó prejuicio alguno teórico. Posteriormente, la acumulación de impresiones análogas ha robustecido en mí de tal modo la creencia en dicha relación, que hoy me aventuro ya a comunicarla.

Las personas que me propongo describir atraen nuestra atención por presentar regularmente asociadas tres cualidades: *son cuidadosos*, *económicos* y *tenaces*. Cada una de estas palabras sintetiza, en realidad, un pequeño grupo de rasgos característicos afines. La cualidad de "cuidadoso" comprende tanto la pulcritud individual como la escrupulosidad en el cumplimiento de deberes corrientes y la garantía personal; lo contrario de "cuidadoso" sería, en este sentido, descuidado o desordenado. La economía puede aparecer intensificada hasta la avaricia, y la tenacidad convertirse en obstinación, enlazándose a ella fácilmente una tendencia a la cólera e inclinaciones vengativas. Las dos últimas condiciones mencionadas, la economía y la tenacidad, aparecen más estrechamente enlazadas entre sí que con la primera. Son también la parte más constante del complejo total. De todos modos, me parece indudable que las tres se enlazan de algún modo entre sí.

Investigando la temprana infancia de estas personas averiguamos fácilmente que necesitaron un plazo relativamente amplio para llegar a dominar la *incontinencia alvi* infantil, y que todavía en años posteriores de su infancia tuvieron que lamentar algunos fracasos aislados de esta función. Parecen haber pertenecido a aquellos niños de pecho que se niegan a defecar en el orinal porque el acto de la defecación les produce, accesoriamente, un placer[52], pues confiesan que en años algo posteriores les gustaba retener la deposición, y recuerdan, aunque refiriéndolos por lo general a sus hermanos y no a sí propios, toda clase de manejos indecorosos con el producto de la deposición. De estos signos deducimos una franca acentuación erógena de la zona anal en la constitución sexual congénita de tales personas. Pero como una vez pasada la infancia no se descubre ya en ellas resto ninguno de tales debilidades y singularidades, hemos de suponer que la zona anal ha perdido su significación erótica en el curso de la evolución y sospechamos que la constancia de aquella tríada de cualidades observables en su carácter puede ser relacionada con la desaparición del erotismo anal.

Sé muy bien que nadie se aventura a aceptar la existencia de un estado de cosas mientras el mismo le resulte incomprensible y no ofrece acceso alguno a una explicación. Pero algunas de las hipótesis desarrolladas por mí en mis *Tres ensayos para una teoría sexual* pueden aproximarnos, por lo menos, a la comprensión de la parte fundamental de nuestro tema. En el citado estudio intento mostrar que el instinto sexual humano es

---

[52] *Cf. Tres ensayos para una teoría sexual*, en el tomo II de estas *Obras Completas*.

algo muy complejo, que nace de las aportaciones de numerosos componentes e instintos parciales. Los estímulos periféricos de ciertas partes del cuerpo (los genitales, la boca, el ano, el extremo del conducto uretral), a las que damos el nombre de zonas erógenas, rinden aportaciones esenciales a la "excitación sexual". Pero no todas las magnitudes de excitación procedentes de estas zonas reciben el mismo destino, ni lo reciben tampoco igual en todos los períodos de la vida del individuo. En general, sólo una parte de ellas es aportada a la vida sexual. Otra parte es desviada de los fines sexuales y orientada hacia otros fines distintos, proceso al que damos el nombre de *sublimación*. Hacia aquel período de la vida individual que designamos con el nombre de "período de latencia", o sea, desde los cinco años a las primeras manifestaciones de la pubertad (hacia los once años), son creados en la vida anímica, a costa, precisamente, de estas excitaciones aportadas por las zonas erógenas, productos de reacción o, por decirlo así, anticuerpos, tales como el pudor, la repugnancia y la moral, que se oponen en calidad de diques a la ulterior actividad de los instintos sexuales. Dado que el erotismo anal pertenece a aquellos componentes del instinto que en el curso de la evolución y en el sentido de nuestra actual educación cultural resultan inutilizables para fines sexuales, no parece muy aventurado reconocer en las cualidades que tan frecuentemente muestran reunidos los individuos cuya infancia presentó una especial intensidad de este instinto parcial —el cuidado, la economía y la tenacidad— los resultados más directos y constantes de la sublimación del erotismo anal.

Tampoco a nosotros se nos ha hecho transparente la necesidad interior de esta relación, pero sí podemos aducir algo que puede aproximarnos a su comprensión. La pulcritud, el orden y la escrupulosidad dan la impresión de ser productos de la reacción contra el interés hacia lo sucio, perturbador y no perteneciente a nuestro cuerpo (*Dirt is matter in the wrong place*). La labor de relacionar la tenacidad con el interés por la defecación parece harto difícil, pero podemos recordar que ya el niño de pecho puede conducirse según su voluntad propia en lo que respecta a la defecación, y que la educación se sirve, en general, de la aplicación de dolorosos estímulos sobre la región vecina a la zona erógena anal para doblegar la obstinación del niño e inspirarle docilidad. Como expresión del terco desafío se emplea aún entre nuestras clases populares una frase en la que el sujeto invita a su interlocutor a besarle el trasero, o sea, en realidad, a una caricia que ha sucumbido a la represión. El gesto de volver la espalda al adversario y mostrarle el trasero desnudo es también un acto de desafío y desprecio, correspondiendo a aquella frase. En el Götz von Berlichingen goethiano aparecen exactamente empleados como expresión de desafío el gesto y la frase descritos.

Entre los complejos del amor al dinero y la defecación, aparentemente tan dispares, descubrimos, sin embargo, múltiples relaciones. Todo médico que ha practicado el psicoanálisis sabe que por medio de esta correlación se logra la desaparición del más rebelde estreñimiento, habitual de los enfermos nerviosos. El asombro que esto pueda provocar quedará mitigado al recordar que dicha función se demostró también análogamente dócil al influjo de la sugestión hipnótica. Pero en el psicoanálisis no alcanzamos este resultado más que tocando el complejo crematístico de los pacientes y atrayéndolo, con todas sus relaciones, a la conciencia de los mismos. Realmente en todos aquellos casos en los que dominan o perduran las formas arcaicas del pensamiento, en las civilizaciones antiguas, los mitos, las fábulas, la superstición, el pensamiento inconsciente, el sueño y la neurosis, aparece el dinero estrechamente relacionado con la inmundicia. El oro que el diablo regala a sus protegidos se transforma luego en estiércol. Y el diablo no es, ciertamente, sino la personificación de la vida instintiva reprimida e inconsciente[53]. La superstición que relaciona el descubrimiento de tesoros ocultos con la defecación, y la figura folklórica del *cagaducados*, son generalmente conocidas. Ya en las antiguas leyendas babilónicas es el oro el estiércol del infierno: Mammon = ilu mamman[54]. Así, pues, cuando la neurosis sigue los usos del lenguaje, lo hace tomando las palabras en su sentido primitivo, rico en significaciones, y cuando parece representar plásticamente una palabra, restablece regularmente sólo su antiguo sentido.

Es muy posible que la antítesis entre lo más valioso que el hombre ha conocido y lo más despreciable, la escoria que arroja de sí, sea lo que haya conducido a esta identificación del oro con la inmundicia.

En el pensamiento de la neurosis coadyuva aún quizá a tal identificación otra circunstancia. Como ya sabemos, el interés primitivamente erótico dedicado a la defecación se halla destinado a desaparecer en años ulteriores. En estos años surge como nuevo interés, inexistente en la infancia, el inspirado por el dinero, y esta circunstancia facilita el que la tendencia anterior, a punto de perder su fin, se transfiera al nuevo fin emergente.

Si las relaciones aquí afirmadas entre el erotismo anal y la indicada tríade de condiciones de carácter poseen alguna base real, no esperamos hallar una especial acentuación del "carácter anal" en aquellos adultos en los que perdura el carácter erógeno de la zona anal, por ejemplo, en determinados homosexuales.

---

[53] Recuérdese la posesión histérica y las epidemias de satanismo.

[54] Jeremías: *Das Alter Testament im Lichte des alten Orients*, 2.ª, edición, 1906, pág. 216, y *Babylonisches im Nuem Testament*, 1906, pág. 96: "Mamon (Mammon) es, en babilonio, man-man, uno de los nombres de Nergal, el dios de los infiernos. El oro es, según el mito oriental acogido luego en las leyendas y las fábulas de los pueblos, el estiércol de infierno. Véase la obra *Monotheistiche Strömungen innerhalb der babylonischen Religion*, pág. 16, nota 1.

Si no me equivoco mucho, las observaciones hasta ahora realizadas no contradicen esta conclusión.

Ante los resultados expuestos habremos de reflexionar si también otros complejos del carácter dejarán transparentar su derivación de las excitaciones de determinadas zonas erógenas. Hasta el día, sólo he podido reconocer la "ardiente" ambición de los individuos que en su infancia padecieron de enuresis. De todos modos, podemos establecer para la constitución definitiva del carácter, producto de los instintos constitutivos, la siguiente fórmula: los rasgos permanentes del carácter son continuaciones invariadas de los instintos primitivos, sublimaciones de los mismos o reacciones contra ellos.

Sobre las transmutaciones de los instintos y especialmente del erotismo anal

1916-1917

Fundado en mis observaciones psicoanalíticas, expuse hace años la sospecha de que la coincidencia de tres condiciones de carácter —*el orden*, *la economía* y *la tenacidad*— en un mismo individuo indicaba una acentuación de los componentes erótico-anales, agotada luego al avanzar la evolución sexual en la constitución de tales reacciones predominantes del *yo*[55].

Me interesaba entonces, ante todo, dar a conocer una relación comprobada en múltiples análisis y no me ocupé gran cosa de su desarrollo teórico. De entonces acá he comprobado casi generalmente mi opinión de que todas y cada una de las tres condiciones citadas, la avaricia, la minuciosidad y la tenacidad, nacen de estas fuentes, o, dicho de un modo más prudente y exacto, reciben de ellas importantísimas aportaciones. Aquellos casos a los cuales imponía la coincidencia de los tres rasgos mencionados un sello especial (carácter anal) eran sólo casos extremos, en los cuales la relación que venimos estudiando se revela incluso a la observación menos penetrante.

Algunos años después, guiado por la imperiosa coerción de una experiencia psicoanalítica que se imponía a toda duda, deduje, de la amplia serie de impresiones acumuladas, que en la evolución de la libido anterior a la fase de la primacía genital habíamos de suponer la existencia de una "organización pre-

[55] Véase el estudio precedente: *El carácter y el erotismo anal.*

genital", en la que el sadismo y el erotismo anal desempeñan los papeles directivos[56].

La interrogante sobre los destinos ulteriores de los instintos eróticos anales se nos planteaba ya aquí de un modo ineludible. ¿Qué suerte corrían una vez despojados de su significación en la vida sexual, para la constitución de la organización genital definitiva? ¿Continuaban existiendo sin modificación alguna, pero en estado de represión? ¿Sucumbían a la sublimación? ¿Se consumían en una transmutación en condiciones del carácter ¿O eran acogidos en la nueva estructura de la sexualidad, determinada por la primacía de los genitales? O, mejor, no siendo probable uno solo de estos destinos el único abierto al erotismo anal, ¿en qué forma y medida participan estas diversas posibilidades en la suerte del erotismo anal, cuyas fuentes orgánicas no pudieron quedar cegadas por la constitución de la organización genital?

Parecía que no habríamos de carecer de material para dar respuesta a estas interrogantes, puesto que los procesos de evolución y transformación correspondientes tenían que haberse desarrollado en todas las personas objeto de la investigación psicoanalítica. Pero este material es tan poco transparente y la multiplicidad de sus aspectos produce tal confusión, que aun hoy en día me es imposible ofrecer una solución completa del problema, pudiendo sólo aportar algunos elementos para la misma. Al hacerlo así no habré de eludir las ocasiones que buenamente se me ofrezcan de mencionar otras transmutaciones de instintos ajenos al erotismo anal. Por último, haremos constar, aunque casi nos parece innecesario, que los procesos evolutivos que pasamos a describir han sido deducidos —como siempre en el psicoanálisis— de las regresiones a ellos impuestas por los procesos neuróticos.

---

[56] Véase el estudio inmediato, titulado: *La disposición a la neurosis obsesiva.*

Como punto de partida podemos elegir la impresión general de que los conceptos de *excremento* (dinero, regalo), *niño* y *pene* no son exactamente discriminados y sí fácilmente confundidos en los productos de lo inconsciente. Al expresarnos así sabemos, desde luego, que transferimos indebidamente a lo inconsciente términos aplicados a otros sectores de la vida anímica, dejándonos seducir por las comodidades que las comparaciones nos procuran. Repetiremos, pues, en términos más libres de objeción, que tales elementos son frecuentemente tratados, en lo inconsciente como equivalentes o intercambiables.

La relación entre "niño" y "pene" es la más fácil de observar. No puede ser indiferente que ambos conceptos puedan ser sustituidos en el lenguaje simbólico del sueño y en el de la vida cotidiana por un símbolo común. El niño es, como el pene, "el pequeño" (*das Kleine*). Sabido es que el lenguaje simbólico se sobrepone muchas veces a la diferencia de sexos. El "pequeño", que originariamente se refería al miembro viril, ha podido, pues, pasar secundariamente a designar los genitales femeninos.

Si investigamos hasta una profundidad suficiente la neurosis de una mujer, tropezamos frecuentemente con el deseo reprimido de poseer, como el hombre, un pene. Un fracaso accidental de su vida, consecuencia muchas veces de esta misma disposición masculina, ha vuelto a activar este deseo infantil, integrado por nosotros como "envidia del pene" en el complejo de castración, y lo ha convertido, por medio de una regresión de la libido, en sustentáculo principal de los síntomas neuróticos. En otras mujeres no llegamos a descubrir huella alguna de este deseo de un pene, apareciendo, en cambio, el de tener un hijo, deseo este último cuyo incumplimiento puede luego desencadenar la neurosis. Es como si estas mujeres hubieran comprendido —cosa imposible en la realidad— que la naturaleza ha dado a la mujer los hijos como compensación de todo lo demás que hubo de negarle. Por último, en una tercera clase de mujeres averiguamos que abrigaron sucesivamente ambos deseos. Primero quisieron poseer un pene como el hombre, y en una época ulterior, pero todavía infantil, se sustituyó en ellas a ese deseo el de tener un hijo. No podemos rechazar la impresión de que tales diferencias dependen de factores accidentales de la vida infantil —la falta de hermanos o su existencia, el nacimiento de un hermanito en época determinada, etc.— de manera que el deseo de poseer un pene sería idéntico, en el fondo, al de tener un hijo.

No nos es difícil indicar el destino que sigue el deseo infantil de poseer un pene cuando la sujeto permanece exenta de toda perturbación neurótica en su vida ulterior. Se transforma entonces en el de encontrar marido, aceptando así al hombre como un elemento accesorio, inseparable del pene. Esta transformación inclina en favor de la función sexual femenina un impulso originariamente contrario a ella, haciéndose así posible a estas mujeres una vida erótica adaptada a las normas del tipo masculino del amor a un objeto, la cual puede coexistir con la propiamente femenina, derivada del narcisismo. Pero ya hemos visto que en otros casos es el deseo de un hijo el que trae consigo la transición desde el egoísmo narcisista al amor a un objeto. Así, pues, también en este punto puede quedar el niño representado por el pene.

He tenido varias ocasiones de conocer sueños femeninos subsiguientes a un primer contacto sexual. Estos sueños descubrían siempre el deseo de conservar en el propio cuerpo el miembro masculino, correspondiendo, por lo tanto, aparte de su base libidinosa, a una pasajera regresión desde el hombre al pene como objeto deseado. Nos inclinaremos seguramente a referir de un modo puramente racional el deseo orientado hacia el hombre al deseo de tener un hijo, ya que alguna vez ha de comprender la sujeto que sin la colaboración del hombre no puede alcanzar tal deseo. Pero lo que al parecer sucede es que el deseo cuyo objeto es el hombre nace independientemente del de tener un hijo, y que cuando emerge, obedeciendo a motivos comprensibles, pertenecientes por completo a la psicología del *yo*, se asocia a él como refuerzo libidinoso inconsciente el antiguo deseo de un pene.

La importancia del proceso descrito reside en que transmuta en femineidad una parte de la masculinidad narcisista de la joven, haciéndola inofensiva para la función sexual femenina.

Por otro camino se hace también utilizable en la fase de la primacía genital una parte del erotismo de la fase pregenital. El niño es considerado aún como un "mojón" (véase el análisis de Juanito)[57], como algo expulsado del cuerpo por el intestino. El lenguaje corriente nos ofrece un testimonio de esta identidad en la expresión *regalar un niño* (*ein Kind schenken*). El excremento es, en efecto, el primer *regalo infantil.* Constituye una parte del propio cuerpo, de la cual el niño de pecho sólo se separa a ruegos de la persona amada, o espontáneamente para demostrarle su cariño, pues, por lo general, no ensucia a las personas extrañas. (Análogas reacciones, aunque menos intensas, se dan con respecto a la orina). En la defecación se plantea al niño una primera decisión entre la disposición narcisista y el amor a un objeto. Expulsará dócilmente los excrementos como "sacrificio" al amor, o los retendrá para la satisfacción autoerótica y más tarde para la afirmación de su voluntad personal. Con la adopción de esta segunda conducta quedará constituida la *obstinación* (la tenacidad), que, por lo tanto, tiene su origen en una persistencia narcisista en el erotismo anal.

La significación más inmediata que adquiere el interés por el excremento no es, probablemente, la de *oro-dinero*, sino la de *regalo*. El niño no conoce más dinero que el que le es

[57] Véase el tomo XV de estas *Obras Completas.*

regalado; no conoce dinero propio, ni ganado ni heredado. Como el excremento es su primer regalo, transfiere fácilmente su interés desde esta materia a aquella nueva que le sale al paso en la vida como el regalo más importante. Aquellos que duden de la exactitud de esta derivación del regalo pueden consultar la experiencia adquirida en sus tratamientos psicoanalíticos, estudiando los regalos que hayan recibido de sus enfermos y las tempestuosas transferencias que pueden provocar al hacer algún regalo al paciente.

Así, pues, el interés por los excrementos persiste en parte, transformado en interés por el dinero y es derivado, en su otra parte, hacia el deseo de un niño. En este último deseo coinciden un impulso erótico anal y un impulso genital (envidia del pene). Pero el pene tiene también una significación erótico-anal independiente del deseo de un niño. La relación entre el pene y la cavidad mucosa por él ocupada y estimulada preexiste ya en la fase pregenital, sádico-anal. La masa fecal —o "barra" fecal, según expresión de uno de mis pacientes— es, por decirlo así, el primer pene, y la mucosa por él excitada, la del intestino ciego. Hay sujetos cuyo erotismo anal ha persistido invariado e intenso hasta los años inmediatos a la pubertad (hasta los diez o los doce años). Por ellos averiguamos que ya durante esta fase pregenital habían desarrollado en fantasías y juegos perversos una organización análoga a la genital, en la cual el pene y la vagina aparecen representados por la masa fecal y el intestino. En otros individuos —neuróticos obsesivos— puede comprobarse el resultado de una degradación regresiva de la organización genital, consistente en transferir a lo anal todas las fantasías primitivamente genitales, sustituyendo el pene por la masa fecal y la vagina por el intestino.

Cuando la evolución sigue su curso normal y desaparece el interés por los excrementos, la analogía orgánica expuesta actúa, transfiriendo al pene tal interés. Al llegar luego el sujeto, en su investigación sexual infantil, a la teoría de que los niños son paridos por el intestino, queda constituido el niño en heredero principal del erotismo anal, pero su predecesor fue siempre el pene, tanto en este sentido como en otro distinto.

Seguramente no les ha sido posible a mis lectores retener todas las múltiples relaciones expuestas entre los elementos de la serie excremento—pene—niño. Por lo tanto, y para reunir tales relaciones en una visión de conjunto, intentaremos una representación gráfica en cuya explicación podamos examinar de nuevo, pero en distinto orden de sucesión, el material estudiado. Desgraciadamente, este medio técnico auxiliar no es lo bastante flexible para nuestros propósitos, o no sabemos nosotros servirnos bien de él. Así, pues, he de rogar que no se planteen al esquema siguiente (Fig. 1) demasiadas exigencias.

Del erotismo anal surge para fines narcisistas la obstinación, como importante reacción del *yo* contra las exigencias de los demás. El interés dedicado al excremento se transforma en interés hacia el regalo y, más tarde, hacia el dinero. Con el descubrimiento del pene nace en las niñas la envidia del mismo, la cual se transforma luego en deseo del hombre, como poseedor de un pene. Pero antes el deseo de poseer un pene se ha transformado en deseo de tener un niño, o ha surgido este deseo en lugar de aquel. La posesión de un símbolo común ("el pequeño") señala una analogía orgánica entre el pene y el niño (línea de trazos). Del deseo de un niño parte luego un camino racional (línea doble), que conduce al deseo del hombre. Ya hemos examinado la significación de esta transmutación del instinto.

En el hombre se hace mucho más perceptible otro fragmento del proceso, que surge cuando la investigación sexual del niño le lleva a comprobar la falta del pene en la mujer. El pene queda así reconocido como algo separable del cuerpo y relacionado, por analogía, con el excremento, primer trozo de nuestro cuerpo al que tuvimos que renunciar. La antigua obstinación anal entra de este modo en la constitución del complejo de la castración. La analogía orgánica, a consecuencia de la cual el contenido intestinal se constituyó en precursor del pene durante la fase pregenital, no puede entrar en cuenta como motivo. Pero la investigación sexual le procura una sustitución psíquica.

Al parecer el niño es reconocido por la investigación sexual como un excremento y revestido de un poderoso interés erótico-anal. Esta misma fuente aporta al deseo de un niño un segundo incremento cuando la experiencia social enseña que el niño puede ser interpretado como prueba de amor y como un regalo. Los tres elementos —masa fecal, pene y niño— son cuerpos sólidos que excitan, al entrar o salir, por una cavidad mucosa (el intestino ciego y la vagina, cavidad como arrendada a él, según una acertada expresión de Lou Andreas-Salomé)[58]. De este estado de cosas, la investigación infantil sólo puede llegar a conocer que el niño sigue el mismo camino que la masa fecal, pues la función del pene no es generalmente descubierta por la investigación infantil. Pero es interesante ver cómo una coincidencia orgánica llega a manifestarse también en lo psíquico después de tantos rodeos, como una identidad inconsciente.

[58] "Anal" und "Sexual", en *Imago*, IV, 5, año 1916.

(Hombre)
(Niño)
(Pene)
(Símbolo 'el pequeño')
(Narcisismo)
(Complejo de la castración)
(Mojón)
(Dinero)
(Heces)
(Regalo)
(Erotismo anal)
(Obstinación)
(Estadio del objeto)

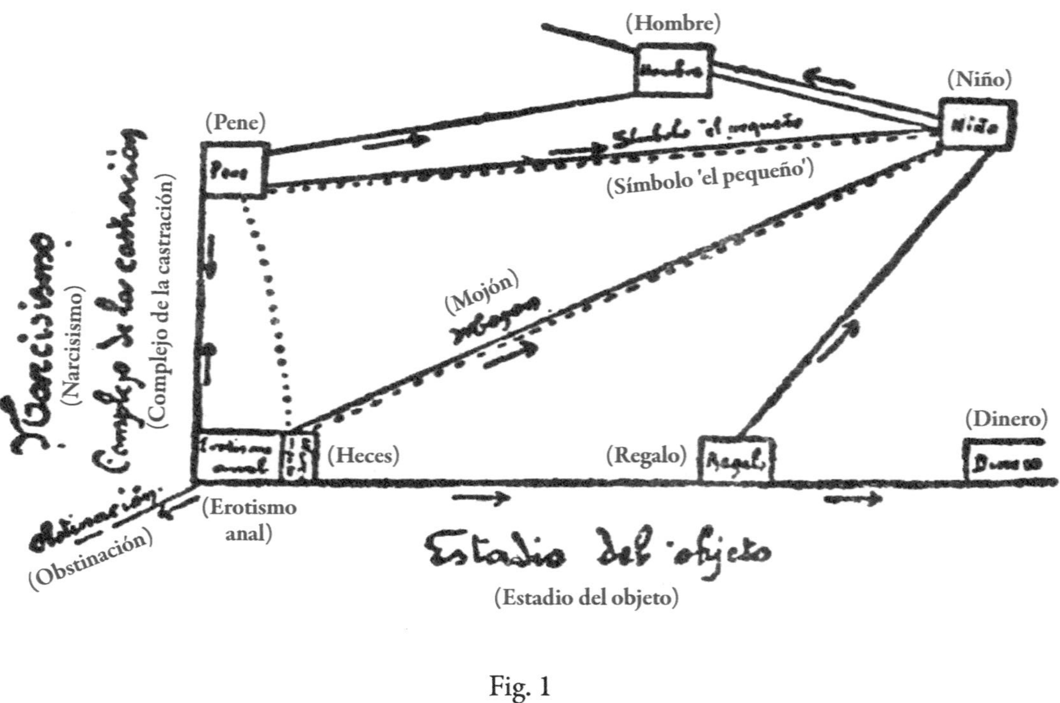

Fig. 1

La disposición a la neurosis obsesiva

Una aportación al problema de la elección de neurosis

1913

El problema de por qué y cómo contrae un hombre una neurosis es ciertamente uno de los que el psicoanálisis habrá de resolver. Pero es muy probable que esta solución tenga como premisa la de otro problema, menos amplio, que nos plantea la interrogante de por qué tal o cual persona ha de contraer precisamente una neurosis determinada. Es este el problema de la elección de neurosis.

¿Qué sabemos hasta ahora sobre esta cuestión? En realidad, sólo hemos podido establecer seguramente un único principio. En las causas patológicas de la neurosis distinguimos dos clases: aquellas que el hombre trae consigo a la vida —causas constitucionales— y aquellas otras que la vida le aporta —causas accidentales—, siendo precisa, por lo general, la colaboración de ambos órdenes de causas para que surja la neurosis. Ahora bien: el principio antes enunciado afirma que la elección de la neurosis depende por completo de las causas constitucionales, o sea, de la naturaleza de las disposiciones, careciendo, en cambio, de toda relación con los sucesos patógenos vividos por el individuo.

¿Dónde buscamos el origen de estas disposiciones? Hemos advertido que las funciones psíquicas que en este punto hemos de tener en cuenta —ante todo, la función sexual, pero también diversas funciones importantes del *yo*— han de atravesar una larga y complicada evolución hasta llegar a su estado característico en el adulto normal. Suponemos ahora que estas evoluciones no se han desarrollado siempre tan irreprochablemente que la función total haya experimentado sin defecto alguno la correspondiente modificación progresiva. Allí donde una parte de dicha función ha permanecido retrasada en un estado anterior, queda creado lo que llamamos un "lugar de fijación", al cual puede retroceder luego la función en caso de enfermedad por perturbación exterior.

Nuestras disposiciones son, pues, inhibiciones de la evolución. La analogía con los hechos de la patología general de otras enfermedades nos confirma en esta opinión. Mas al llegar al tema de cuáles son los factores que pueden provocar tales perturbaciones de la evolución, hace alto la labor psicoanalítica y abandona este problema a la investigación biológica[59].

Con ayuda de estas hipótesis nos atrevimos hace ya algunos años a enfrentarnos con el problema de la elección de neurosis. Nuestro método de investigación, consistente en deducir las circunstancias normales precisamente de sus perturbaciones, nos condujo a elegir un punto de ataque especialísimo e inesperado. El orden en el cual se exponen generalmente las formas principales de las psiconeurosis —histeria, neurosis obsesiva, paranoia, demencia precoz— corresponde (aunque no con absoluta exactitud) al orden temporal de la aparición de estas afecciones en la vida humana. Las formas patológicas histéricas pueden ser observadas ya en la primera infancia; la neurosis obsesiva revela, por lo corriente, sus primeros síntomas en el segundo período de la niñez (entre los seis y los ocho años). Por último, las otras dos psiconeurosis, reunidas por mí bajo el nombre común de parafrenias, no emergen hasta después de la

[59] Desde que los trabajos de W. Fliess han descubierto la importancia de determinadas magnitudes de tiempo para la Biología, puede sospecharse que las perturbaciones de la evolución dependan de una modificación cronológica de sus avances.

pubertad y en la edad adulta. Estas afecciones más tardías son las que primero se han hecho accesibles a nuestra investigación de las disposiciones conducentes a la elección de neurosis. Los singulares caracteres peculiares a ambas —el delirio de grandezas, el apartamiento del mundo de los objetos y la dificultad de conseguir la transferencia— nos han impuesto la conclusión de que su fijación dispositiva ha de ser buscada en un estadio de la evolución de la libido anterior a la elección de objeto, o sea, en la fase del autoerotismo y el narcisismo. Tales formas patológicas tardías se referirían, pues, a correcciones y fijaciones muy tempranas.

Parecía, por lo tanto, que la disposición a la histeria y a la neurosis obsesiva, las dos neurosis de transferencia propiamente dichas, con temprana producción de síntomas, habría de buscarse en fases aún anteriores de la evolución de la libido. Pero, ¿en qué habría de consistir aquí la coerción de la evolución? Y, sobre todo, ¿cuál podría ser la diferencia de fases que determinara la disposición a la neurosis obsesiva en contraposición a la histeria? Pasó mucho tiempo sin que nos fuera posible averiguar nada sobre estos extremos, y hube de abandonar por estériles mis tentativas anteriormente iniciadas para determinar tales dos disposiciones, suponiendo que la histeria se hallaba condicionada por la pasividad y la neurosis obsesiva por la actividad del sujeto en sus experiencias infantiles.

Retornaremos, pues, al terreno de la observación clínica individual. Durante un largo período de tiempo he estudiado a una enferma cuya neurosis había seguido una trayectoria desacostumbrada. Comenzó, después de un suceso traumático, como una franca histeria de angustia, y conservó este carácter a través de algunos años. Pero un día se transformó de pronto en una neurosis obsesiva de las más graves. Un tal caso había de ser muy significativo en más de un aspecto. Por un lado, podía aspirar al valor de un documento bilingüe y mostrar cómo un mismo contenido era expresado por cada una de ambas neurosis en un lenguaje diferente. Por otro, amenazaba contradecir nuestra teoría de la disposición por coerción de la evolución, si no queríamos decidirnos a aceptar que una persona podía traer consigo a la vida más de un único punto débil en la evolución de la libido. No creía yo que hubiera motivo alguno para rechazar esta última posibilidad, pero, de todos modos, esperaba con extraordinario interés la solución del caso patológico planteado.

Al llegar a ella en el curso del análisis hube de reconocer que el proceso patógeno se apartaba mucho de la trayectoria por mí supuesta. La neurosis obsesiva no era una nueva reacción al mismo trauma que había provocado primero la histeria de angustia, sino a un segundo suceso que había quitado al primero toda su importancia. (Tratábase, pues, de una excepción —discutible aún, de todos modos— de aquel principio, antes expuesto, en el que afirmamos que la elección de neurosis era totalmente independiente de los sucesos vividos por el sujeto).

Desgraciadamente, no me es posible exponer —por motivos evidentes— el historial clínico de este caso con todo el detalle que quisiera. Me limitaré, pues, a las indicaciones que siguen. La paciente había sido, hasta su enfermedad, una mujer feliz, casi por completo satisfecha. Abrigaba un ardiente deseo de tener hijos —motivado por la fijación de un deseo infantil—, y enfermó al averiguar que su marido, al que quería mucho, no podía proporcionarle descendencia. La histeria de angustia con la que reaccionó a esta privación correspondía, como la misma paciente aprendió pronto a comprender, a la repulsa de las fantasías de tentación, en las que emergía su deseo de tener un hijo. Hizo todo lo posible por no dejar adivinar a su marido que su enfermedad era una consecuencia de la privación a él imputable. Pero no hemos afirmado sin buenas razones que todo hombre posee en su propio inconsciente un instrumento con el que puede interpretar las manifestaciones de lo inconsciente en los demás; el marido comprendió, sin necesidad de confesión ni explicación algunas, lo que significaba la angustia de su mujer; sufrió, sin demostrarlo tampoco, una gran pesadumbre, y reaccionó, a su vez, en forma neurótica, fallándole por vez primera en su matrimonio la potencia genital al intentar el coito. Inmediatamente emprendió un viaje. La mujer creyó que el marido había contraído una impotencia duradera, y la víspera de su retorno produjo los primeros síntomas obsesivos.

El contenido de su neurosis consistía en una penosa obsesión de limpieza y en enérgicas medidas preventivas contra los daños con que su propia imaginaria maldad amenazaba a los demás, o sea, en productos de una reacción contra impulsos *erótico-anales* y *sádicos*. Estas fueron las formas en que hubo de manifestarse su necesidad sexual al quedar totalmente desvalorizada su vida genital por la impotencia del marido, único hombre posible para ella.

A este punto se enlaza nuestro pequeño avance teórico, que sólo en apariencia se basa sobre esta única observación, pues en realidad reúne una gran cantidad de impresiones anteriores, de las cuales sólo después de esta última pudo deducirse un conocimiento. Resulta, pues, que nuestro esquema del desarrollo de la función libidinosa precisa de una nueva interpolación. Al principio distinguimos tan sólo la fase del autoerotismo, en la cual cada uno de los instintos parciales busca, independientemente de los demás, su satisfacción en el propio cuerpo del sujeto, y luego, la síntesis de todos los instintos parciales, para la elección de objeto, bajo la primacía de los genitales y en servicio de la reproducción. El análisis de las parafrenias nos obligó, como es sabido, a interpolar entre aquellos elementos un estadio de narcisismo, en el cual ha sido ya efectuada la elección del objeto, pero el objeto coincide todavía con el propio *yo*. Ahora vemos la necesidad de aceptar, aun antes de la estructuración definitiva, un nuevo estadio, en el cual los instintos parciales aparecen ya reunidos para la elección de objeto, y este es distinto de la propia persona, pero *la primacía de las zonas genitales no se halla aún establecida*. Los instintos parciales que dominan esta organización *pregenital* de la vida sexual son más bien los erótico-anales y los sádicos.

Sé muy bien que toda afirmación de este orden despierta en un principio desconfianza y extrañeza. Sólo después de descubrir sus relaciones con nuestros conocimientos anteriores llegamos a familiarizarnos con ella, y muchas veces acaba por no parecernos sino una insignificante innovación, sospechada desde muy atrás. Iniciaremos, pues, con igual esperanza la discusión de la "ordenación sexual pregenital".

a) El importantísimo papel que los impulsos de odio y erotismo anal desempeñan en la sintomatología de la neurosis obsesiva ha sido observado ya por muchos investigadores, habiendo sido objeto últimamente de un penetrante estudio por parte de E. Jones. Así resulta también de nuestra afirmación en cuanto tales instintos parciales son los que han vuelto a arrogarse en la neurosis la representación de los instintos genitales, a los que precedieron en la evolución.

En este punto viene a insertarse una parte del historial patológico de nuestro caso, a la que aún no nos hemos referido. La vida sexual de la paciente comenzó en la más tierna edad infantil con fantasías sádicas de flagelación. Después de la represión de estas fantasías, se inició un período de latencia que se prolongó más de lo corriente y en el cual alcanzó la muchacha un alto desarrollo moral, sin que despertase en ella la sensibilidad sexual femenina. Con su temprano matrimonio se inició para ella un período de actividad sexual normal, felizmente prolongado a través de una serie de años, hasta que la primera gran privación (el conocimiento de que su marido no podría darle hijos) trajo consigo la neurosis histérica. La subsiguiente desvalorización de su vida genital provocó la regresión de su vida sexual a la fase infantil del sadismo.

No es difícil determinar el carácter en que este caso de neurosis obsesiva se diferencia de aquellos otros, mucho más frecuentes, que comienzan en años más tempranos y transcurren luego en forma crónica, con exacerbaciones más o menos visibles. En estos otros casos, una vez establecida la organización sexual que contiene la disposición a la neurosis obsesiva, no es ya superada jamás; en nuestro caso ha sido substituida por la fase evolutiva superior y vuelta luego a activar, por regresión, desde esta última.

b) Si queremos relacionar nuestra hipótesis con los hechos biológicos, no habremos de olvidar que la antítesis de masculino y femenino, introducida por la función reproductora, no puede existir aún en la fase de la elección pregenital de objeto. En su lugar hallamos la antítesis constituida por las tendencias de fin activo y las de fin pasivo, la cual irá luego a soldarse con la de los sexos. La actividad es aportada por el instinto general de aprehensión, al que damos el nombre de *sadismo* cuando lo hallamos al servicio de la función sexual, y que también está llamado a prestar importantes servicios auxiliares en la vida sexual normal plenamente desarrollada. La corriente pasiva es alimentada por el erotismo anal, cuya zona erógena corresponde a la antigua cloaca indiferenciada. La acentuación de este erotismo anal en la fase pregenital de la organización dejará en el hombre una considerable predisposición a la homosexualidad al ser alcanzada la fase siguiente de la función sexual, o sea, la de la primacía de los genitales. La superposición de esta última fase a las anteriores y la modificación consiguiente de las cargas de libido plantean a la investigación analítica los más interesantes problemas.

Se puede esperar eludir todas las dificultades y complicaciones aquí emergentes negando la existencia de una organización pregenital de la vida sexual y haciendo coincidir y comenzar esta última con la función genital y reproductora. De las neurosis se diría entonces, teniendo en cuenta los inequívocos resultados de la investigación analítica, que el proceso de la represión sexual las forzaba a expresar tendencias sexuales por medio de otros instintos no sexuales, o sea, a sexualizar estos últimos por vía de compensación. Pero al obrar así abandona la observación el terreno psicoanalítico para volver a situar en el punto en que se hallaba antes del psicoanálisis, debiendo, por lo tanto, renunciar a la comprensión, por ella lograda, de la relación entre la salud, la perversión y la neurosis. El psicoanálisis exige el reconocimiento de los instintos sexuales parciales de las zonas erógenas y de la ampliación así establecida del concepto de "función sexual", en oposición al más estrecho de "función genital". Pero, además, la observación de la evolución normal del niño basta para rechazar tal tentación.

c) En el terreno del desarrollo del carácter hallamos las mismas energías instintivas cuya actuación descubrimos en las neurosis. Pero hay un hecho que nos permite establecer entre uno y otro caso una precisa distinción teórica. En el carácter falta algo peculiar, en cambio, al mecanismo de las neurosis: el fracaso de la represión y el retorno de lo reprimido. En la formación del carácter, la represión o no interviene para nada o alcanza por completo su fin de sustituir lo reprimido por productos o sublimaciones. De este modo, los procesos de la formación del carácter son mucho menos transparentes y accesibles al análisis que los neuróticos.

Pero precisamente en el terreno de la evolución del carácter hallamos algo comparable al caso patológico antes descrito: una intensificación de la organización sexual pregenital sádica y erótico-anal. Es sabido, y ha dado ya mucho que lamentar a los hombres, que el carácter de las mujeres suele cambiar singularmente al sobrevenir la menopausia y poner un término a su función genital. Se hacen regañonas, impertinentes y obstinadas, mezquinas y avaras, mostrando, por lo tanto, típicos rasgos sádicos y eróticos-anales, ajenos antes a su carácter. Los comediógrafos y los autores satíricos de todas las épocas han hecho blanco de sus invectivas a estas "viejas gruñonas", último avatar de la muchacha adorable, la mujer amante y la madre llena de ternura. Por nuestra parte, comprendemos que esta transformación del carácter corresponde a la regresión de la vida sexual a la fase pregenital sádico-anal, en la cual hemos hallado la disposición a la neurosis obsesiva. Esta fase sería, pues, no sólo precursora de la genital, sino también, en muchos casos, sucesora y sustitución suya, una vez que los genitales han cumplido su función.

La comparación de tal modificación del carácter con la neurosis obsesiva es interesantísima. En ambos casos nos hallamos ante un proceso regresivo. En el primero, regresión completa después de una acabada represión (o yugulación); en el segundo —el de la neurosis— conflicto, esfuerzo por detener la regresión, formación de productos de reacción contra la misma y de síntomas por transacción entre ambas partes y disociación de las actividades psíquicas en capaces de conciencia e inconscientes.

d) Nuestro postulado de una organización sexual pregenital resulta incompleto en dos aspectos. En primer lugar, se limita a hacer resaltar la primacía del sadismo y del erotismo anal, sin atender a la conducta de otros instintos parciales, que habrían de integrar algo digno de investigación y mención. Sobre todo, el instinto de saber nos da la impresión de poder sustituir al sadismo en el mecanismo de la neurosis obsesiva, siendo realmente, en el fondo, una hijuela sublimada y elevada a lo intelectual del instinto de aprehensión. Su repulsa en la forma de la duda ocupa en el cuadro de la neurosis obsesiva un importante lugar.

La segunda insuficiencia es más importante. Para referir a una trayectoria histórico-evolutiva la disposición a una neurosis es necesario tener en cuenta la fase de la evolución del *yo*, en la que surge la fijación, tanto como la de la evolución de la libido. Pero nuestro postulado no se ha referido más que a esta última y, por lo tanto, no contiene todo el conocimiento que podemos exigir. Los estadios evolutivos de los instintos del *yo* nos son hasta ahora muy poco familiares. No conozco sino una sola tentativa, muy prometedora, de acercarse a estos problemas: la llevada a cabo por Ferenzci en su estudio sobre el sentido de la realidad[60]. No sé si parecerá muy atrevido afirmar, guiándonos por los indicios percatados, que la anticipación temporal de la evolución del yo a la evolución de la libido ha de integrarse también entre los factores de la disposición a la neurosis obsesiva. Una tal anticipación obligaría, por la acción de los instintos del *yo*, a la elección del objeto en un período en que la función sexual no ha alcanzado aún su forma definitiva, dando así origen a una fijación en la fase del orden sexual pregenital. Si reflexionamos que los neuróticos obsesivos han de desarrollar una supermoral para defender su amor objetivado contra la hostilidad acechante detrás de él, nos inclinaremos a considerar como típica en la naturaleza humana cierta medida de tal anticipación de la evolución del *yo* y a encontrar basada la facultad de la génesis de la moral en el hecho de que, después de la evolución, es el odio el precursor del amor. Quizá es este el sentido de una frase de W. Stekel, que me pareció

---

[60] Ferenczi: "Enwicklungstufen des Wirkichkeitsinnes", en *Intern. Zeitschrift für Psychoan.* I, 1913.

en un principio incomprensible, y en la que se afirma que el sentimiento primario entre los hombres es el odio y no el amor.

e) Con respecto a la histeria, queda aún por indicar su íntima relación con la última fase del desarrollo de la libido, caracterizada por la primacía de los genitales y la introducción de la función reproductora. Este progreso sucumbe en la neurosis histérica a la represión, a la cual no se enlaza una regresión a la fase pregenital. La laguna resultante en la determinación de la disposición, a causa de nuestro reconocimiento de la evolución del *yo*, se hace aquí aún más sensible que en la neurosis obsesiva.

En cambio, no es difícil comprobar que también corresponde a la histeria una distinta regresión a un nivel anterior. La sexualidad del sujeto infantil femenino se encuentra, como ya sabemos, bajo el imperio de un órgano directivo masculino (el clítoris) y se conduce en muchos aspectos como la del niño. Un último impulso de la evolución, en la época de la pubertad, tiene que desvanecer esta sexualidad masculina y elevar a la categoría de zona erógena dominante la vagina, derivada de la cloaca. Pero es muy corriente que en la neurosis histérica de las mujeres tenga efecto una reviviscencia de esta sexualidad masculina reprimida, contra la cual se dirige luego una lucha de defensa por parte de los instintos aliados del *yo*. Pero me parece prematuro iniciar en este punto la discusión de los problemas de la disposición histérica.

Comunicación de un caso de paranoia contrario a la teoría psicoanalítica

1915

Hace algunos años un conocido abogado solicitó mi dictamen sobre un caso que le ofrecía algunas dudas. Una señorita había acudido a él en demanda de protección contra las persecuciones de que era objeto por parte de un hombre con el que había mantenido relaciones amorosas. Afirmaba que dicho individuo había abusado de su confianza en él para hacer tomar por un espectador oculto fotografías de sus tiernas citas de amor, pudiendo ahora enseñar tales fotografías y desconceptuarla, a fin de obligarla a dejar su colocación. El abogado poseía experiencia suficiente para vislumbrar el carácter morboso de una tal acusación, pero opinaba que en la vida ocurren muchas cosas que juzgamos increíbles y estimaba que el dictamen de su psiquiatra podía ayudarle a desentrañar la verdad. Después de ponerme en antecedentes del caso quedó en volver a visitarme acompañado de la demandante.

Antes de continuar mi relato quiero hacer constar que he alterado en él, hasta hacerlo irreconocible, el medio en el que se desarrolló el suceso cuya investigación nos proponemos, pero limitando estrictamente a ello la obligada deformación del caso. Me parece, en efecto, una mala costumbre deformar, aunque sea por los mejores motivos, los rasgos de un historial patológico, pues no es posible saber de antemano cuál de los aspectos del caso será el que atraiga preferentemente la atención del lector de juicio independiente y se corre el peligro de inducir a este último a graves errores.

La paciente, a la que conocí poco después, era una mujer de treinta años, dotada de una belleza y un atractivo nada vulgares. Parecía mucho más joven de lo que reconocía ser y se mostraba delicadamente femenina. Con respecto al médico, adoptaba una actitud defensiva, sin tomarse el menor trabajo por disimular su desconfianza. Obligada por la insistencia de su abogado a nuestra entrevista, me relató la siguiente historia, que me planteó un problema del que más adelante habré de ocuparme. Ni su expresión ni sus manifestaciones emotivas denotaban la violencia que hubiera sido de esperar en ella al verse forzada a exponer sus asuntos íntimos a personas extrañas. Se hallaba exclusivamente dominada por la preocupación que habían despertado en su ánimo aquellos sucesos.

Desde años atrás estaba empleada en una importante empresa en la que desempeñaba un cargo de cierta responsabilidad a satisfacción completa de sus jefes. No se había sentido nunca atraída por amoríos o noviazgos y vivía tranquilamente con su anciana madre, cuyo único sostén era. Carecía de hermanos, y el padre había muerto hacía muchos años. En la última época se había acercado a ella otro empleado de la misma casa, hombre muy culto y atractivo, al que no pudo negar sus simpatías. Circunstancias de orden exterior hacían imposible un matrimonio, pero el hombre rechazaba la idea de renunciar por tal imposibilidad a la unión sexual, alegando que sería insensato sacrificar a una mera convención social algo por ambos deseado, a lo cual tenía perfecto derecho y que sólo podía hacer más elevada y dichosa su vida. Ante su promesa de evitarle todo peligro, accedió, por fin, nuestra sujeto a visitar a su enamorado en su pisito de soltero. Después de mutuos besos y abrazos, se hallaba ella en actitud abandonada, que permitía admirar parte de sus bellezas, cuando un ruidito seco vino a sobresaltarla. Dicho ruido parecía haber partido del lugar ocupado por la mesa del despacho, colocada oblicuamente ante la ventana. El espacio libre entre esta y la mesa se hallaba velado en parte por una pesada cortina. La sujeto contaba haber preguntado en el acto a su amigo la significación de aquel ruido, que el interrogado atribuyó a un reloj colocado encima de la mesa. Por mi parte, me permitiré enlazar más adelante a esta parte del relato una determinada observación.

Al salir la sujeto de casa de su amigo encontró en la escalera a dos individuos que murmuraron algo a su paso. Uno de estos desconocidos llevaba un paquete de la forma de una cajita. Este encuentro la impresionó, y ya en el camino hacia su casa elaboró la combinación de que aquella cajita podía muy bien haber sido un aparato fotográfico; el individuo, un fotógrafo que durante su estancia en la habitación de su amigo había permanecido oculto detrás de la cortina, y el ruidito por ella advertido, el del obturador de la máquina al ser sacada la fotografía una vez que su enamorado hubo establecido la situación comprometedora que quería fijar en la placa. A partir de aquí no hubo ya medio de desvanecer sus sospechas contra su amigo, al que persiguió de palabra y por escrito con la demanda de una explicación que tranquilizara sus temores, oponiendo ella, por su parte, la más absoluta incredulidad a sus afirmaciones sobre la sinceridad de sus sentimientos y la falta de fundamento de aquellas sospechas. Por último, acudió al abogado, le relató su aventura y le entregó las cartas que con tal motivo había recibido del querellado. Posteriormente pude leer alguna de estas cartas, que me produjeron la mejor impresión; su contenido principal era el sentimiento de que un acuerdo amoroso tan bello hubiese quedado destruido por aquella "desdichada idea enfermiza".

No creo necesario justificar mi opinión, favorable al acusado. Pero el caso presentaba para mí un interés distinto del puramente diagnóstico. En los estudios psicoanalíticos se había afirmado que el paranoico luchaba contra una intensificación de sus tendencias homosexuales, lo cual indicaba en el fondo una elección narcisista de objeto, afirmándose, además, que el perseguidor era, en último término, la persona amada o antiguamente amada. De la reunión de ambos asertos resulta que el perseguidor habrá de pertenecer al mismo sexo que el perseguido. Cierto es que no habíamos atribuido una validez general y sin excepciones a este principio de la homosexualidad como condición de la paranoia, pero lo que nos había retenido había sido tan sólo la consideración de no haber contado todavía con un número suficiente de observaciones. Por lo demás, tal principio pertenecía a aquellos que a causa de ciertas relaciones sólo adquieren plena significación cuando pueden aspirar a una validez general. En la literatura psiquiátrica no faltan, ciertamente, casos en los cuales el enfermo se creía perseguido por personas de otro sexo; pero la lectura de tales casos no producía, desde luego, la misma impresión que el verse directamente ante uno de ellos. Todo aquello que mis amigos y yo habíamos podido observar y analizar había confirmado sin dificultades la relación de la paranoia con la homosexualidad. En cambio, el caso que nos ocupa contradecía abiertamente tal hipótesis. La joven parecía rechazar el amor hacia un hombre, convirtiéndole en su perseguidor, sin que existiera el menor indicio de una influencia femenina ni de una defensa contra un lazo homosexual.

Ante este estado de cosas, lo más sencillo era renunciar a derivar generalmente de la homosexualidad la manía persecutoria y abandonar todas las deducciones enlazadas con este principio. O de lo contrario, agregarse a la opinión del abogado y reconocer, como él, en el caso un suceso real, exactamente interpretado por la sujeto, y no una combinación paranoica. Por mi parte, vislumbré una tercera salida, que en un principio aplazó la decisión. Recordé cuántas veces se juzga erróneamente a los enfermos psíquicos por no haberse ocupado de ellos con el detenimiento necesario y no haber reunido así sobre su caso datos suficientes. Por lo tanto, declaré que me era imposible emitir aún un juicio y rogué a la sujeto que me visitase otra vez para relatarme de nuevo el suceso más ampliamente y con todos sus detalles accesorios, desatendidos quizá en su primera exposición. Por mediación del abogado conseguí la conformidad de la sujeto, poco inclinada a repetir su visita. El mismo abogado facilitó mi labor, manifestando que consideraba innecesaria su asistencia a la nueva entrevista.

El segundo relato de la paciente no contradijo el primero, pero lo completó de tal modo, que todas las dudas y todas las dificultades quedaron desvanecidas. Ante todo, resultó que no había ido a casa de su amigo una sola vez, sino dos. En su segunda visita fue cuando advirtió el ruido que provocó sus sospechas. La primera había omitido mencionarla antes porque no le parecía ya nada importante. En ella no había ocurrido, efectivamente, nada singular, pero sí al otro día. La sección en que la sujeto prestaba sus servicios se hallaba a cargo de una señora de edad, a la que describió diciendo que tenía el pelo blanco, como su madre. La paciente se hallaba acostumbrada a ser tratada muy cariñosamente por esta anciana directora y se tenía por favorita suya. Al día siguiente de su primera visita al joven empleado, entró este en la sección para comunicar a la directora algún asunto del servicio, y mientras hablaba con ella en voz baja surgió de pronto en nuestra sujeto la convicción de que le estaba relatando su aventura de la víspera e incluso la de que mantenía con aquella señora desde mucho tiempo atrás unas relaciones amorosas de las que ella no se había dado cuenta hasta aquel día. Así, pues, su maternal directora lo sabía ya todo. Durante el resto del día, la actitud y las palabras de la anciana confirmaron sus sospechas, y en cuanto le fue posible acudió a su amigo para pedirle explicaciones de aquella delación. Su enamorado rechazó, naturalmente, con toda energía tales acusaciones, que calificó de insensatas, y esta vez consiguió desvanecer las ideas delirantes, hasta el punto de que algunas semanas después consintió ella en visitarle de nuevo en su casa. El resto nos es ya conocido por el primer relato de la paciente.

Los nuevos datos aportados desvanecen, en primer lugar, toda duda sobre la naturaleza patológica de la sospecha. Reconocemos sin dificultad que la anciana directora, de blancos cabellos, es una substitución de la madre; que el hombre amado es situado, a pesar de su juventud, en lugar del padre, y que el poderío del complejo materno es el que obliga a la sujeto a suponer la existencia de un amorío entre dos protagonistas tan desiguales, no obstante la inverosimilitud de una tal sospecha. Pero con ello desaparece también la aparente contradicción de las teorías psicoanalíticas, según las cuales el desarrollo de un delirio persecutorio presupone la existencia de una intensa ligazón homosexual. El perseguidor primitivo, la instancia a cuyo influjo quiere escapar la sujeto, no es tampoco en este caso el hombre, sino la mujer. La directora conoce las relaciones amorosas de la joven, las condena, y le da a conocer este juicio adverso por medio de misteriosos signos. La ligazón al propio sexo se opone a los esfuerzos de adoptar como objeto amoroso un individuo del sexo contrario. El amor a la madre toma la representación de todas aquellas tendencias que en calidad de "conciencia moral" quieren detener a la joven sus primeros pasos por el camino, múltiplemente peligroso, hacia la satisfacción sexual normal, y consigue, en efecto, destruir su relación con el hombre.

Al estorbar o detener la actividad sexual de la hija cumple la madre una función normal, diseñada ya en las relaciones infantiles, fundada en enérgicas motivaciones inconscientes y sancionada por la sociedad. A la hija compete desligarse de esta influencia y decidirse, sobre la base de una amplia motivación racional, por una medida personal de permisión o privación del goce sexual. Si en esta tentativa de libertarse sucumbe a la enfermedad neurótica, es que integraba un complejo materno excesivamente intenso por lo regular y seguramente no dominado, cuyo conflicto con la nueva corriente libidinosa se resolvería, según la disposición favorable, en una u otra forma de neurosis. En todos los casos, los fenómenos de la reacción neurótica serán determinados no por la relación presente con la madre actual, sino por las relaciones infantiles con la imagen materna primitiva.

De nuestra paciente sabemos que había perdido a su padre hacía muchos años y podemos suponer que no habría permanecido alejada de los hombres hasta los treinta años si no se hubiese encontrado un firme apoyo en una intensa adhesión sentimental a su madre. Pero este apoyo se convierte para ella en una pesada cadena en cuanto su libido comienza a tender hacia el hombre a consecuencia de una apremiante solicitación. La sujeto intenta entonces liberarse de su ligazón homosexual. Su disposición —de la que no necesitamos tratar aquí— permite que ello suceda en la forma de la producción de un delirio paranoico. La madre se convierte así en espía y perseguidora hostil. Como tal podría aún ser vencida si el complejo materno no conservase poder suficiente para lograr el propósito, en él integrado, de alejar del hombre a la sujeto. Al final de este conflicto resulta, pues, que la enferma se ha alejado de su madre y no se ha aproximado al hombre. Ambos conspiran ahora contra ella. En este punto, el enérgico esfuerzo del hombre consigue atraerla a sí decisivamente. La sujeto vence la oposición de la madre y accede a conceder al amado una nueva cita. La madre no interviene ya en los acontecimientos sucesivos. Habremos, pues, de retener el hecho de que en esta fase el hombre no se convierte en perseguidor directamente, sino a través de la madre y a causa de sus relaciones con la madre, a la cual correspondió en el primer delirio el papel principal.

Podría creerse que la resistencia había sido definitivamente dominada y que la joven, ligada hasta entonces a la madre, había conseguido ya amar a un hombre. Pero a la segunda cita sucede un nuevo delirio, que utiliza hábilmente algunos accidentes casuales para destruir aquel amor y llevar así adelante la intención del complejo materno. De todos modos, continuamos extrañando que la sujeto se defienda contra el amor de un hombre por medio de un delirio paranoico. Pero antes de entrar a esclarecer esta cuestión dedicaremos unos instantes a aquellos accidentes fortuitos en los que se apoya el segundo delirio, orientado exclusivamente contra el hombre.

Medio desnuda sobre el diván y tendida al lado del amado, oye de repente la sujeto un ruido semejante a un chasquido, una percusión o un latido, cuya causa no conoce, imaginándola luego, al encontrar en la escalera de la casa dos hombres, uno de los cuales lleva algo como una cajita cuidadosamente empaquetada. Adquiere entonces la convicción de que su amigo la ha hecho espiar y fotografiar durante su amoroso abandono. Naturalmente, estamos muy lejos de pensar que si aquel desdichado ruido no se hubiera producido tampoco hubiera surgido el delirio paranoico. Por el contrario, reconocemos en este accidente casual algo necesario que había de imponerse tan obsesivamente como la sospecha de un amorío entre el hombre amado y la anciana directora, elevada a la categoría de subrogado materno. La sorpresa del comercio sexual entre el padre y la madre es un elemento que sólo muy raras veces falta en el acervo de las fantasías inconscientes, revelables por medio del análisis en todos los neuróticos y probablemente en todas las criaturas humanas. A estos productos de la fantasía referentes a la sorpresa del comercio sexual de los padres, a la seducción, a la castración, etc., les damos el nombre de *protofantasías*, y dedicaremos en otro lugar a su origen y a su relación con la vida individual un detenido estudio. El ruido casual desempeña, pues, tan sólo el papel de un agente provocador que activa la fantasía típica de la sorpresa del coito entre los padres, integrada en el complejo parental. Es incluso dudoso que podamos calificarlo de "casual". Según hubo de advertirme O. Rank, constituye más bien un requisito necesario de la fantasía de la sorpresa del coito de los padres y repite el ruido en que se delata la actividad sexual de los mismos o aquel con el que teme descubrirse el infantil espía. Reconocemos ya ahora el terreno que pisamos. El amado continúa siendo un subrogado del padre, y el lugar de la madre ha sido ocupado por la propia sujeto. Siendo así, el papel de espía ha de ser adjudicado a una persona extraña. Se nos hace visible la forma en que nuestra heroína se ha liberado de su dependencia homosexual de su madre. Lo ha conseguido por medio de una pequeña regresión. En lugar de tomar a la madre como objeto amoroso, se ha identificado con ella, ocupando su lugar. La posibilidad de esta regresión descubre el origen narcisista de su elección homosexual de objeto y con ello su disposición a la paranoia. Podría trazarse un proceso mental conducente al mismo resultado que la siguiente identificación: Si mi madre hace esto, también yo lo puedo hacer; tengo el mismo derecho que ella.

En el examen de los accidentes casuales del caso podemos avanzar aún algo más, aunque sin exigir que el lector nos acompañe, pues la falta de más profunda investigación analítica nos impide abandonar aquí el terreno de las probabilidades. La enferma había afirmado en nuestra primera entrevista que en el acto de advertir el ruido había inquirido sus causas y que su amigo lo había atribuido a un pequeño reloj colocado encima de la mesa. Por mi parte, me tomo la libertad de considerar esta parte del relato de la paciente como un error mnémico. Me parece mucho más probable que no manifestara reacción alguna a la percepción del ruido, el cual sólo adquirió para ella un sentido después de su encuentro con los dos desconocidos en la escalera. La tentativa de explicación referente al reloj debió de ser arriesgada más tarde por el amigo, que quizá no había advertido el tal ruidito, al ser atormentado por las sospechas de la joven. "No sé lo que puedes haber oído; quizá el reloj de la mesa, que hace a veces un ruido como el que me indicas". Esta estimación ulterior de las impresiones y este desplazamiento de los recuerdos son, precisamente, muy frecuentes en la paranoia y característicos de ella. Pero como no he hablado nunca con el protagonista de esta historia ni pude tampoco proseguir el análisis de la joven, me es imposible probar mi hipótesis.

Todavía podía aventurarme a avanzar más en el análisis de la "casualidad" supuestamente real. Para mí no existió en absoluto ruido alguno. La situación en que la sujeto se encontraba justificaba una sensación de latido o percusión en el clítoris, y esta sensación fue proyectada luego por ella al exterior, como percepción procedente de un objeto. En el sueño se da una posibilidad análoga. Una de mis pacientes histéricas relataba un breve sueño al que no conseguía asociar nada. El sueño consistía tan sólo en que oía llamar a la puerta del cuarto, despertándola tal llamada. No había llamado nadie, pero en las noches anteriores la paciente había sido despertada por repetidas poluciones y le interesaba despertar al iniciarse los primeros signos de excitación genital. La llamada oída en el sueño correspondía, pues, a la sensación de latido del clítoris. Este mismo proceso de proyección es el que sustituimos en nuestra paranoica a la percepción de un ruido casual. Naturalmente, no puedo garantizar que la enferma, para quien yo no era sino un extraño, cuya intervención le era impuesta por su abogado, fuera completamente sincera en su relato de lo acaecido en sus dos citas amorosas, pero la unicidad de la contracción del clítoris coincide con su afirmación de que no llegó a entregarse por completo a su enamorado. En la repulsa final del hombre intervino así, seguramente, además de la "conciencia moral", la insatisfacción.

Volvamos ahora al hecho singular de que la sujeto se defienda contra el amor a un hombre por medio de la producción de un delirio paranoico. La clave de esta singularidad nos es ofrecida por la misma trayectoria evolutiva del delirio. Este se dirigía originariamente, como era de esperar, contra una mujer; pero después *se efectuó sobre el terreno mismo de la paranoia el avance desde la mujer al hombre como objeto*. Este progreso no es corriente en la paranoia, en la cual hallamos generalmente que el perseguido permanece fijado a la misma persona y, por lo tanto, al mismo sexo a que se refería su elección amorosa, anterior a la transformación paranoica. Pero no es imposible en la enfermedad neurótica. El caso objeto del presente trabajo ha de constituir, pues, el prototipo de otros muchos. Fuera de la paranoia existen numerosos procesos análogos que no han sido aún reunidos desde este punto de vista, y entre ellos, algunos generalmente conocidos. El neurasténico, por ejemplo, queda imposibilitado, por su adhesión inconsciente a objetos eróticos incestuosos, para elegir como objeto de su amor a una mujer ajena a los mismos, viendo así limitada su actividad sexual a los productos de su fantasía. Pero en tales productos realiza el progreso vedado, pudiendo sustituir en ellos a la madre o a la hermana por objetos ajenos al circuito incestuoso, y como tales objetos no tropiezan ya con la oposición de la censura, su elección se hace consciente en las fantasías.

Al lado de los fenómenos del progreso, intentado desde el nuevo terreno conquistado, generalmente por regresión, vienen a situarse los esfuerzos emprendidos en algunas neurosis por reconquistar una posición en la libido, ocupada en tiempos y perdida luego. Estas dos series de fenómenos no pueden apenas separarse conceptualmente. Nos inclinamos demasiado a suponer que el conflicto existente en el fondo de la neurosis queda terminado con la producción de síntomas. En realidad, continúa aún después de ella, surgiendo en ambos campos nuevos elementos instintivos que prosiguen el combate. El mismo síntoma llega a constituirse en objeto de la lucha. Tendencias que quieren afirmarlo se miden con otras que se esfuerzan por suprimirlo y por restablecer la situación anterior. Muchas veces se buscan medios y caminos para desvalorizar el síntoma, intentando conquistar en otros sectores lo perdido y prohibido por el síntoma. Estas circunstancias arrojan cierta luz sobre la teoría de C. G. Jung, según la cual la condición fundamental de la neurosis es una singular inercia psíquica que se resiste a la transformación y al progreso. Esta inercia es realmente harto singular. No es de carácter general, sino especialísimo, y no impera por sí sola en su radio de acción, sino que lucha en él con tendencias al progreso y al restablecimiento, que no reposan tampoco después de la producción de síntomas de la neurosis. Al investigar el punto de partida de tal inercia especial se revela esta como manifestación de conexiones muy tempranamente constituidas y difícilmente solubles de algunos instintos con las impresiones del sujeto y con los objetos en ellas dados, conexiones que detuvieron la evolución de tales instintos. O, dicho de otro modo, esta "inercia psíquica" especializada no es sino una distinta denominación, apenas mejor de aquello que en psicoanálisis conocemos con el nombre de "fijación".

Concepto psicoanalítico de las perturbaciones psicógenas de la visión

1910

Quisiéramos señalar, en el caso especial de las perturbaciones psicogénicas de la visión, las modificaciones introducidas en nuestra concepción de la génesis de tales afecciones por los resultados de la investigación psicoanalítica. La ceguera histérica es generalmente considerada como el prototipo de los trastornos visuales psicógenos, y después de las investigaciones de la escuela francesa —Charcot, Janet, Binet— se cree conocer perfectamente su génesis. En efecto, es posible provocar experimentalmente una tal ceguera en una persona asequible al sonambulismo. Sumiendo a una tal persona en un profundo estado hipnótico y sugiriéndole la idea de que no se ve ya nada con uno de sus ojos, se conducirá efectivamente como si aquel órgano hubiese perdido por completo sus facultades visuales, o como una histérica, aquejada de una perturbación óptica espontáneamente desarrollada. Podemos, pues, reconstruir el mecanismo de la perturbación visual histérica espontánea conforme al modelo de la hipnótica sugerida. En la histérica, la idea de estar ciega no nace de la sugestión del hipnotizador, sino espontáneamente, o, según suele decirse, por autosugestión, y esta idea es en ambos casos tan fuerte que se convierte en realidad, del mismo modo que las alucinaciones, las parálisis y los demás fenómenos sugeridos.

Nada de esto parece muy inverosímil, y ha de satisfacer a todos aquellos que puedan sobreponerse a los múltiples enigmas escondidos detrás de los conceptos de hipnosis, sugestión y autosugestión. Pero sobre todo la autosugestión plantea muchas interrogantes. ¿Cuándo y bajo qué condiciones adquiere una representación la intensa energía necesaria para conducirse como una sugestión y transformarse, sin más, en realidad? Minuciosas investigaciones nos han demostrado que es imposible dar respuesta a esta interrogante sin el auxilio del concepto de lo "inconsciente". Muchos filósofos se rebelan contra la hipótesis de un tal psiquismo inconsciente, porque no se han ocupado nunca de los fenómenos que la imponen. Pero a los psicopatólogos se les ha hecho ya inevitable laborar con procesos anímicos inconscientes, representaciones inconscientes, etc.

Ciertos ingeniosos experimentos han mostrado que los histéricos atacados de ceguera psicógena continúan viendo en cierto modo. Los estímulos ejercidos sobre el ojo ciego pueden determinar, efectivamente, ciertas consecuencias psíquicas, por ejemplo, provocar afectos, aunque estos no se hagan conscientes. Así, pues, los atacados de ceguera histérica sólo son ciegos para la conciencia; en lo inconsciente continúan viendo. Los descubrimientos de este orden son precisamente los que nos obligan a diferenciar los procesos anímicos en conscientes e inconscientes. ¿Cómo, pues, desarrolla el sujeto la "autosugestión" inconsciente de estar ciego, si precisamente en lo inconsciente continúa viendo?

A esta nueva interrogante contestan los investigadores de la escuela francesa declarando que en los enfermos predispuestos a la histeria preexiste una tendencia a la disociación —a la disolución de la coherencia del suceder psíquico—, a consecuencia de la cual algunos procesos inconscientes no se extienden hasta lo consciente. Sin entrar a determinar el valor de esta tentativa de explicación para la inteligencia de los fenómenos expuestos, pasaremos ahora a otro punto de vista. La identificación antes apuntada de la ceguera histérica con la provocada por sugestión no puede ya ser mantenida. Los histéricos no ciegan a causa de la representación autosugestiva correspondiente, sino a consecuencia de la disociación entre los procesos inconscientes y los conscientes en el acto de la visión; su idea de no ver es la expresión exacta de la situación psíquica y no la causa de tal situación.

Si se me reprocha la falta de claridad de la exposición precedente, no creo que haya de serme fácil defenderla. He intentado presentar una síntesis de las opiniones de diversos investigadores, y para conseguirlo he esquematizado quizá con exceso el material. Quería condensar en un compuesto unitario los conceptos en los que se ha basado la explicación de los trastornos psicógenos —la génesis de ideas extraordinariamente poderosas, la diferenciación de procesos anímicos conscientes e inconscientes y la hipótesis de la disociación psíquica—, labor en la que no podía por menos de fracasar, como han fracasado en ella los autores franceses con P. Janet a la cabeza. Rogando, pues, se excuse, además de la obscuridad, la infidelidad de mi exposición, pasaré a relatar cómo el psicoanálisis nos ha conducido a una concepción más firme y más vital de las perturbaciones psicógenas de la visión.

El psicoanálisis acepta también las hipótesis de la disociación y de lo inconsciente, pero establece entre ellas una distinta relación. Nuestra disciplina es una concepción dinámica, que refiere la vida anímica a un juego de fuerzas que se favorecen o estorban unas a otras. Cuando un grupo de representaciones permanece encerrado en lo inconsciente, no deduce de ello una incapacidad constitucional para la síntesis, manifiesta precisamente en esta disociación, sino afirma que una oposición activa de otros grupos de representaciones ha producido el aislamiento y la inconsciencia del grupo primero. Da al proceso que ha sometido a uno de los grupos a tal destino el nombre de "represión", y reconoce en él algo análogo a la condenación de un juicio en el terreno lógico. Por último, demuestran que tales represiones desempeñan un papel extraordinariamente importante en nuestra vida anímica, pudiendo fracasar frecuentemente al individuo y constituyendo este fracaso la premisa de la producción de síntomas.

Así, pues, si los trastornos psicógenos de la visión reposan, como hemos hallado, sobre el hecho de que ciertas representaciones enlazadas a la visión permanecen alejadas de la conciencia, la opinión psicoanalítica habrá de suponer que tales representaciones han entrado en pugna con otras más fuertes, a las que reunimos bajo el nombre del *yo* como concepto común, diferentemente compuesto en cada caso, y han sucumbido así a la represión. Pero, ¿de dónde puede proceder una tal pugna, conducente a la represión, entre el *yo* y ciertos grupos de representaciones? Esta interrogante no podía plantearse antes del psicoanálisis, pues con anterioridad a ella no se sabía nada del conflicto psíquico ni de la represión. Nuestras investigaciones nos han permitido dar la respuesta demandada. Hemos dedicado atención a la significación de los instintos para la vida ideológica y hemos descubierto que cada instinto intenta imponerse, avivando las representaciones adecuadas a sus fines. Estos instintos no se muestran siempre compatibles unos con otros, y sus intereses respectivos entran muchas veces en conflicto. Las antítesis de las representaciones no son sino la expresión de las luchas entre los diversos instintos.

Muy importante para nuestra tentativa de explicación es la innegable oposición entre los instintos puestos al servicio de la sexualidad y de la consecución del placer sexual y aquellos otros cuyo fin es la conservación del individuo o instintos del *yo*. Siguiendo las palabras del poeta, podemos clasificar como "hambre" o como "amor" todos los instintos orgánicos que actúan en nuestra alma. Hemos perseguido el "instinto sexual" desde sus primeras manifestaciones en el niño hasta que alcanza su estructura definitiva, considerada como "normal", y hemos descubierto que se halla compuesto por numerosos "instintos parciales", adheridos a los estímulos de ciertas regiones del cuerpo; hemos visto también que estos diversos instintos han de pasar por una complicada evolución antes de poder subordinarse de un modo adecuado a los fines de la reproducción. La investigación psicológica de nuestro desarrollo cultural nos ha enseñado que la cultura nace esencialmente a expensas de los instintos sexuales parciales y que estos han de ser sojuzgados, restringidos, transformados y orientados hacia fines más altos para establecer las construcciones anímicas culturales. Otro valiosísimo resultado de estas investigaciones fue el descubrimiento —que nuestros colegas se resisten aún a reconocer— de que aquellas enfermedades a las que se da el nombre de "neurosis" han de ser referidas a las múltiples formas del fracaso de estos procesos de transformación de los instintos sexuales parciales. El *yo* se siente amenazado por las aspiraciones de los instintos sexuales y se defiende de ellos por medio de represiones, las cuales no logran siempre el efecto deseado y tienen entonces por consecuencia la formación de peligrosos productos, sustitutivos de los reprimidos y de penosas reacciones del *yo*. De estas dos clases de fenómenos se compone aquello que llamamos síntomas neuróticos.

Las consideraciones que preceden parecen habernos apartado considerablemente de nuestro tema, pero nos han facilitado una rápida visión de las relaciones de los estados patológicos neuróticos con nuestra vida anímica total.

Volvamos ahora a nuestro problema especial. Los instintos sexuales y los del *yo* tienen a su disposición los mismos órganos y sistemas orgánicos. El placer sexual no se enlaza exclusivamente a la función de los genitales. La boca sirve para besar tanto como para comer o para la expresión verbal, y los ojos no perciben tan sólo las modificaciones del mundo exterior importantes para la conservación de la vida, sino también aquellas cualidades de los objetos que los elevan a la categoría de objetos de la elección erótica, o sea, sus "encantos". Ahora bien: es muy difícil servir bien simultáneamente a dos señores. Cuanto más estrecha relación adquiere uno de estos órganos de doble función con uno de los grandes instintos, más se rehúsa al otro. Este peligro tiene ya que conducir a consecuencias patológicas al surgir un conflicto entre los dos instintos fundamentales y proceder el *yo* a una represión del instinto sexual parcial correspondiente. Su aplicación a los órganos visuales y la visión resulta muy sencilla. Cuando el instinto sexual parcial que se sirve de la visión, llega a provocar con sus exigencias la defensa de los instintos del *yo*, dando lugar a la represión de las representaciones en las cuales se manifiesta su tendencia, queda perturbada de un modo general la relación de los órganos visuales y de la visión con el *yo* y con la conciencia. El *yo* pierde su imperio sobre el órgano, el cual se pone por entero a la disposición del instinto sexual reprimido. Parece como si el *yo* llevara demasiado lejos la represión, no queriendo tampoco ver desde que las tendencias sexuales se han impuesto a la visión. Mas, por nuestra parte, preferimos otra explicación que transfiere la actividad al otro instinto, a la tendencia sexual visual reprimida. Este instinto reprimido se venga de la coerción opuesta a su desarrollo psíquico, intensificando su dominio sobre el órgano puesto a su servicio. La pérdida del dominio consciente del órgano es una sustitución nociva de la represión fracasada sólo a este precio posible.

Esta relación de los órganos de doble función con el *yo* consciente y con la sexualidad reprimida se hace aún más perceptible que en los órganos de la visión, en los órganos motores; por ejemplo cuando la mano que se proponía llevar a efecto una agresión sexual queda inmovilizada por una parálisis histérica y no puede ya realizar movimiento ninguno, como si persistiera siempre obstinadamente en la ejecución de aquella única inervación reprimida, o cuando los dedos de una persona que se ha impuesto la renuncia a la masturbación se niegan ya a ejecutar los ágiles movimientos exigidos por el piano o el violín.

Con respecto al órgano visual, traducimos nosotros los obscuros procesos psíquicos que presiden la represión del placer sexual visual y la génesis de la perturbación psicógena de la visión, suponiendo que en el interior del individuo se alza una voz punitiva que le dice: "Por haber querido hacer un mal uso de tus ojos, utilizándolos para satisfacer tu sexualidad, mereces haber perdido la vista", justificando así el desenlace del proceso. Interviene también aquí, en cierto modo, la idea del Talión, resultando así que nuestra explicación de los trastornos visuales psicógenos coincide realmente con la que hallamos en mitos y leyendas. En la bella leyenda de Lady Godiva, todos los vecinos se recluyen en sus casas y cierran sus ventanas para hacer menos penosa a la dama su exhibición, desnuda sobre un caballo, por las calles de la ciudad. El solo hombre que espía a través de las maderas de su ventana al paso de la desnuda belleza pierde, en castigo, la vista. No es este el único ejemplo que nos hace sospechar que la neurosis encierra también la clave de la mitología.

Se ha dirigido al psicoanálisis el injustificado reproche de conducir a teorías puramente psicológicas de los procesos sexuales. Y la acentuación del papel patógeno de la sexualidad, que no es, desde luego, un factor puramente psíquico, debería protegerla contra tal acusación. El psicoanálisis no olvida nunca que lo anímico reposa sobre lo orgánico, aunque no puede llevar su labor más que hasta esta base y no más allá. Así, está dispuesto a conceder y hasta a postular que no todos los trastornos visuales funcionales pueden ser psicógenos, como los provocados por la represión del placer erótico visual. Cuando un órgano que sirve a ambos instintos intensifica su función erógena, son de esperar, en general, modificaciones de la excitabilidad y de la inervación, que se manifestarán como trastornos de la función del órgano al servicio del *yo*. Del mismo modo, cuando vemos que un órgano dedicado habitualmente a la percepción sensorial se conduce, por intensificación de su función erótica, como un genital, no excluiremos la posibilidad de modificaciones tóxicas del mismo. Para designar ambas clases de perturbaciones funcionales consiguientes a la intensificación erógena, o sea, tanto las de origen fisiológico como las de origen tóxico, habremos de conservar, a falta de otro mejor, el antiguo nombre de "neurosis". Las perturbaciones neuróticas de la visión son, con respecto a las psicógenas, lo que en general las neurosis actuales a las psiconeurosis. Ahora bien: las perturbaciones psicógenas de la visión no se presentarán nunca sin aparecer acompañadas de otras neuróticas, y estas, en cambio, sí pueden surgir aisladamente. Por desgracia, estos síntomas "neuróticos" han sido hasta hoy tan poco estudiados como poco comprendidos, pues no son inmediatamente accesibles al psicoanálisis, y los demás métodos de investigación han prescindido del punto de vista de la sexualidad.

Del psicoanálisis nace aún otra ruta mental orientada hacia la investigación orgánica. Podemos preguntarnos si el sojuzgamiento de los instintos sexuales parciales, impuesto por las influencias de la vida, es suficiente por sí solo para provocar los trastornos funcionales de los órganos, o si han de preexistir además especiales circunstancias constitucionales que impulsen a los órganos a exagerar su papel erógeno y provoquen con ello la represión de los instintos. En estas circunstancias, habríamos de ver la parte constitucional de la disposición a la adquisición de perturbaciones psicógenas y neuróticas.

Una relación entre un símbolo y un síntoma

1916

Nuestra experiencia en la interpretación de los sueños nos ha demostrado que el sombrero es uno de los más frecuentes símbolos de los genitales, sobre todo de los masculinos. Pero no puede afirmarse que este símbolo pertenezca a los más comprensibles. En las fantasías y en síntomas muy diversos aparece también la cabeza como símbolo del genital masculino o, si se quiere, como representación del mismo. Algunos analíticos habrán observado que la decapitación inspira a sus pacientes aquejados de obsesiones un horror y una indignación mucho más intensos que los demás suplicios, y habrá tenido ocasión de explicarles que consideran la decapitación como un sucedáneo de la castración. También hemos analizado muchos sueños de sujetos jóvenes, o soñados por los pacientes en su juventud y referidos luego por ellos en el tratamiento, que desarrollaban el tema de la castración y entre cuyos elementos figuraba una bola, que había de ser interpretada como representación de la cabeza del padre. Recientemente he podido resolver un ceremonial enlazado al acto de acostarse y constituido por las siguientes prescripciones: El cuadrante debía quedar colocado formando un rombo sobre las demás almohadas y la cabeza del sujeto había de reposar exactamente sobre su diagonal más larga. El rombo tenía la conocida significación que nos es familiar por la epigrafía popular y la cabeza había de representar un miembro masculino.

Pudiera ser muy bien que la significación simbólica del sombrero se derivase de la de la cabeza en cuanto el sombrero puede ser considerado como una prolongación desmontable de la misma. A este respecto, recuerdo un síntoma con el que se atormentan obstinadamente los neuróticos obsesivos. Al ir por la calle espían de continuo si las personas conocidas que a su paso encuentran inician el saludo, descubriéndose las primeras, o parecen esperar, por el contrario, su iniciativa. De este modo acaban por renunciar a muchas de sus relaciones al descubrir que ciertas personas no les saludan o no responden debidamente a su saludo. Esta conducta no experimenta modificación alguna al hacer presente al sujeto, para el cual es ya además cosa sabida, que el quitarse el sombrero ante alguien constituye un reconocimiento de su superioridad, que, por ejemplo, los grandes de España gozan del privilegio de permanecer cubiertos ante el rey, y que su susceptibilidad con respecto al saludo tiene, por lo tanto, el sentido de no suponerse inferior a lo que la otra persona piensa ser. La resistencia de su susceptibilidad a una tal explicación justifica la sospecha de que nos hallamos ante el efecto de un motivo poco conocido por la conciencia. La fuente de esta intensificación podría fácilmente ser hallada en la relación con el complejo de castración.

Sobre la psicogénesis de un caso de homosexualidad femenina

1920

I

La homosexualidad femenina, tan frecuente, desde luego, como la masculina, aunque mucho menos ruidosa, no ha sido sólo desatendida por las leyes penales, sino también por la investigación psicoanalítica. La exposición de un caso, no muy marcado, en el que me fue posible descubrir, sin grandes lagunas y con gran seguridad, la historia psíquica de su génesis puede, por lo tanto, aspirar a cierta consideración. La discreción profesional exigida por un caso reciente impone, naturalmente, a nuestra comunicación ciertas restricciones. Habremos, pues, de limitarnos a describir los rasgos más generales del historial, silenciando los detalles característicos en los que reposa su interpretación.

Una muchacha de dieciocho años, bonita, inteligente y de elevada posición social, ha despertado el disgusto y la preocupación de sus padres por el cariño con el que persigue a una señora de la "buena sociedad", unos diez años mayor que ella. Los padres pretenden que la tal señora no es más que una cocota, a pesar de sus aristocráticos apellidos. Saben que vive con una amiga suya, casada, con la que sostiene relaciones íntimas, observando además una conducta muy ligera en su trato con los hombres, entre los cuales se le señalan varios favoritos. La muchacha no discute tales afirmaciones, pero no se deja influir por ellas en lo más mínimo en su admiración hacia aquella señora, a pesar de no carecer, en modo alguno, de sentido moral. Ninguna prohibición ni vigilancia alguna logran impedirle aprovechar la menor ocasión favorable para correr al lado de su amada, seguir sus pasos, esperarla horas enteras a la puerta de su casa o en una parada del tranvía, enviarle flores, etc. Se ve que esta pasión ha devorado todos los demás intereses de la muchacha. No se preocupa ya de su educación intelectual, no concede valor alguno al trato social ni a las distracciones juveniles, y sólo mantiene relación con algunas amigas que pueden servirle de confidentes o auxiliares. Los padres ignoran hasta dónde pueden haber llegado las relaciones de su hija con aquella señora ni si han traspasado ya ciertos límites. No han observado nunca en la muchacha interés alguno hacia los jóvenes ni complacencia ante sus homenajes; en cambio, ven claramente que su enamoramiento actual no hace sino continuar, en mayor grado, la inclinación que en los últimos años hubo de mostrar hacia otras personas femeninas y que despertó ya las sospechas y el rigor del padre.

Dos aspectos de su conducta, aparentemente opuestos, despiertan, sobre todo, la contrariedad de los padres: la imprudencia con la que se muestra públicamente en compañía de su amiga malfamada, sin cuidado alguno a su propia reputación, y la tenacidad con que recurre a toda clase de engaños para facilitar y encubrir sus entrevistas con ella. Reprochan, pues, a la muchacha un exceso de franqueza, por un lado, y un exceso de disimulo, por otro. Un día sucedió lo que no podía por menos de acaecer en tales circunstancias: el padre encontró a su hija acompañada de la señora en cuestión, y al cruzarse con ellas, les dirigió una mirada colérica, que no presagiaba nada bueno. Momentos después se separaba la muchacha de su amiga para arrojarse al foso por donde circulaba el tranvía. Nuestra sujeto pagó esta tentativa de suicidio con largos días de cama, aunque, afortunadamente, no se produjo lesión alguna permanente. A su restablecimiento encontró una situación mucho más favorable a sus deseos. Los padres no se atrevían a oponerse ya tan decididamente a ellos, y la señora, que hasta entonces había recibido fríamente sus homenajes, comenzó a tratarla con más cariño, conmovida por aquella inequívoca prueba de amor.

Aproximadamente medio año después de este suceso acudieron los padres al médico, encargándole de reintegrar a su hija a la normalidad. La tentativa de suicidio les había demostrado que los medios coercitivos de la disciplina familiar no eran suficientes para dominar la perturbación de la sujeto. Será conveniente examinar aquí por separado las posiciones respectivas del padre y de la madre ante la conducta de la muchacha. El padre era un hombre serio, respetable y, en el fondo, muy cariñoso, aunque la severidad que creía deber adoptar en sus funciones paternas había alejado algo de él a sus hijos. Su conducta general para con su hija aparecía determinada por la influencia de su mujer. Al tener conocimiento por vez primera de las inclinaciones homosexuales de la muchacha ardió en cólera e intentó reprimirlas con las más graves amenazas; en aquel período debió de oscilar su ánimo entre diversas interpretaciones, dolorosas todas, no sabiendo si había de ver en su hija una criatura viciosa, degenerada, o simplemente enferma de una perturbación mental. Tampoco después del accidente llegó a elevarse a aquella reflexiva resignación que uno de nuestros colegas médicos, víctima de un análogo suceso en su familia, expresaba con la frase siguiente: "¡Qué le vamos a hacer! Es una desgracia como otra cualquiera". La homosexualidad de su hija integraba algo que provocaba en él máxima indignación. Estaba decidido a combatirla con todos los medios y, no obstante la poca estimación de que en Viena goza el psicoanálisis, acudió a ella en demanda de ayuda. Si este recurso fracasaba, tenía aún en reserva otro más enérgico: un rápido matrimonio habría de despertar los instintos naturales de la muchacha y ahogar sus inclinaciones contra la naturaleza.

La posición de la madre no resultaba tan transparente. Se trataba de una mujer joven aún, que no había renunciado todavía a gustar. No tomaba tan por lo trágico el capricho de su hija, e incluso había gozado durante algún tiempo de la confianza de la muchacha en lo que se refería a su enamoramiento de aquella señora, y si había acabado por tomar partido contra él, se debía tan sólo a la publicidad con que la muchacha ostentaba sus sentimientos. Años atrás había pasado por un período de enfermedad neurótica, era objeto de una gran solicitud por parte de su marido y trataba a sus hijos muy desigualmente, mostrándose más bien dura con la muchacha y excesivamente cariñosa con sus otros tres hijos, el último de los cuales era ya un retoño tardío, que sólo contaba por entonces unos tres años. No resultaba nada fácil averiguar detalles más minuciosos sobre su carácter, pues por motivos que más tarde podrá comprender el lector, los informes de la paciente sobre su madre adolecían siempre de una cierta reserva, que desaparecía en lo referente al padre.

El médico que había de tomar a su cargo el tratamiento analítico de la muchacha tropezaba con varias dificultades. No hallaba constituida la situación exigida por el análisis, única en la que este puede desarrollar su plena eficacia. El tipo ideal de tal situación queda constituido cuando un individuo, dependiente sólo de su propia voluntad, se ve aquejado por un conflicto interno, al que no puede poner término por sí solo, y acude al analítico en demanda de ayuda. El médico labora entonces de acuerdo con una de las partes de la personalidad patológicamente disociada, en contra de la parte contraria. Las situaciones que difieren de esta son siempre más o menos desfavorables para el análisis y añaden a las dificultades internas del caso otras nuevas. Las situaciones como la del propietario que encarga al arquitecto una casa conforme a sus propios gustos y necesidades, o la del hombre piadoso que hace pintar al artista un lienzo votivo e incluir en él su retrato orante, no son compatibles con las condiciones del psicoanálisis. No es nada raro que un marido acuda al médico con la pretensión siguiente: "La nerviosidad de mi mujer ha alterado nuestras relaciones conyugales; cúrela usted para que volvamos a poder ser un matrimonio feliz". Pero muchas veces resulta imposible cumplir tal encargo, toda vez que no está en la mano del médico provocar el desenlace que llevó al marido a solicitar su ayuda. En cuanto la mujer queda libre de sus inhibiciones neuróticas se separa de su marido, pues la continuación del matrimonio sólo se había hecho posible merced a tales inhibiciones. A veces son los padres quienes demandan la curación de un hijo que se muestra nervioso y rebelde. Para ellos un niño sano es un niño que no crea dificultad ninguna a los padres y sólo satisfacciones les procura. El médico puede conseguir, en efecto, el restablecimiento del niño, pero después de su curación sigue aquel sus propios caminos mucho más decididamente que antes y los padres reciben de él todavía mayor descontento. En resumen, no es indiferente que un hombre se someta al análisis por su propia voluntad o porque otros se lo impongan, ni que sea él mismo quien desee su modificación, o sólo sus familiares, que le aman o en los que hemos de suponer tal cariño.

Nuestro caso integraba aún otros factores desfavorables. La muchacha no era una enferma —no sufría por motivos internos ni se lamentaba de su estado—, y la labor planteada no consistía en resolver un conflicto neurótico, sino en transformar una de las variantes de la organización sexual genital en otra distinta. Esta labor de modificar la inversión genital u homosexualidad no es nunca fácil. Mi experiencia me ha demostrado que sólo en circunstancias especialmente favorables llega a conseguirse, y aun entonces el éxito consiste únicamente en abrir, a la persona homosexualmente limitada, el camino hacia el otro sexo, vedado antes para ella, restableciendo su plena función bisexual. Queda entonces entregado plenamente a su voluntad el seguir o no dicho camino, abandonando aquel otro anterior, que atraía sobre ella el anatema de la sociedad, y así lo han hecho algunos de los sujetos por nosotros tratados. Pero hemos de tener en cuenta que también la sexualidad normal reposa en una limitación de la elección de objeto, y que en general la empresa de convertir en heterosexual a un homosexual llegado a su completo desarrollo no tiene muchas más probabilidades de éxito que la labor contraria, sólo que esta última no se intenta nunca, naturalmente, por evidentes motivos prácticos.

Los éxitos de la terapia psicoanalítica en el tratamiento de la homosexualidad no son, en verdad, muy numerosos. Por lo regular, el homosexual no logra abandonar su objeto placiente; no se consigue convencerle de que, una vez modificadas sus tendencias sexuales, volverá a hallar en un objeto distinto el placer que renuncie a buscar en sus objetos actuales. Si se pone en tratamiento es casi siempre por motivos externos; esto es, por las desventajas y peligros sociales de su elección de objeto, y estos componentes del instinto de conservación se demuestran harto débiles en la lucha contra las tendencias sexuales. No es difícil entonces descubrir su proyecto secreto de procurarse, con el ruidoso fracaso de su tentativa de curación, la tranquilidad de haber hecho todo lo posible para combatir sus instintos, pudiendo así entregarse a ellos en adelante sin remordimiento alguno. Cuando la demanda de curación aparece motivada por el deseo de ahorrar un dolor a los padres o familiares del sujeto, el caso presenta ya un cariz más favorable. Existen entonces realmente tendencias libidinosas que pueden desarrollar energías contrarias a la elección homosexual de objeto; pero su fuerza no suele tampoco bastar. Sólo en aquellos casos en que la fijación al objeto homosexual no ha adquirido aún intensidad suficiente, o en los que existen todavía ramificaciones y restos considerables de la elección de objeto heterosexual, esto es, dada una organización vacilante aún o claramente bisexual, puede fundarse alguna esperanza en la terapia psicoanalítica.

Por todas estas razones evité infundir a los padres de nuestra sujeto una esperanza de curación, declarándome dispuesto simplemente a estudiar con todo cuidado a la muchacha durante algunas semanas o algunos meses, hasta poder pronunciarme sobre las probabilidades positivas de una continuación del análisis. En toda una serie de casos, el análisis se divide en dos fases claramente delimitadas: en la primera se procura el médico el conocimiento necesario del paciente, le da a conocer las hipótesis y los postulados del análisis y le expone sus deducciones sobre la génesis de la enfermedad, basadas en el material revelado en el análisis. En la segunda fase se apodera el paciente mismo de la materia que el analítico le ha ofrecido, labora con ella, recuerda aquella parte de lo reprimido que le es posible atraer a su conciencia e intenta vivir de nuevo la parte restante. En esta labor puede confirmar, completar y rectificar las hipótesis del médico; comienza ya a darse cuenta, por el vencimiento de sus resistencias, de la modificación interior a la que tiende el tratamiento, y adquiere aquellas convicciones que le hacen independiente de la autoridad médica. Estas dos fases no aparecen siempre claramente delimitadas en el curso del tratamiento analítico, pues para ello es preciso que la resistencia cumpla determinadas condiciones; pero cuando así sucede, puede arriesgarse una comparación de tales fases con los dos capítulos correspondientes de un viaje. El primero comprende todos los preparativos necesarios, tan complicados y dificultosos hoy, hasta que por fin sacamos el billete, pisando el andén y conquistando un sitio en el vagón. Tenemos entonces ya el derecho y la posibilidad de trasladarnos a un lejano país, pero tanto trabajoso preparativo no nos ha acercado aún un solo kilómetro a nuestro fin. Para llegar a él nos es preciso todavía cubrir el trayecto de estación en estación, y esta parte del viaje resulta perfectamente comparable a la segunda fase de nuestros análisis.

El análisis que motiva el presente estudio transcurrió conforme a esta división de dos fases, pero no pasó del comienzo de la segunda. Sin embargo, una constelación especial de la resistencia me procuró una completa confirmación de mis hipótesis y una visión suficiente del desarrollo de la inversión de la sujeto. Pero antes de exponer los resultados obtenidos por el análisis he de atender a algunos puntos a los que ya he aludido o que se habrán impuesto al lector como primero objeto de su interés.

Habíamos hecho depender, en parte, nuestro pronóstico del punto al que la muchacha hubiese llegado en la satisfacción de sus instintos. Los datos obtenidos a este respecto en el análisis parecían favorables. Con ninguno de sus objetos eróticos había ido más allá de algunos besos y abrazos; su castidad genital, si se me permite la expresión, había permanecido intacta. Incluso aquella dama que había despertado en ella su último y más intenso amor se había mostrado casi insensible a él y no había concedido nunca a su enamorada otro favor que el de besar su mano. La muchacha hacía probablemente de necesidad virtud al insistir de continuo en la pureza de su amor y en su repugnancia física a todo acto sexual. Por otra parte, no se equivocaba quizá al asegurar que su amada, reducida a su posición actual por adversas circunstancias familiares, conservaba aún en ella gran parte de la dignidad de su distinguido origen, pues en todas sus entrevistas le aconsejaba que renunciara a su inclinación hacia las mujeres, y hasta después de su tentativa de suicidio la había tratado siempre fríamente, rechazando sus insinuaciones.

Una segunda cuestión interesante que en seguida traté de poner en claro era la correspondiente a los propios motivos internos de la sujeto, en los cuales pudiera apoyarse quizá el tratamiento analítico. La muchacha no intentó engañarme con la afirmación de que sentía la imperiosa necesidad de ser libertada de su homosexualidad. Por el contrario, confesaba que no podía imaginar amor ninguno de otro género, si bien agregaba que a causa de sus padres apoyaría sinceramente la tentativa terapéutica, pues le era muy doloroso ocasionarles tan gran pena. También esta manifestación me pareció, en un principio, favorable; no podía sospechar, en efecto, qué disposición afectiva inconsciente se escondía detrás de ella. Pero lo que después vino a enlazarse a este punto fue precisamente lo que influyó de una manera decisiva sobre el curso del tratamiento y motivó su prematura interrupción.

Los lectores no analíticos esperarán impacientemente hace ya tiempo una contestación a otras dos interrogantes. Esperarán, en efecto, la indicación de si esta muchacha homosexual presentaba claros caracteres somáticos del sexo contrario, y la de si se trataba de un caso de homosexualidad congénita o adquirida (ulteriormente desarrollada).

No desconozco la importancia que presenta la primera de estas interrogantes. Pero creo que tampoco debemos exagerarla y olvidar, por ella, que en individuos normales se comprueban también con gran frecuencia caracteres secundarios aislados del sexo contrario, y qué en personas cuya elección de objeto no ha experimentado modificación alguna en el sentido de una inversión descubrimos a veces claros caracteres somáticos del otro sexo. O, dicho de otro modo, que *la medida del hermafroditismo físico es altamente independiente en ambos sexos de la del hermafroditismo psíquico*. Como restricción de nuestras dos afirmaciones anteriores, haremos constar que tal independencia es mucho más franca en el hombre que en la mujer, en la cual coinciden más bien por lo regular los signos somáticos y anímicos del carácter sexual contrario. Pero no me es posible contestar a la primera de las preguntas antes planteadas por lo que a mi caso se refiere. El psicoanalítico acostumbra a eludir en determinados casos un reconocimiento físico minucioso de sus pacientes. De todos modos, puedo decir que la sujeto no mostraba divergencia alguna considerable de tipo físico femenino, ni padecía tampoco trastornos de la menstruación. Pudiera quizá verse un indicio de una masculinidad somática en el hecho de que la muchacha, bella y bien formada, mostraba la alta estatura de su padre y rasgos fisonómicos más bien acusados y enérgicos que suaves. También pudieran considerarse como indicios de masculinidad algunas de sus cualidades intelectuales, tales como su penetrante inteligencia y la fría claridad de su pensamiento, en cuanto el mismo no se hallaba bajo el dominio de la pasión homosexual. Pero estas distinciones son más convencionales que científicas. Mucho más importante es, desde luego, la circunstancia de haber adoptado la muchacha, para con el objeto de su amor, un tipo de conducta completa y absolutamente masculino, mostrando la humildad y la magna supervaloración sexual del hombre enamorado, la renuncia a toda satisfacción narcisista y prefiriendo amar a ser amada. Por lo tanto, no sólo había elegido un objeto femenino, sino que había adoptado con respecto a él una actitud masculina.

La otra interrogante, relativa a si su caso correspondía a una homosexualidad congénita o adquirida, quedará contestada con la exposición de la trayectoria evolutiva de su perturbación. Se demostrará también al mismo tiempo hasta qué punto es estéril e inadecuada tal interrogante.

II

A una introducción tan amplia como la que precede no puedo enlazar ahora sino una breve y ligera exposición de la evolución de la libido en este caso. La muchacha había pasado en sus años infantiles, y sin accidente alguno singular, por el proceso normal del complejo de Edipo femenino[61], y comenzaba luego a sustituir al padre por uno de sus hermanos, poco menor que ella. No recordaba, ni el análisis descubrió tampoco, trauma sexual alguno correspondiente a su temprana infancia. La comparación de los genitales del hermano con los suyos propios, iniciada aproximadamente al comienzo del período de latencia (hacia los cinco años o algo antes), dejó en ella una intensa impresión, cuyos efectos ulteriores pudo perseguir el análisis a través de un largo período. No hallamos sino muy pocos indicios de onanismo infantil, o el análisis no se prolongó lo suficiente para aclarar este punto. El nacimiento de un segundo hermano, cuando la muchacha contaba seis años, no manifestó ninguna influencia especial sobre su desarrollo. En los años escolares y en los inmediatamente anteriores a la pubertad fue conociendo paulatinamente los hechos de la vida sexual, acogiéndolos con la mezcla normal de curiosidad y temerosa repulsa. Todos estos datos parecen harto deficientes y no puedo garantizar que sean completos. Quizá fuera más rica en contenido la historia juvenil de la paciente, pero no me es posible asegurarlo. Como antes indicamos, el análisis hubo de ser interrumpido al poco tiempo, no proporcionándonos así más que una anamnesis tan poco garantizable como las demás conocidas de sujetos homosexuales, justificadamente discutidos. La muchacha no había sido tampoco nunca neurótica, ni produjo síntoma histérico alguno en el análisis, de manera que tampoco se presentó ocasión en un principio de investigar su historia infantil.

Teniendo trece o catorce años, mostró una cariñosa preferencia, exageradamente intensa a juicio de todos sus familia-

[61] No veo en la introducción del término "complejo de Electra" progreso ni ventaja alguna que aconsejasen su adopción.

res, por un chiquillo de tres años escasos, al que encontraba regularmente en paseo. Tanto cariño demostraba a aquel niño, que los padres del mismo acabaron por trabar conocimiento con ella, iniciándose así una larga relación amistosa. De este suceso puede deducirse que la sujeto se hallaba dominada en aquel período por el intenso deseo de ser a su vez madre y tener un hijo. Pero poco tiempo después se le hizo indiferente aquel niño, y comenzó a mostrar un agudo interés por las mujeres maduras, pero de aspecto aún juvenil, atrayéndose por vez primera un severo castigo por parte de su padre.

En el análisis pudo comprobarse sin duda alguna que esta transformación coincidió temporalmente con un suceso familiar, del cual debemos esperar, por lo tanto, su explicación. La sujeto, cuya libido aparecía orientada hacia la maternidad, queda convertida, a partir de esta fecha, en una homosexual, enamorada de las mujeres maduras, continuando así hasta mi intervención. El tal suceso, decisivo para nuestra comprensión del caso, fue un nuevo embarazo de la madre, cuando ella frisaba ya en los dieciséis años.

La relación cuyo descubrimiento expongo a continuación no es un producto de mis facultades imaginativas: me ha sido revelada por un material analítico tan fidedigno, que puedo garantizar su absoluta exactitud objetiva. Su descubrimiento dependió principalmente de una serie de sueños enlazados entre sí y fácilmente interpretables.

El análisis revelaba inequívocamente que la dama objeto de su amor era un sucedáneo de la madre. No era ciertamente a su vez madre, pero tampoco era el primer amor de la muchacha. Los primeros objetos de su inclinación a partir del nacimiento del último hermano fueron realmente madres, mujeres entre treinta y treinta y cinco años, a las que conoció con sus hijos durante las vacaciones veraniegas o en su trato social dentro de la ciudad. El requisito de la maternidad fue abandonado después por no ser perfectamente compatible con otro más importante cada vez. Su adhesión especialmente intensa a su última amada tenía aún otra causa, que la misma muchacha descubrió un día sin esfuerzo. La esbelta figura, la severa belleza y el duro carácter de aquella señora recordaban a la sujeto la personalidad de su hermano mayor. De este modo, el objeto definitivamente escogido correspondía no sólo a su ideal femenino, sino también a su ideal masculino, reuniendo así la satisfacción de sus deseos homosexuales con la de sus deseos heterosexuales. Como es sabido, el análisis de homosexuales masculinos ha descubierto en muchos casos esta misma coincidencia, advirtiéndonos así que no debemos representarnos la esencia y la génesis de la inversión como algo sencillo, ni tampoco perder de vista la bisexualidad general del hombre[62].

Pero, ¿cómo explicarnos que precisamente el nacimiento tardío de un hermano, cuando la sujeto había alcanzado ya su madurez sexual y abrigaba intensos deseos propios, la impulsara a orientar hacia su propia madre, y madre de aquel nuevo niño, su apasionada ternura, exteriorizándola en un subrogado de la personalidad materna? Por todo lo que sabemos, hubiera debido suceder lo contrario. Las madres suelen avergonzarse en tales circunstancias ante sus hijas casaderas ya, y las hijas experimentan hacia la madre un sentimiento mixto de compasión, desprecio y envidia, que no contribuye ciertamente a intensificar su cariño hacia ella. La muchacha de nuestro caso tenía, en general, pocos motivos para abrigar un gran cariño hacia su madre, la cual, juvenilmente bella aún, veía en aquella hija una molesta competidora y, en consecuencia, la posponía a los hijos, limitaba en lo posible su independencia

---

[62] *Cf.* I. Sadger: "Jahresbericht über sexuelle Perversionen", en *Jahrbuch der Psychoanalyse*, VI, 1914.

y cuidaba celosamente de que permaneciese lejana al padre. Estaba, pues justificado que la muchacha experimentase desde un principio la necesidad de una madre más amable; pero lo que no es comprensible es que esta necesidad surgiese precisamente en el momento indicado y bajo la forma de una pasión devoradora.

La explicación es como sigue: la muchacha se encontraba en la fase de la reviviscencia del complejo de Edipo infantil en la pubertad cuando sufrió su primera gran decepción. El deseo de tener un hijo, y un hijo de sexo masculino, se hizo en ella claramente consciente; lo que no podía hallar acceso a su conciencia era que tal hijo había de ser de su propio padre e imagen viva del mismo. Pero entonces sucedió que no fue ella quien tuvo el niño, sino su madre, competidora odiada en lo inconsciente. Indignada y amargada ante esta traición, la sujeto se apartó del padre y en general del hombre. Después de este primer doloroso fracaso rechazó su femineidad y tendió a dar a su libido otro destino.

En todo esto se condujo nuestra sujeto como muchos hombres, que después de un primer desengaño se apartan duraderamente del sexo femenino infiel, haciéndose misóginos. De una de las personalidades de sangre real más atractivas y desgraciadas de nuestra época se cuenta que se hizo homosexual a consecuencia de una infidelidad de su prometida. No sé si es esta la verdad histórica, pero tal rumor entraña indudablemente un trozo de verdad psicológica. Nuestra libido oscila normalmente toda la vida entre el objeto masculino y el femenino; el soltero abandona sus amistades masculinas al casarse y vuelve a ellas cuando el matrimonio ha perdido para él todo atractivo. Claro es que cuando la oscilación es tan fundamental y tan definitiva como en nuestro caso, hemos de sospechar la existencia de un factor especial que favorece decisivamente uno de los factores, y qué quizá no ha hecho más que esperar el momento oportuno para imponer a la elección de objeto sus fines particulares.

Nuestra muchacha había, pues, rechazado de sí, después de aquel desengaño, el deseo de un hijo, el amor al hombre y, en general, su femineidad. En este punto podían haber sucedido muchas cosas; lo que sucedió en realidad fue lo más extremo. Se transformó en hombre y tomó como objeto erótico a la madre en lugar del padre[63]. Su relación con la madre había sido seguramente desde un principio ambivalente, resultando fácil para la sujeto reavivar el amor anterior a su madre y compensar con su ayuda su hostilidad contra ella. Mas como la madre real no era ciertamente asequible a su cariño, la transmutación sentimental descrita la impulsó a buscar un subrogado materno al que poder consagrar su amor[64].

A todo esto vino a agregarse todavía como "ventaja de la enfermedad" un motivo práctico, nacido de sus relaciones reales con la madre. Esta gustaba aún de ser cortejada y admirada por los hombres. Así pues, si la muchacha se hacía homosexual, abandonaba los hombres a su madre, y, por decirlo así, le dejaba el campo libre y suprimía con ello algo que había provocado hasta entonces el disfavor materno[65].

---

[63] No es tan rara la ruptura de una relación erótica por identificación del sujeto con el objeto de la misma, lo que corresponde a una especie de regresión al narcisismo. Una vez efectuada esta, se puede orientar la libido, en una nueva elección de objeto, hacia el sexo contrario al elegido anteriormente.

[64] Los desplazamientos de la libido aquí descritos son, ciertamente, familiares a todo analítico por la investigación de las anamnesis de sujetos neuróticos. Únicamente que en estos últimos tienen efecto en temprana edad infantil, en la época del primer florecimiento de la vida erótica, mientras que en nuestro caso de una muchacha nada neurótica se desarrollan en los primeros años siguientes a la pubertad, aunque también por completo inconscientemente. ¿Habremos de esperar que esta época demuestre también algún día una decisiva importancia?

[65] No habiendo mencionado aún tales procesos de "evasión" entre las causas de la homosexualidad ni en el mecanismo de la fijación de la libido, expondremos aquí

La posición de la libido así establecida quedó fortificada al observar la muchacha cuán desagradable era al padre. Desde aquella primera reprimenda, motivada por su adhesión excesivamente cariñosa a una mujer, sabía ya la sujeto un medio seguro para disgustarle y vengarse de él. Permaneció, pues, homosexual, por vengarse de su padre. No le causaba tampoco remordimiento alguno engañarle y mentirle de continuo. Con la madre no se mostraba más disimulada de lo imprescindiblemente necesario para engañar al padre. Parecía obrar conforme a la ley del Talión: "Tú me has engañado y ahora tienes que sufrir que yo te engañe". Tampoco las singulares imprudencias cometidas por una muchacha tan inteligente en general pueden interpretarse de otra manera. El padre tenía que averiguar sus

---

una interesante observación analítica de este orden. Conocí en una ocasión a dos hermanos gemelos, dotados ambos de intensos impulsos libidinosos. Uno de ellos era muy afortunado con las mujeres y mantenía múltiples relaciones amorosas. El otro siguió, al principio, sus pasos, pero luego le resultó desagradable rivalizar con su hermano y ser confundido con él en circunstancias íntimas, a causa de su mutua semejanza física, y resolvió esta situación haciéndose homosexual. De este modo, abandonó las mujeres a su hermano, apartándose de su camino. En otra ocasión traté a un joven artista, de indudable disposición bisexual, en el que la homosexualidad se había presentado coincidiendo con una imposibilidad de trabajar. Un solo impulso le apartaba de la mujer y de su obra. El análisis que logró reintegrarle a ambas halló en su temor al padre el motivo principal de las dos perturbaciones. En su imaginación todas las mujeres pertenecían al padre, y el sujeto se refugiaba en los hombres por respeto al mismo y para eludir toda rivalidad con él. Esta motivación de la elección homosexual de objeto debe ser frecuente. En los tiempos prehistóricos de la humanidad debió suceder algo análogo: todas las mujeres pertenecían al padre y jefe de la horda primitiva. Entre hermanos no gemelos esta "evasión" desempeña un importante papel también en sectores distintos de la elección erótica. El hermano mayor estudia, por ejemplo, música, y logra distinguirse. El menor, de mayores dotes musicales, renunciará, no obstante, a su afición y no volverá a tocar un instrumento. Es este un ejemplo aislado de un suceso muy frecuente, y la investigación de los motivos que conducen a la "evasión", en vez de a la aceptación de la competencia, descubre condiciones psíquicas muy complicadas.

relaciones con la señora, pues de otro modo no hubiera satisfecho la sujeto sus impulsos vengativos. De este modo cuidó muy bien de procurarse un encuentro con él, mostrándose públicamente con su amiga por las calles cercanas a la oficina del padre. Ninguna de estas imprudencias puede considerarse inintencionada. Es, además, singular que tanto el padre como la madre se condujesen como si comprendiesen la secreta psicología de la hija. La madre se mostraba tolerante, como si reconociese el favor que le había hecho la hija dejándole el campo libre; el padre ardía en cólera, como si se diese cuenta de las intenciones vengativas orientadas contra su persona.

La inversión de la muchacha recibió, por último, su definitiva intensificación al tropezar en la señora indicada con un objeto que satisfacía simultáneamente la parte de su libido heterosexual adherida aún al hermano.

III

La exposición lineal es poco adecuada para la descripción de procesos psíquicos, cuya trayectoria, harto complicada, se desarrolla en diversos estratos anímicos. Me veo, pues, forzado a interrumpir la discusión del caso para ampliar algunos de los puntos ya expuestos y profundizar el examen de otros.

Hemos indicado que en sus relaciones con un último objeto erótico adoptó la muchacha el tipo masculino del amor. Su humildad y su tierno desinterés, *che poco spera e nulla chiede*; su felicidad cuando le era permitido acompañar a aquella señora y besar su mano al despedirse de ella; su alegría al oír encomiar la belleza de su amiga, mientras que los elogios tributados a la suya propia parecían serle indiferentes; sus peregrinaciones a los lugares visitados alguna vez por su amada y la ausencia de más amplios deseos sensuales; todos estos caracteres parecían corresponder más bien a la primera fogosa pasión de un adolescente por una artista famosa, a la que cree situada muy por encima de él, sin atreverse apenas a elevar hasta ella su mirada. Esta coincidencia de la conducta amorosa de la sujeto con un "tipo de elección masculina de objeto" anteriormente descrito por mí y referido a una fijación erótica a la madre[66], llegaba hasta los menores detalles. Podía parecer singular que la sujeto no retrocediese ante la mala fama de su amada, aunque sus propias observaciones habían de convencerla de la veracidad de tales rumores, y a pesar de ser ella una muchacha bien educada y casta, que había evitado toda aventura sexual y que parecía sentir el aspecto antiestético de toda grosera satisfacción sexual. Pero ya sus primeros caprichos amorosos habían tenido como objeto mujeres a las que no se podía atribuir una moral muy severa. La primera protesta del padre contra su elección amorosa había sido provocada por la obstinación con que la muchacha cultivaba el trato de una actriz de cinematógrafo en una estación veraniega. A todo esto, no se trataba nunca de mujeres tachadas de homosexualidad, que hubieran podido ofrecerle una satisfacción de este orden; por lo contrario, pretendía ilógicamente a mujeres coquetas, en el sentido corriente de esta palabra. Una muchacha de su edad, francamente homosexual, que se puso gustosa a su disposición, fue rechazada por ella sin vacilación alguna. Pero la mala fama de su último amor había de constituir precisamente un requisito erótico para ella. El aspecto aparentemente enigmático de tal conducta desaparece al recordar que también en aquel tipo masculino de la elección de objeto, que derivamos de la fijación a la madre, es necesario, como condición de amor, que la amada tenga fama de liviana, pudiendo ser considerada en último

---

[66] Véase el estudio titulado *Aportaciones a la psicología de la vida erótica*, incluido en el presente volumen.

término como una cocota. Cuando más tarde averiguó hasta qué punto merecía su amiga este calificativo, puesto que vivía sencillamente de la venta de su cuerpo, su reacción consistió en una gran compasión hacia ella y en el desarrollo de fantasías y propósitos de redimir a la mujer amada. Estas mismas tendencias redentoras atrajeron ya nuestra atención en la conducta de los hombres del tipo amoroso antes descrito, y la intentamos exponer su derivación analítica en el estudio que a este tema dedicamos.

El análisis de la tentativa de suicidio, que hemos de considerar absolutamente sincera, pero que en definitiva mejoró la posición de la sujeto, tanto con respecto a sus padres como para con la mujer amada, nos lleva a regiones muy distintas. La muchacha paseaba una tarde con su amiga por un lugar y a una hora en los cuales no era difícil tropezar con el padre en su regreso de la oficina. Así sucedió, en efecto, y al cruzarse con ellas les dirigió el padre una mirada colérica. Momentos después se arrojaba la muchacha al foso por el que circulaba el tranvía. Su explicación de las causas inmediatas de su tentativa de suicidio nos parece admirable. Había confesado a la dama que el caballero que las había mirado tan airadamente era su padre, el cual no quería tolerar su amistad con ella. La señora, altamente disgustada, le había ordenado que se separase de ella en el acto y no volviera a buscarla ni a dirigirle la palabra; aquello tenía que terminar alguna vez. Desesperada ante la idea de haber perdido para siempre a la mujer amada, intentó quitarse la vida. Pero el análisis permitió descubrir, detrás de esta interpretación de la sujeto, otra más profunda, confirmada por toda una serie de sueños. La tentativa de suicidio tenía, como era de esperar, otros dos distintos aspectos, constituyendo un "autocastigo" y la realización de un deseo. En este último aspecto, significaba la realización de aquel deseo cuyo incumplimiento la había impulsado a la homosexualidad, o sea, el de tener un hijo de su padre, pues ahora "iba abajo" o "paría" (*sie kam nieder*) por causa de su padre[67]. El hecho de que su amiga le hubiese hablado exactamente como el padre, imponiéndole idéntica prohibición, nos da el punto de contacto de esta interpretación más profunda con la interpretación superficial y consciente de la muchacha. Con su aspecto de "autocastigo" nos revela la tentativa de suicidio que la muchacha abrigaba, en su inconsciente, intenso deseo de muerte contra el padre por haberse opuesto a su amor, o, más probablemente aún, contra la madre por haber dado al padre el hijo por ella anhelado. El psicoanálisis nos ha descubierto, en efecto, que quizá nadie encuentra la energía psíquica necesaria para matarse si no mata simultáneamente a un objeto con el cual se ha identificado, volviendo así contra sí mismo un deseo de muerte orientado hacia una distinta persona. El descubrimiento regular de tales deseos de muerte inconscientes en los suicidas no tiene por qué extrañarnos ni tampoco por qué envanecernos como una confirmación de nuestra hipótesis, pues el psiquismo inconsciente de todo individuo se halla colmado de tales deseos de muerte, incluso contra las personas más queridas[68]. La identificación de la sujeto con su madre, la cual hubiera debido morir al dar a luz aquel hijo que ella (la muchacha) deseaba tener de su padre, da también al "autocastigo" la significación del cumplimiento de un deseo. No podemos ciertamente extrañar que en la determinación de un acto tan grave como el realizado por nuestra sujeto colaborasen tantos y tan enérgicos motivos.

En la motivación expuesta por la muchacha no interviene el padre ni se menciona siquiera el temor justificado a su cólera.

---

[67] Esta interpretación de los medios elegidos para el suicidio es ya familiar, hace mucho tiempo, a los analíticos. (Envenenarse=quedar embarazada; ahogarse=parir; arrojarse desde una altura=parir).

[68] *Cf.* "Zeitgemässes über Krieg und Tod", en *Imago*, IV, 1915.

En la descubierta por el análisis le corresponde, en cambio, el papel principal. También para el curso y el desenlace del tratamiento, o, mejor dicho, de la exploración analítica, presentó la relación de la sujeto con su padre la misma importancia decisiva. Detrás de los cariñosos sentimientos filiales que parecían transparentarse en su declaración de que por amor a sus padres apoyaría honradamente la tentativa de transformación sexual, se escondían tendencias hostiles y vengativas contrarias al padre, que la mantenían encadenada a la homosexualidad. Fortificada la resistencia en tal posición, dejaba libre a la investigación psicoanalítica un amplio sector. El análisis transcurrió casi sin indicios de resistencia, con una viva colaboración intelectual de la analizada, pero también sin despertar en ella emoción alguna. En una ocasión en que hube de explicarle una parte importantísima de nuestra teoría, íntimamente relacionada con su caso, exclamó con acento inimitable: "¡Qué interesante es todo eso!", como una señora de la buena sociedad que visita un museo y mira a través de sus impertinentes una serie de objetos que le tienen completamente sin cuidado. Su análisis hacía una impresión análoga a la de un tratamiento hipnótico, en el cual la resistencia se retira igualmente hasta un cierto límite, donde luego se demuestra invencible. Esta misma táctica —rusa, pudiéramos decir— es seguida muy frecuentemente por la resistencia en algunos casos de neurosis obsesiva, los cuales procuran así, durante algún tiempo, clarísimos resultados y permiten una profunda visión de la causación de los síntomas. Pero en estos casos comenzamos a extrañar que tan importantes progresos de la investigación analítica no traigan consigo la más pequeña modificación de las obsesiones e inhibiciones de los enfermos, hasta que, por fin, observamos que todo lo conseguido adolece de un vicio de nulidad: la reserva mental del sujeto, detrás de la cual se siente completamente segura la neurosis como detrás de un parapeto inexpugnable. "Todo esto estaría muy bien —se dice el enfermo, a veces también conscientemente— si yo creyese lo que este señor me dice; pero no le creo una palabra, y mientras así sea no tengo por qué modificarme en nada". Cuando luego nos acercamos a la motivación de esta duda es cuando se inicia seriamente nuestra lucha contra la resistencia.

En nuestra muchacha no era la duda, sino el factor afectivo constituido por sus deseos de venganza contra el padre, el que determinaba su fría reserva y el que dividió claramente en dos fases el análisis e hizo que los resultados de la primera fase fuesen tan visibles y completos. Parecía también como si en ningún momento hubiera surgido en ella nada análogo a una transferencia afectiva sobre la persona del médico. Pero esto es, naturalmente, un contrasentido. El analizado tiene que adoptar inevitablemente alguna actitud afectiva con respecto al médico, y por lo general repite en ella una relación infantil. En realidad, la sujeto transfirió sobre mí la total repulsa del hombre, que la dominaba desde su desengaño por la traición del padre.

La hostilidad contra el hombre encuentra, por lo general, grandes facilidades para satisfacer en la persona del médico, pues no necesita provocar emociones tempestuosas y le basta con exteriorizarse simplemente en una oposición a todos sus esfuerzos terapéuticos y en la conservación de la enfermedad. Sé por experiencia cuán difícil es llevar a los analizados la comprensión de esta sintomatología muda y hacer consciente esta hostilidad latente, a veces extraordinariamente intensa, sin poner en peligro el curso ulterior del tratamiento. Así, pues, interrumpí el análisis en cuanto reconocí la actitud hostil de la muchacha contra su padre y aconsejé que si tenía algún interés en proseguir la tentativa terapéutica analítica, se encomendase su continuación a una doctora. La muchacha había prometido, entre tanto, a su padre renunciar por lo menos a todo trato con aquella señora, y no sé si mi consejo, cuya motivación es evidente, habrá sido seguido.

Una única vez sucedió en este análisis algo que puede ser considerado como una transferencia positiva y como una reviviscencia extraordinariamente debilitada del apasionado amor primitivo al padre. Tampoco esta manifestación aparecía libre de otros motivos diferentes; pero la menciono porque plantea un problema muy interesante, relativo a la técnica analítica. En cierto período no muy lejano del principio del tratamiento produjo la muchacha una serie de sueños normalmente deformados y expresados en correcto lenguaje onírico, pero fáciles de interpretar. Sin embargo, una vez interpretado su contenido, resultaban harto singulares. Anticipaban la curación de la inversión por el tratamiento analítico, expresaban la alegría de la sujeto por los horizontes que se abrían ante ella, confesaban un deseo de lograr el amor de un hombre y tener hijos y podían, por lo tanto, ser considerados como una satisfactoria preparación a la transformación deseada. Pero todo esto aparecía en manifiesta contradicción con las declaraciones de la sujeto en estado de vigilia. No me ocultaba que pensaba casarse, pero sólo para escapar a la tiranía del padre y vivir ampliamente sus verdaderas inclinaciones. Despreciativamente decía que ya sabría arreglárselas ella con el marido, y que en último caso, como lo demostraba el ejemplo de su amiga, no era imposible mantener simultáneamente relaciones sexuales con un hombre y con una mujer. Guiado por algún pequeño indicio, le comuniqué un día que no prestaba ninguna fe a tales sueños, los cuales eran mentirosos o disimulados, persiguiendo tan sólo la intención de engañarme, como ella solía engañar a su padre. Los hechos me dieron la razón, pues a partir de este momento no volvieron a presentarse tales sueños. Creo, sin embargo, que además de este propósito de engañarme integraban también estos sueños el de ganar mi estimación, constituyendo una tentativa de conquistar mi interés y mi buena opinión quizá tan sólo para defraudarme más fundamentalmente luego.

Me figuro que la afirmación de la existencia de tales sueños engañosos despertará en algunos individuos, que se dan a sí mismos el nombre de analíticos, una tempestuosa indignación: "De manera que también lo inconsciente puede mentir; lo inconsciente, el verdadero nódulo de nuestra vida anímica, mucho más cercano a lo divino que nuestra pobre conciencia. ¿Cómo podremos entonces edificar sobre las interpretaciones de análisis y la seguridad de nuestro conocimiento?" Contra esto habremos de decir que el reconocimiento de tales sueños mentirosos no constituye ninguna novedad revolucionaria. Sé muy bien que la humana necesidad de misticismo es inagotable y provoca incesantes tentativas de reconquistar el dominio que le ha sido arrebatado por nuestra "interpretación de los sueños"; pero en el caso que nos ocupa hallamos en seguida una explicación satisfactoria. El sueño no es lo "inconsciente", es la forma en la cual pudo ser fundido, merced a las condiciones favorables del estado de reposo, una idea procedente de la preconsciente o residual de la conciencia del estado de vigilia. En el estado de reposo encuentra tal idea el apoyo de impulsos optativos inconscientes y experimenta con ello la deformación que le impone la "elaboración onírica", regida por los mecanismos imperantes en lo inconsciente. En nuestra sujeto la intención de engañarme como solía engañar a su padre procedía seguramente de lo preconsciente, si es que no era consciente por completo. Tal intención podía lograrse enlazando a mi persona el deseo inconsciente de agradar al padre (o a un subrogado suyo), y creó así un sueño mentiroso. Ambas intenciones, la de engañar al padre y la de agradarle, proceden del mismo complejo: la primera nace de la represión de la segunda, y esta es referida a aquellas por la elaboración onírica. No puede, pues, hablarse de una degradación de lo inconsciente ni de una disminución de la confianza en los resultados de nuestro análisis.

No quiero dejar pasar la ocasión de manifestar mi asombro ante el hecho de que los hombres puedan vivir fragmentos tan amplios y significativos de su vida erótica sin advertir gran cosa de ellos e incluso sin sospecharlos lo más mínimo, o se equivoquen tan fundamentalmente al enjuiciarlos cuando emergen en su conciencia. Esto no sucede solamente bajo las condiciones de la neurosis, en la cual nos es ya familiar este fenómeno, sino que parece muy corriente también en individuos normales. En nuestro caso hallamos una muchacha que desarrolla un apasionado amor a otras mujeres, el cual despierta, desde luego, el disgusto de sus padres, pero no es apenas tomado en serio por ellos en un principio. Ella misma sabe probablemente cuán dominada se halla por tal pasión, pero no advierte sino muy débilmente las sensaciones correspondientes a un intenso enamoramiento hasta que una determinada prohibición provoca una reacción excesiva que revela a todas las partes interesadas la existencia de una devoradora pasión de energía elemental. Tampoco ha advertido nunca la muchacha ninguna de las premisas necesarias para la explosión de una tal tormenta anímica. Otras veces hallamos muchachas o mujeres aquejadas de graves depresiones, que a nuestra interrogante sobre la causa posible de su estado responden haber sentido cierto interés por una determinada persona, pero que tal inclinación no se había hecho muy profunda en ellas, habiendo desaparecido rápidamente al verse obligadas a renunciar a ella. Y, sin embargo, aquella renuncia, tan fácilmente soportada en apariencia, ha constituido la causa de la grave perturbación que les aqueja. O tropezamos con hombres que han roto fácilmente unas relaciones amorosas superficiales con mujeres a las que no creían amar y que sólo por los fenómenos consecutivos a la ruptura se dan cuenta de que las amaban apasionadamente.

Por último, también nos han causado asombro los efectos insospechados que pueden emanar de la provocación de un aborto, al cual se había decidido la sujeto sin remordimiento ni vacilación algunos. Nos vemos así forzados a dar la razón a los poetas que nos describen preferentemente personas que aman sin saberlo, no saben si aman o creen odiar a quien en realidad adoran. Parece como si las noticias que nuestra conciencia recibe de nuestra vida erótica fueran especialmente susceptibles de ser mutiladas o falseadas. En los desarrollos que preceden no he omitido, naturalmente, descontar la parte de un olvido ulterior.

IV

Volvamos ahora a la discusión del caso antes interrumpido. Nos hemos procurado una visión general de las energías que apartaron la libido de la muchacha de la disposición normal correspondiente al complejo de Edipo y la condujeron a la homosexualidad. Hemos examinado asimismo los caminos psíquicos seguidos en este proceso. A la cabeza de tales fuerzas impulsoras aparecía la impresión producida en la sujeto por el nacimiento del menor de sus hermanos, siéndonos así posible clasificar este caso como una inversión tardíamente adquirida.

Ahora bien: en este punto atrae nuestra atención una circunstancia con la que tropezamos también en otros muchos casos de explicación psicoanalítica de un proceso anímico. En tanto que perseguimos regresivamente la evolución, partiendo de su resultado final, vamos estableciendo un encadenamiento ininterrumpido y consideramos totalmente satisfactorio e incluso completo el conocimiento adquirido. Pero si emprendemos el camino inverso, partiendo de las premisas descubiertas por el análisis, e intentamos perseguir su trayectoria hasta el resultado, desaparece nuestra impresión de una concatenación necesaria e imposible de establecer en otra forma. Advertimos en seguida que el resultado podía haber sido distinto y que también hubiéramos podido llegar igualmente a comprenderlo y explicarlo. Así, pues, la síntesis no es tan satisfactoria como el análisis, o, dicho de otro modo: el conocimiento de las premisas no nos permite predecir la naturaleza del resultado.

No es difícil hallar las causas de esta singularidad desconcertante. Aunque conozcamos por completo los factores etiológicos determinantes de cierto resultado, no conocemos más que su peculiaridad cualitativa y no su energía relativa. Algunos de ellos habrán de ser sojuzgados por otros más fuertes y no participarán en el resultado final. Pero no sabemos nunca de antemano cuáles de los factores determinantes resultarán ser los más fuertes y cuáles los más débiles. Sólo al final podemos decir que los que se han impuesto eran los más fuertes. Así pues, analíticamente puede descubrirse siempre con toda seguridad la causación, siendo, en cambio, imposible toda predicción sintética. De este modo no habremos de afirmar que toda muchacha, cuyos deseos amorosos, emanados de la disposición correspondiente al complejo de Edipo en los años de la pubertad, queden defraudados, se refugie en la homosexualidad. Por el contrario, creemos mucho más frecuente otras distintas reacciones a este trauma. Pero entonces habremos de suponer que en el resultado de nuestro caso han intervenido decisivamente otros factores especiales ajenos al trauma y probablemente de naturaleza más interna. No es tampoco difícil señalar cuáles.

Como es sabido, también el individuo normal precisa un cierto tiempo para decidir definitivamente el sexo sobre el cual ha de recaer su elección de objeto. En ambos sexos son muy frecuentes, durante los primeros años siguientes a la pubertad, ciertas inclinaciones homosexuales que se exteriorizan en amistades excesivamente intensas, de un cierto matiz sensual. Así sucedió también en nuestra muchacha, pero tales tendencias mostraban en ella una energía y una persistencia poco corrientes. Además, estos primeros brotes de su ulterior homosexualidad emergieron siempre en su vida consciente, mientras que la disposición emanada del complejo de Edipo hubo de permanecer inconsciente, exteriorizándose tan sólo en indicios tales como su cariño al niño encontrado en paseo. Durante sus años escolares estuvo enamorada de una profesora muy rigurosa y totalmente inasequible, o sea, de un claro subrogado materno. Ya mucho antes del nacimiento de su hermano menor, y, por lo tanto, también de las primeras reprimendas paternas, había mostrado un vivo interés por algunas mujeres. Su libido seguía, pues, desde época muy temprana dos distintos cursos, de los cuales el más superficial puede ser considerado, desde luego, homosexual, constituyendo quizá la confirmación directa e invariada de una fijación infantil a la madre. Nuestro análisis se ha limitado a descubrir probablemente el proceso que en una ocasión favorable condujo la corriente libidinosa heterosexual a una confluencia con la homosexual manifiesta.

El análisis descubrió también que la muchacha integraba, desde sus años infantiles, un "complejo de masculinidad" enérgicamente acentuado. Animada, traviesa, combativa y nada dispuesta a dejarse superar por su hermano inmediatamente menor, desarrolló, desde la fecha de su primera visión de los genitales del hermano, una intensa "envidia del pene", cuyas ramificaciones llenaban aún su pensamiento. Era una apasionada defensora de los derechos femeninos; encontraba injusto que las muchachas no gozasen de las mismas libertades que los muchachos, y se revelaba en general contra el destino de la mujer. En la época del análisis las ideas del embarazo y del parto le eran especialmente desagradables, en gran parte, a mi juicio, por la deformación física concomitante a tales estados. Su narcisismo juvenil, que no se exteriorizaba ya como orgullo por su belleza, se manifestaba aun en esta defensa. Diversos indicios hacían suponer en ella una tendencia al placer sexual visual y exhibicionismo, muy intensa en épocas anteriores. Aquellos que no quieren ver restringidos los derechos de la adquisición en la etiología harán observar que esta conducta de la muchacha era precisamente la que había de ser determinada por la acción conjunta del disfavor materno y de la comparación de sus genitales con los del hermano, dada una intensa fijación a la madre. También existe aquí una posibilidad de reducir al efecto de una influencia exterior, tempranamente eficaz, algo que nos hubiésemos inclinado a considerar como una peculiaridad constitucional. Pero también una parte de esta adquisición —si es que realmente tuvo lugar— habrá de ser atribuida a la constitución congénita. Así se mezcla y se funde constantemente en la práctica aquello que en teoría quisiéramos separar como antitético, o sea, la herencia y la adquisición.

Una conclusión anterior y provisional del análisis nos había llevado a afirmar que se trataba de un caso de adquisición tardía de la homosexualidad. Pero nuestro nuevo examen del material nos conduce más bien a la conclusión de la existencia de una homosexualidad congénita, que había seguido la trayectoria habitual, no fijándose ni exteriorizándose de un modo inconfundible hasta después de la pubertad. Cada una de estas clasificaciones no responde sino a una parte de lo descubierto por la observación, desatendiendo la otra parte. Lo exacto será no conceder gran valor a esta cuestión.

La literatura de la homosexualidad acostumbra a no separar los problemas de la elección de objeto de los correspondientes a los caracteres sexuales somáticos y psíquicos, como si la solución dada a uno de estos puntos trajese necesariamente consigo la de los restantes. Pero la experiencia nos enseña todo lo contrario: un hombre en el que predominen las cualidades masculinas y cuya vida erótica siga también el tipo masculino puede, sin embargo, ser invertido en lo que respecta al objeto y amar únicamente a los hombres y no a las mujeres. En cambio, un hombre en cuyo carácter predominan las cualidades femeninas y que se conduzca en el amor como una mujer debía ser impulsado, por esta disposición femenina, a hacer recaer sobre los hombres su elección de objeto, y, sin embargo, puede ser muy bien heterosexual y no mostrar con respecto al objeto un grado de inversión mayor que el corrientemente normal. Lo mismo puede decirse de las mujeres; tampoco en ellas aparecen estrechamente relacionados el carácter sexual y la elección de objeto. Así, pues, el enigma de la homosexualidad no es tan sencillo como suele afirmarse tendenciosamente en explicaciones como la que sigue: un alma femenina y que, por lo tanto, ha de amar al hombre, ha sido infundida, para su desgracia, en un cuerpo masculino, o inversamente, un alma masculina, irresistiblemente atraída por la mujer, se halla desdichadamente ligada a un cuerpo femenino. Trátase más bien de tres series de caracteres que varían con cierta independencia unos de otros y aparecen en todo individuo diversamente combinados:

1) Caracteres sexuales somáticos
(Hermafroditismo físico).
2) Caracteres sexuales psíquicos:
—Actitud masculina. —Actitud femenina.
3) Tipo de elección de objeto.

La literatura tendenciosa ha dificultado la visión de estas relaciones, presentando en primer término, por motivos prácticos, la elección de objeto, singular tan sólo para el profano y estableciendo una relación demasiado estrecha entre tal elección y los caracteres sexuales somáticos. Pero, además, se cierra el camino que conduce a un más profundo conocimiento de aquello a lo que se da uniformemente el nombre de homosexualidad, al rebelarse contra dos hechos fundamentales descubiertos por la investigación psicoanalítica. En primer lugar, el de que los hombres homosexuales han pasado por una fijación especialmente intensa a la madre; y en segundo, el de que todos los normales dejan reconocer, al lado de su heterosexualidad manifiesta, una considerable magnitud de homosexualidad latente o inconsciente. Teniendo en cuenta estos descubrimientos, desaparece, claro está, la posibilidad de admitir un "tercer sexo" creado por la naturaleza en un momento de capricho.

El psicoanálisis no está precisamente llamado a resolver el problema de la homosexualidad. Tiene que contentarse con descubrir los mecanismos psíquicos que han determinado la decisión de la elección de objeto y perseguir los caminos que enlazan tales mecanismos con las disposiciones instintivas. En este punto abandona el terreno a la investigación biológica, a la cual han aportado ahora los experimentos de Steinach tan importantes conclusiones sobre el influjo ejercido por la primera serie de caracteres, antes establecida sobre las otras dos. El psicoanálisis se alza sobre el mismo terreno que la biología al aceptar como premisa una bisexualidad original del individuo humano (o animal). Pero no puede explicar la esencia de aquello que en sentido convencional o biológico llamamos masculino y femenino; acoge ambos conceptos y los sitúa en la base de sus trabajos. Al intentar una mayor reducción, la masculinidad se le convierte en actividad y la femineidad en pasividad, y esto es muy poco. Anteriormente he intentado exponer hasta qué punto podemos esperar que la labor analítica pueda procurarnos un medio de modificar la inversión. Si comparamos el influjo analítico o las magnas transformaciones logradas por Steinach en sus operaciones, habremos de reconocer su insignificancia. Sin embargo, sería prematuro o exagerado concebir ya la esperanza de una terapia generalmente aplicable a la inversión. Los casos de homosexualidad masculina tratados con éxito por Steinach cumplían la condición, no siempre dada, de presentar un marcado hermafroditismo somático. Por otro lado, no se ve aún claramente la posibilidad de una terapia análoga de la homosexualidad femenina. Si hubiera de consistir en la ablación de los ovarios probablemente hermafroditas y el injerto de otros de supuesta unisexualidad, no podrían esperarse de ella ciertamente grandes aplicaciones prácticas. Un individuo femenino que se ha sentido masculino y ha amado en forma masculina no se dejará imponer el papel femenino si ha de pagar esta transformación, no siempre ventajosa, con la renuncia a la maternidad.

Pegan a un niño

Aportación al conocimiento de la génesis de las perversiones sexuales

1919

I

La fantasía de presenciar cómo "pegan a un niño" es confesada con sorprendente frecuencia por personas que han acudido a someterse al tratamiento psicoanalítico en busca de la curación de una histeria o una neurosis obsesiva, y surge probablemente aún con mayor frecuencia en otras que no se han visto impulsadas a tal decisión por una enfermedad manifiesta. A esta fantasía se enlazan sensaciones placientes, y a causa de las cuales ha sido reproducida infinitas veces o continúa siéndolo. Al culminar la situación imaginada se impone al sujeto, regularmente, una satisfacción sexual de carácter onanista, voluntaria al principio, pero que puede tomar más tarde un carácter obsesivo.

La confesión de esta fantasía cuesta gran violencia al sujeto; el recuerdo de su primera emergencia es harto inseguro, y su investigación analítica tropieza con una resistencia inequívoca. La vergüenza y el sentimiento de culpabilidad parecen actuar aquí con mucha mayor energía que en confesiones análogas sobre los recuerdos primeros de la vida sexual.

Conseguimos fijar, por fin, que las primeras fantasías de este género surgieron en época muy temprana; desde luego, antes del período escolar, hacia los cinco o los seis años. Cuando el niño veía pegar a otros en la escuela, este suceso despertaba de nuevo la fantasía en aquellos casos en los que ya había sido abandonada, o la intensificaba cuando aún no existía, modificando su contenido de un modo singular. A partir de aquí "pegaban a muchos niños". La influencia de la escuela era tan clara, que los pacientes se inclinaban a un principio a referir exclusivamente sus fantasías de flagelación a esta impresión de la época escolar posterior a sus seis años. Pero esta hipótesis no pudo mantenerse nunca, pues siempre se demostraba que tales fantasías habían existido ya con anterioridad.

Cuando en clases más avanzadas del colegio cesaba la posibilidad de estos sucesos, su influencia quedaba sustituida por la de las lecturas. En el medio en que vivían mis pacientes habían sido siempre los mismos libros accesibles a la juventud los que habían suministrado nuevos elementos a sus fantasías de flagelación: la llamada *Biblioteca rosa*, *La cabaña del tío Tom* y otros semejantes. En competencia con estas narraciones comenzó ya la propia actividad imaginativa del niño a inventar una gran cantidad de situaciones e instituciones en las cuales los niños eran maltratados o castigados en alguna forma por su mala conducta o sus vicios.

Dado que la fantasía de presenciar cómo pegan a un niño aparecía regularmente enlazada a un elevado placer y culminaba en un acto de satisfacción autoerótica placiente, hubiera sido de esperar que también el presenciar en la escuela el castigo de otro niño hubiera constituido una fuente de análogo placer. Pero esto no sucedía nunca. La asistencia a escenas reales de este género provocaba en el infantil espectador sentimientos singularmente tumultuosos y probablemente mixtos, en los que había una gran parte de repulsa. En algunos casos, la asistencia real al castigo resultaba intolerable para el sujeto. Por lo demás, también en las más refinadas fantasías de años ulteriores constituía un requisito necesario que el niño castigado no recibiera ningún daño serio.

Hemos de preguntarnos qué relación puede existir entre el sentido de estas fantasías y las correcciones corporales recibidas realmente por el niño en su educación familiar. La sospecha de que se trataba de una relación inversa no pudo ser comprobada a causa de la unilateralidad del material. Las personas que nos suministraban la materia de estos análisis sólo muy raras veces habían sido golpeadas en su infancia, y nunca se trataba de individuos educados a fuerza de golpes, aunque, naturalmente, no hubieran dejado de comprobar alguna vez la superioridad física de sus padres o educadores y hubiesen tomado parte en las peleas, que nunca faltan, entre hermanos o camaradas de juego.

En aquellas fantasías más tempranas y simples, que no mostraban relación ninguna directa con las impresiones escolares o las lecturas del niño, la investigación trató de llegar a un más profundo conocimiento. ¿Quién era el niño maltratado? ¿El sujeto mismo de la fantasía u otro niño distinto? ¿Y quién era el que maltrataba al niño? ¿Una persona adulta? Y entonces, ¿qué persona era esta? ¿O imaginaba el niño ser él mismo quien golpeaba a otro? Todas estas interrogantes recibían la misma hosca respuesta: "No sé... pegaban a un niño".

Las averiguaciones con respecto al sexo del niño maltratado tuvieron más éxito, aunque tampoco nos aproximaron más a la comprensión. La respuesta era algunas veces: "Siempre niños" o "Siempre niñas", y con mayor frecuencia: "No lo sé" o "Es igual". Lo que interesaba al investigador, o sea, el descubrimiento de una relación constante entre el sexo del sujeto de la fantasía y el del niño maltratado, no surgía jamás. Algunas veces se agregaba al contenido de la fantasía algún detalle característico, tal como el de que el niño era golpeado sobre el trasero desnudo.

En estas circunstancias no podía siquiera decidirse si el placer concomitante a la fantasía de flagelación era de carácter sádico o masoquista.

II

Una tal fantasía, emergida en temprana edad infantil, al estímulo, quizá, de impresiones casuales, y conservada luego para la satisfacción autoerótica, había de ser considerada por el análisis como un signo primario de perversión. Uno de los componentes de la función sexual se habría anticipado a los demás en la evolución, se habría hecho prematuramente independiente y se habría fijado, escapando así a los procesos evolutivos ulteriores y testimoniando una constitución especial anormal del individuo correspondiente. Sabemos que tal perversión infantil no persiste obligadamente a través de toda la vida, pues puede sucumbir luego a la represión, ser substituida por un producto de reacción, o transmutada por una sublimación. (Aunque quizá lo que sucede es que la sublimación nace de un proceso especial, obstaculizado por la represión). Pero cuando estos procesos no se desarrollan, la perversión persiste en la vida adulta, y al comprobar en un individuo una aberración sexual —perversión, fetichismo, inversión— esperamos justificadamente descubrir por medio de la investigación amnésica un suceso infantil que haya provocado una fijación. Ya antes de los tiempos del psicoanálisis ha habido observadores, como Binet, que han referido las singulares aberraciones de la edad madura a tales impresiones infantiles, y precisamente a las recibidas por el sujeto a partir de los cinco o los seis años. Pero la investigación de estos observadores tropezó con el hecho desconcertante de que las impresiones causantes de la fijación carecían de toda fuerza traumática, mostrándose en su mayor parte insignificantes, sin que pudiera decirse por qué la tendencia sexual había quedado fijada precisamente a ellas. Sin embargo, podía intentarse hallar su sentido en el hecho de haber ofrecido una ocasión casual de fijación a los componentes sexuales anticipados y había de suponerse que la concatenación casual presentaría en algún punto un fin provisional. Precisamente, la constitución congénita parecía llenar todas las condiciones exigibles a un tal fin.

Si el componente sexual prematuramente independiente es el sádico, habremos de esperar, basados en nuestra experiencia analítica, que su ulterior represión haga surgir una disposición a la neurosis obsesiva. No puede decirse que esta hipótesis haya sido controvertida por los resultados de la investigación. Entre los seis casos en cuyo minucioso estudio basamos el presente trabajo (cuatro mujeres y dos hombres), los había, en efecto, de neurosis obsesiva, gravísimo uno de ellos, otro menos grave, accesible al influjo analítico, y, por último, un tercero que, por lo menos, mostraba algunos precisos rasgos de tal neurosis. Un cuarto caso era una franca histeria, con síntomas dolorosos e inhibiciones, y el quinto lo constituía un individuo que acudía al análisis a causa únicamente de cierta indecisión ante la vida y que no hubiera sido clasificado por el diagnóstico clínico general o simplemente incluido entre los *psicasténicos*. No debemos considerar que esta estadística defrauda nuestras esperanzas, pues, en primer lugar sabemos que no toda disposición ha de continuar desarrollándose hasta la enfermedad, y, en segundo, habrá de bastarnos con explicar lo que ante nosotros hallamos, sin entrar para nada en explicar por qué no se ha producido algo.

Hasta este punto, y sólo hasta él, nos permiten penetrar en la comprensión de las fantasías de flagelación nuestros conocimientos actuales. Pero el médico analítico ha de sospechar que el problema no queda resuelto al reconocer que tales fantasías permanecen, por lo general, ajenas al contenido restante de la neurosis y no encuentran lugar apropiado para insertarse en él.

III

En realidad, sólo podemos hablar de un psicoanálisis correcto cuando la labor psicoanalítica ha conseguido suprimir la amnesia que oculta al adulto el conocimiento de su vida infantil entre los dos y los cinco años. Esto no puede decirse demasiado alto ni repetirse mucho entre los analíticos. Los motivos que impulsan a desatender esta advertencia son fácilmente comprensibles.

Todos quisieran conseguir resultados aprovechables en poco tiempo y con poco esfuerzo. Pero actualmente, el conocimiento teórico es mucho más importante para todos nosotros que el éxito terapéutico, y aquellos que descuidan el análisis de la época infantil caerán en graves errores. Esta acentuación de la importancia de las experiencias tempranas no quiere decir que despreciemos la influencia de las ulteriores. Pero estas son ya estimadas y descritas por el mismo enfermo, mientras que las infantiles han de ser buscadas y devueltas a su verdadera significación por el médico. El período infantil que se extiende entre los dos y los cuatro o los cinco años es aquel en el cual despiertan y son enlazados a determinados complejos por las experiencias del sujeto los factores libidinosos congénitos. Las fantasías de flagelación aquí estudiadas no se muestran sino al final de este período o después de él. Pudieran, pues, tener muy bien una prehistoria, haber realizado una evolución y corresponder a un desenlace y no a un principio.

Esta hipótesis queda confirmada por el análisis. La aplicación consecuente del mismo nos enseña que las fantasías de flagelación tienen una historia evolutiva harto complicada, en cuya trayectoria varían más de una vez casi todos sus elementos: su relación con el sujeto, su objeto, su contenido y su significación.

Para seguir más fácilmente estas transformaciones de las fantasías de flagelación me limitaré a exponer las observaciones realizadas en sujetos femeninos, predominantes en el material de que dispongo (cuatro casos femeninos y dos masculinos). Pero, además, a las fantasías de flagelación de los hombres se enlaza otro tema que no quisiéramos tocar en el presente trabajo. En nuestra exposición cuidaremos también de no esquematizar más de lo inevitable. Aunque nuevas observaciones ulteriores nos demuestren una mayor diversidad en los hechos, estamos seguros de haber aprehendido un suceso típico nada raro.

Así, pues, la primera fase de las fantasías de la flagelación en sujetos femeninos habrá de corresponder a una época infantil muy temprana. En tales fantasías hay algo que permanece singularmente indeterminado, como si fuera por completo indiferente. La escasa información que obtenemos de las enfermas en su primer relato —"pegan a un niño"— parece, pues, justificada. Pero, en cambio, hay otra cosa que puede determinarse con plena seguridad y siempre en el mismo sentido. El niño maltratado no es nunca el propio sujeto, sino otro; por lo general, un hermano o hermana menor, cuando los tiene. Pero como puede ser un hermano o una hermana, tampoco este detalle nos descubre una relación constante entre el sexo del sujeto y el del protagonista de su fantasía. Esta no es, pues, seguramente, de carácter masoquista y nos inclinaríamos a considerarla de carácter sádico si no atendiéramos al hecho de que el propio sujeto no es tampoco el que maltrata al niño en la fantasía. La personalidad del autor de los maltratados no aparece claramente definida al principio. Sólo averiguamos que no se trata de otro niño, sino de un adulto. En esta persona adulta indeterminada nos es luego posible reconocer inequívocamente al *padre* (de la niña).

Por lo tanto, esta primera fase de la fantasía de flagelación puede quedar descrita diciendo que *el padre pega al niño*.

Dejaremos ya entrever mucha parte del contenido al que luego habremos de referirnos, sustituyendo esta descripción por la siguiente: el padre pega al niño *odiado por mí*. Por otro lado, podemos vacilar en reconocer también el carácter de fantasía a este grado preliminar de la ulterior fantasía de flagelación. Trátase, quizá, más bien de recuerdos relativos a sucesos de este género presenciados por el sujeto en su primera infancia, o de deseos surgidos en su ánimo en diversas ocasiones. Pero estas dudas carecen de importancia.

Entre esta primera fase y la siguiente tienen efecto grandes transformaciones. La persona que pega al niño continúa siendo la misma, pero el niño maltratado es otro, generalmente el propio sujeto infantil de la fantasía, la cual provoca ya un elevado placer y recibe un importante contenido, cuya derivación nos ocupará más adelante. Su descripción será ahora la siguiente: *yo soy golpeada por mi padre*. Tiene, pues, un indudable carácter masoquista.

Esta segunda fase es la más importante de todas. Pero en un cierto sentido podemos decir que no ha tenido nunca existencia real. No es jamás recordada ni ha tenido nunca acceso a la conciencia. Es una construcción del análisis, pero no por ello deja de constituir una necesidad.

La tercera fase se asemeja nuevamente a la primera. Su descripción nos es conocida ya por las informaciones, antes consignadas, de las pacientes. La persona que pega no es nunca la del padre; queda indeterminada, como en la primera fase, o representada típicamente por un subrogado paterno (el maestro). La propia persona del sujeto de la fantasía no aparece ya en esta. A las preguntas del médico, las pacientes oponen una absoluta ignorancia o se limitan a declarar que les parece figurar en la fantasía como simples espectadoras. En las fantasías de las niñas son predominantemente niños los golpeados, pero sin que la sujeto pueda identificarlos individualmente. La situación primitiva de la fantasía, sencilla y monótona, puede experimentar múltiples variaciones, y la flagelación misma puede quedar sustituida por castigos y humillaciones de otro género. Pero el carácter esencial en que incluso las fantasías más sencillas de esta fase se diferencian de las de la primera y que establece su relación con la fase media es el siguiente: la fantasía es ahora el sustentáculo de una intensa excitación, inequívocamente sexual, y provoca, como tal, la satisfacción onanista. Pero precisamente esto es lo enigmático: ¿Cuál es el camino por el que esta fantasía, ya de carácter sádico, en la que son maltratados unos niños desconocidos, llega a convertirse, a partir de esta fase, en un elemento persistente de la tendencia libidinosa de la niña?

No nos ocultamos que tanto la relación y la sucesión de las tres fases de esta fantasía como todas sus demás peculiaridades, continúan siéndonos incomprensibles.

IV

Si conducimos el análisis a través de aquellas épocas tempranas en las cuales es situada la fantasía de flagelación al ser recordada por las pacientes, comprobamos que la niña se hallaba en dicha época bajo el influjo de los estímulos emanados de su complejo parental.

La niña aparece, en este período, tiernamente fijada al padre, que ha hecho, probablemente, todo lo necesario para provocar tal fijación, sembrando con ello la semilla de una actitud hostil a la madre, actitud que persistirá al lado de una tendencia cariñosa y a la que puede estar reservado hacerse más intensa y más claramente consciente con el transcurso de los años o provocar, por reacción, una exagerada adhesión amorosa a la personalidad materna. Pero la fantasía de flagelación no se enlaza a las relaciones entre hija y madre. En la familia hay otros niños, poco mayores o menores, a los cuales la sujeto no quiere por diversas razones; pero, sobre todo, porque ha de compartir con ellos el amor de los padres, rechazándolos, por lo tanto, de sí, con la salvaje energía propia de la vida sentimental en esta edad. Cuando se trata de una hermanita menor (como en tres de mis cuatro casos), la sujeto la desprecia, además de odiarla, pero tiene que presenciar cómo atrae a sí aquel exceso de ternura que los padres tienen siempre dispuesto para el hijo menor. Comprende perfectamente que el pegar a alguien, aun sin hacerle daño, significa una negación de cariño, una humillación. Son así muchos los niños que creían poseer el inquebrantable amor de sus padres y a quienes un solo golpe hace caer de las alturas de su imaginada omnipotencia. La idea de que el padre pega a aquel odiado niño será, pues, muy agradable y surgirá independientemente del hecho de haber presenciado o no un tal suceso. Tal idea significaría: El padre no quiere a este otro niño, *sólo me quiere a mí.*

Este es, por lo tanto, el contenido y el sentido de la fantasía de flagelación en su primera fase. La fantasía satisface claramente los celos del niño y depende directamente de su vida erótica, pero es apoyada también con gran energía por sus intereses egoístas. No podemos, pues, resolvernos a considerarla puramente sexual, ni nos atrevemos tampoco a calificarla decididamente de sádica. Los caracteres en los cuales estamos acostumbrados a basar nuestras diferenciaciones van haciéndose más borrosos conforme nos acercamos a su origen. Así, pues, podemos parafrasear la predicción de las "tres hermanas del destino", a Banquo, y decir con respecto a estas fantasías: "No son, desde luego, sexuales; no son tampoco sádicas, pero constituyen la materia de que ambas cosas saldrán en lo por venir". En cambio, nada nos hace sospechar que ya esta primera fase de la fantasía provoque una excitación que haya de ser derivada en un acto onanista.

En esta prematura elección de objeto del amor incestuoso alcanza claramente la vida sexual del niño el grado de la organización genital, circunstancia que resulta, desde luego, más fácil de comprobar a los niños, pero que tampoco en las niñas puede dar lugar a grandes dudas. La tendencia libidinosa infantil aparece, en efecto, dominada por una sospecha de los fines sexuales ulteriores, definitivos y normales. Podemos preguntarnos asombrados la causa de tal singularidad, pero hemos de aceptar como prueba el hecho de que los genitales inicien ya en esta época su intervención en el proceso de la excitación. El deseo de tener un hijo con la madre no falta jamás en el niño, y el de concebir un hijo del padre es constante en las niñas; todo ello a pesar de una completa incapacidad para concebir el camino que puede conducir al cumplimiento de tales deseos. El niño parece sospechar que los genitales tienen en ello alguna intervención, aunque su actividad investigadora puede buscar la esencia de la intimidad propuesta entre los padres en otras relaciones distintas, tales como la de dormir juntos, las de orinar al mismo tiempo, etc., representaciones más fáciles de aprehender en conceptos verbales que la obscura sospecha relativa a los genitales.

Pero no tarda en llegar la época en que estos tempranos brotes sexuales quedan agotados. Ninguno de estos enamoramientos incestuosos escapa a la fatalidad de la represión. Sucumben a ella, bien en ocasiones exteriores fácilmente comprobables, que provocan una decepción —ofensas inesperadas, el nacimiento de un hermanito, considerado como una infidelidad, etc.—, bien por motivos internos, o simplemente por hacerse esperar demasiado el cumplimiento del deseo. Pero, desde luego, la causa eficiente no ha de buscarse en nada de esto, siendo de suponer que tales relaciones amorosas se hallan destinadas a sucumbir alguna vez, sin que podamos decir a qué. Lo más verosímil es que mueran sencillamente porque ha pasado su tiempo, y porque los niños entran en una nueva fase de la evolución, en la cual se ven forzados a repetir la represión de la elección de objeto incestuosa de la historia de la humanidad, como antes se vieron impulsados a realizar tal elección de objeto (recuérdese el destino en el mito de Edipo). Aquello que persiste en lo inconsciente como resultado psíquico de los impulsos eróticos incestuosos no es cogido por la conciencia de la nueva fase, y lo que ya se había hecho consciente es expulsado nuevamente de la conciencia. Simultáneamente a este proceso de represión surge una conciencia de culpabilidad, también de origen desconocido, pero enlazada indudablemente a aquellos deseos incestuosos y justificada por la persistencia de los mismos en lo inconsciente.

La fantasía de la época erótica incestuosa decía: "Él (el padre) me quiere sólo a mí y no al otro niño, puesto que le pega". La conciencia de culpabilidad no encuentra castigo más duro que la investigación de este triunfo: "No, no te quiere, pues te pega". De este modo, la fantasía de la segunda fase, en la cual el propio sujeto es maltratado por el padre, llega a ser una expresión directa de la conciencia de culpabilidad, a la cual sucumbe entonces el amor al padre. Se ha hecho, pues, masoquista. Que yo sepa, es este un hecho constante; la conciencia de culpabilidad es siempre el factor que transforma el sadismo en masoquismo. Pero no es este, ciertamente, todo el contenido del masoquismo. La conciencia de culpabilidad no puede ser el único elemento eficiente; ha de compartir el dominio con las tendencias eróticas. Recordemos que se trata de niños en los cuales el componente sádico pudo emerger de un modo prematuro y aislado, por causas constitucionales. No necesitamos abandonar este punto de vista; precisamente en estos niños queda muy facilitada una regresión a la organización pregenital sádico-anal de la vida sexual. Cuando la organización genital apenas alcanzada sucumbe a la represión, no surge, como única consecuencia, la de que todos los elementos psíquicos representativos del amor incestuoso se hagan o permanezcan inconscientes. Sucede también que la misma organización genital experimenta una desgracia regresiva. La idea "el padre me ama" tenía un sentido genital; la regresión la transforma en la siguiente: el padre me pega (yo soy golpeado por el padre). Este "ser pegado" constituye una confluencia de la conciencia de culpabilidad con el erotismo; *no es sólo el castigo de la relación genital prohibida, sino también su sustitución regresiva*, y de esta última fuente extrae la excitación libidinosa que desde este punto queda unida a ella y buscará una descarga en actos onanistas. Pero esta es ya la esencia del masoquismo.

La fantasía de la segunda fase, en la cual la sujeto es pegada por el padre, permanece, por lo general, inconsciente, probablemente a consecuencia de la intensidad de la represión. No puedo indicar por qué en uno de mis seis casos (uno masculino) era recordada conscientemente. Este hombre, ya en plena madurez, había conservado con toda claridad en la conciencia el recuerdo de haber utilizado para fines onanistas la representación de ser pegado por su madre, si bien esta última quedó pronto substituida en tales fantasías por las madres de algunos de sus condiscípulos o por otras mujeres cualesquiera que presentaran alguna semejanza con ella. No debe olvidarse que al transformarse las fantasías incestuosas de los niños en las fantasías masoquistas correspondientes tiene efecto una inversión más que en el caso de las niñas, inversión consistente en la sustitución de la actividad por la pasividad, y que esta mayor medida de deformación puede quizá evitar a la fantasía la permanencia en lo inconsciente como resultado de la represión. A la conciencia de la culpabilidad le hubiera bastado, por lo tanto, la regresión, en lugar de la represión. En los casos femeninos, la conciencia de culpabilidad, más exigente quizá, sólo habría quedado satisfecha con la acción conjunta de ambos procesos.

En dos de mis cuatro casos femeninos la fantasía masoquista de flagelación constituía la base de toda una serie de sueños diurnos, muy importantes en la vida de los interesados, a los que correspondió la función de hacer posible un sentimiento de excitación satisfecha, aun renunciando al acto onanista. En uno de estos casos la fantasía de ser pegado por el padre podía arriesgarse aún a emerger en la conciencia, bajo la condición de que el propio *yo* apareciese irreconociblemente disfrazado. El héroe de estas historias era regularmente maltratado por el padre y más tarde sólo castigado, humillado, etc.

Repetiremos, sin embargo, que, por lo general, la fantasía permanece inconsciente y ha de ser reconstruida en el análisis.

Esto da quizá la razón a aquellos pacientes que quieren recordar que el onanismo surgió en ellos con anterioridad a la fantasía de flagelación de la tercera fase, de la cual vamos a ocuparnos inmediatamente. Esta fantasía se habría agregado más tarde al onanismo, quizá bajo la impresión de las escenas escolares. Cuantas veces hemos dado crédito a esta información, nos hemos inclinado a suponer que el onanismo se hallaba al principio bajo el imperio de la fantasía inconsciente, sustituida después por la consciente.

Como tal sustitución interpretamos, pues, la fantasía de flagelación de la tercera fase, o sea, la estructura definitiva de la misma, en la cual el infantil sujeto imaginativo aparece a lo más como espectador, conservándose en ella el padre, pero representado por la persona de un maestro u otro superior cualquiera. La fantasía, análoga ahora a aquella de la primera fase, parece haber vuelto a adquirir un carácter sádico. Nos parece como si en la frase "el padre pega al otro niño y no quiere a nadie más que a mí" hubiese retrocedido el acento a la primera parte, después de haber sucumbido la segunda a la represión. Pero sólo la forma de esta fantasía es sádica; la satisfacción de ella extraída es masoquista; su significación está en que ha tomado la carga libidinosa en la parte reprimida, y con ella también el sentimiento de culpabilidad concomitante al contenido. Todos los niños desconocidos golpeados por el maestro no son sino subrogados de la propia persona.

Se muestra aquí también, por vez primera, algo como una constancia del sexo de los personajes de la fantasía. Los niños golpeados son casi siempre de sexo masculino, tanto en las fantasías de los niños como en las de las niñas. Esta particularidad no se explica, desde luego, por una competencia eventual de los sexos, pues entonces en las fantasías de los niños serían niñas las maltratadas, ni tiene tampoco nada que ver con el sexo del niño odiado en la primera fase, sino que indica el desarrollo de un complicado proceso en las niñas. Cuando estas se apartan del amor incestuoso de sentido genital al padre, rompen, en general, fácilmente con su femineidad, reaniman su "complejo de masculinidad" (*van Ophuijsen*) y abrigan, a partir de este punto, el deseo de ser un chico. De aquí que sean también niños los representantes de su propia persona en las fantasías. En los dos casos de sueños diurnos antes citados los protagonistas eran siempre hombres jóvenes, no apareciendo al principio en tales creaciones mujer alguna, y sí sólo al cabo de muchos años y como personajes secundarios.

V

Espero haber expuesto mis resultados analíticos con detalle suficiente. Sólo habré de añadir que los seis casos mencionados no constituyen todo mi material, pues dispongo, como también otros analíticos, de un número mucho mayor de casos, menos detenidamente investigados. Estas observaciones pueden ser utilizadas en distintos sectores, y, sobre todo, para la investigación de la génesis de las perversiones, especialmente del masoquismo, y para el estudio de la intervención de la diferencia sexual en la dinámica de la neurosis.

El primer resultado de nuestro estudio se refiere a la génesis de las perversiones. No tenemos por qué variar nuestra hipótesis, que atribuye en este punto máxima importancia a la intensificación constitucional o a la anticipación de un componente sexual; pero con esto no está dicho todo. La perversión no aparece ya aislada en la vida sexual del niño, sino que es acogida en el conjunto de los procesos evolutivos típicos —por no decir normales— que ya conocemos. Queda relacionada con el amor objetivado incestuoso del niño con su complejo de Edipo; surge por vez primera basada en este complejo, y a su desaparición queda subsistente como resto, muchas veces único, del mismo, como legataria de su carga libidinosa y sustentáculo de la conciencia de culpabilidad a él adherida. Por último, la constitución sexual anormal ha mostrado su energía imponiendo al complejo de Edipo una orientación especial y obligándole a subsistir en un fenómeno residual desacostumbrado.

Como es sabido, la perversión infantil puede constituir la base del desarrollo de una perversión de igual sentido, que persista a través de toda la existencia del sujeto, y devore por entero su vida sexual o, por el contrario, puede ser interrumpida y permanecer en el fondo de un desarrollo sexual normal, al cual robará, de todos modos, una cierta magnitud de energía. El primer caso era ya conocido en la época preanalítica; pero el abismo abierto entre ambos ha sido cegado casi por completo por la investigación analítica de tales perversiones plenamente desarrolladas. Hallamos, en efecto, con bastante frecuencia, que estos perversos han experimentado también, por lo general, en la época de la pubertad, una tendencia a la actividad sexual normal. Pero tal tendencia no fue lo bastante enérgica y quedó abandonada ante los primeros obstáculos, nunca ausentes, retrocediendo entonces el individuo definitivamente a la fijación infantil.

Naturalmente, sería muy importante saber si la génesis de las perversiones infantiles puede derivarse de un modo general del complejo de Edipo. No nos parece imposible, mas para llegar a tal afirmación serían precisas ulteriores investigaciones. Si recordamos las anamnesis logradas en adultos perversos, observamos que la impresión decisiva, la "primera experiencia" de todos estos perversos, fetichistas, etc., no es situada casi nunca por ellos en tiempos anteriores a los seis años. Pero en esta época ha desaparecido ya el dominio del complejo de Edipo. El suceso recordado, de tan enigmática eficiencia, pudiera constituir muy bien una supervivencia del mismo. Las relaciones entre él y el complejo, ya reprimido, tienen que permanecer en la obscuridad, mientras el análisis no llega a iluminar la época anterior a la primera impresión "patógena". Habremos de pensar cuán poco valor tiene, por ejemplo, la afirmación de una homosexualidad congénita apoyada en la circunstancia de que la persona interesada había sentido ya, antes de los ocho o de los seis años, una inclinación hacia personas de su mismo sexo.

Pero si resulta posible derivar, en general, las perversiones del complejo de Edipo, nuestras hipótesis sobre el mismo quedarán nuevamente robustecidas. Opinamos, en efecto, que el complejo de Edipo es el verdadero nódulo de la neurosis; y la sexualidad infantil que en él culmina, la verdadera condición de la misma, y afirmamos que los residuos subsistentes de él en lo inconsciente representan la disposición a una adquisición ulterior por el adulto de la enfermedad neurótica. La fantasía de flagelación y otras fijaciones perversas análogas serían también entonces residuos del complejo de Edipo, cicatrices dejadas por el curso del proceso, del mismo modo que el sentimiento de "inferioridad" corresponde a una tal cicatriz narcisista. En este punto hemos de agregarnos sin reserva alguna a la hipótesis de Marcinowski, tan felizmente expuesta por él en un reciente estudio (*Las fuentes eróticas del sentimiento de inferioridad*, 1918). Esta manía de inferioridad de los neuróticos es perfectamente compatible con una exagerada estimación de la propia persona, procedente de otras fuentes. Sobre el origen del complejo de Edipo mismo, sobre el destino exclusivamente reservado del hombre, entre todos los seres, de tener que empezar dos veces la vida sexual, primeramente, como todas las demás criaturas, en la temprana infancia, y luego, de nuevo, después de una larga interrupción, en la época de la pubertad, y sobre todo aquello que se enlaza a su "herencia arcaica", he manifestado ya mis opiniones y no he de exponerlas nuevamente aquí.

El examen de nuestras fantasías de flagelación no nos aporta grandes datos sobre la génesis del masoquismo. Parece confirmarse, ante todo, que el masoquismo no es una manifestación instintiva primaria, sino que nace de un retorno del sadismo contra la propia persona, o sea, por regresión desde el objeto al *yo*[69]. Hemos de aceptar, desde luego, y sobre todo en la mujer, la existencia de instintos de fin pasivo, pero la pasividad no constituye todo el masoquismo. Ha de agregarse aún su carácter displaciente, tan singular en la satisfacción como un instinto. La transformación del sadismo en masoquismo parece ser un producto del influjo de la conciencia de culpabilidad, que colabora a la represión. Esta última se manifiesta, pues, aquí en tres efectos distintos: rechaza a lo inconsciente los resultados de la organización genital, impone a esta misma una regresión a la fase anterior sádico-anal y transforma su sadismo en masoquismo, pasivo y, en cierto sentido, nuevamente narcisista. El segundo de estos tres resultados se hace posible por la debilidad que hemos de atribuir a la organización genital en estos casos; el tercero resulta necesario porque la conciencia de culpabilidad siente ante el sadismo la misma repugnancia que ante la elección del objeto incestuoso de sentido genital. Los análisis no dicen de dónde procede la conciencia de culpabilidad. Al parecer, es aportada por la nueva fase en que el niño entra, y cuando persiste a partir de ella parece corresponder a una cicatrización análoga a la constituida por el sentimiento de inferioridad. Conforme a nuestra orientación, aún insegura, en la estructura del *yo*, lo adscribiríamos a aquella instancia que se opone, en calidad de conciencia crítica, al resto del *yo*, originando en el sueño el fenómeno funcional de Silberer y segregándose del *yo*, en la manía de consideración.

De pasada haremos constar también que el análisis de la perversión infantil aquí estudiada nos ayuda asimismo a

---

[69] *Cf.* En la *Metapsicología*, tomo IX de estas *Obras Completas*, véase el capítulo dedicado a los instintos y sus destinos.

resolver un antiguo enigma que, desde luego, ha preocupado siempre mucho más que a los analíticos a los investigadores ajenos al análisis. Pero recientemente aún, el mismo E. Bleuler ha declarado singular e inexplicable que los neuróticos sitúen el onanismo en el centro de su conciencia de culpabilidad. Por nuestra parte, hemos supuesto siempre que esta conciencia de culpabilidad se refería al temprano onanismo infantil y no al onanismo de la pubertad y que, en su mayor parte, debía enlazarse no al acto onanista, sino a la fantasía subyacente, inconsciente y emanada del complejo de Edipo.

Hemos indicado ya cuál es la significación que adquiere la tercera fase, aparentemente sádica, de la fantasía de flagelación, como sustentáculo de la excitación que impone el onanismo, y cuál es la actividad imaginativa que suele provocar, en parte como continuación orientada en igual sentido, y en parte como compensación; pero la fase más importante es la segunda, inconsciente y masoquista, en la cual la fantasía presenta como contenido la flagelación del sujeto por su padre. No es sólo que continúe actuando por mediación de la siguiente, que la sustituye; podemos señalar también determinadas influencias ejercidas por ella sobre el carácter y derivadas directamente de su argumento inconsciente. Aquellos hombres que llevan en sí tal fantasía desarrollan una susceptibilidad y una excitabilidad especial contra las personas que pueden ser incluidas en la serie paterna. Se consideran vejados por ellas al menor pretexto y transfieren así a la realidad la situación imaginada de ser golpeados por el padre, para su mayor daño y vergüenza. No me admiraría descubrir esta misma fantasía como base de la manía de litigar paranoica.

VI

Nuestra descripción de las fantasías de flagelación infantiles hubiera resultado harto intrincada si no la hubiéramos limitado a las observaciones efectuadas en sujetos femeninos. De todos modos, repetiremos brevemente los resultados: la fantasía de flagelación forjada por la niña pasa por tres fases, de las cuales la primera y la última son conscientemente recordadas, permaneciendo, en cambio, inconsciente la segunda. Las dos fases conscientes parecen ser de naturaleza sádica, y la intermedia, inconsciente, de indudable naturaleza masoquista. Su contenido es el de ser golpeada por el padre, enlazándose a ella una carga libidinosa y una conciencia de culpabilidad. El niño golpeado es, en las dos primeras fantasías, siempre distinto de la sujeto, y en la intermedia, siempre la propia persona de la misma. En la tercera fase, consciente, son, por lo general, niños los maltratados, y en esta el padre es sustituido luego por un subrogado perteneciente a la serie paterna. La fantasía inconsciente de la fase intermedia tenía originariamente una significación genital y surgió por represión y regresión del deseo incestuoso de ser amada por el padre. Agregaré a esto, en un enlace menos íntimo, el hecho de que las niñas fantasean cambiar de sexo entre la segunda y la tercera fase, imaginándose ser niños.

Mi conocimiento de las fantasías de flagelación de los niños es mucho menor, quizá tan sólo por condiciones desfavorables del material. Naturalmente, esperábamos hallar en los niños procesos análogos por completo a los descubiertos en las niñas, con la sola diferencia de quedar substituido en la fantasía el padre por la madre. Esta esperanza pareció confirmarse, pues la fantasía supuestamente correspondiente del niño tenía también como argumento el de ser golpeado por la madre (y más tarde por un subrogado suyo). Pero esta fantasía, en la cual aparecía como protagonista la propia persona del sujeto, se diferenciaba de las fantasías femeninas de la segunda fase en que podía hacerse consciente. Mas, al inclinarnos entonces a equipararla a la tercera fase de las fantasías femeninas, surgía una nueva diferencia, consistente en que la persona del niño no parecía substituida por diversas niñas indeterminadas. Nuestra hipótesis de un completo paralelismo no obtuvo, pues, confirmación.

Mi material masculino comprendía tan sólo muy pocos casos de individuos con fantasías infantiles de flagelación, pero exentos de otras graves desviaciones de la actividad sexual, integrando, en cambio, mayor cantidad de personas que habían de ser consideradas como masoquistas propiamente dichas, en el sentido de la perversión sexual. Se trataba de individuos que sólo encontraban su satisfacción sexual en el onanismo simultáneo a fantasías masoquistas o que habían logrado acoplar el masoquismo y la actividad genital en forma tal, que, dada una situación masoquista, conseguían la erección y la eyaculación, o quedaban capacitados para realizar el coito normal. Entre estos casos había uno, más raro, en el que la actividad perversa del individuo masoquista quedaba perturbada por la emergencia de representaciones obsesivas intolerablemente intensas. Aquellos perversos que encuentran plena satisfacción en sus perversiones, sólo raras veces poseen un motivo para someterse al análisis; pero los tres grupos de masoquistas antes indicados pueden encontrar enérgicos motivos para acudir al analítico. El onanista masoquista se descubre totalmente impotente cuando intenta alguna vez el coito con una mujer, y aquellos otros que han podido realizarlo durante un tiempo más o menos largo con ayuda de una representación o una situación masoquista, pueden comprobar de pronto que esta cómoda alianza les falla por completo, pues los genitales no reaccionan ya al estímulo masoquista. Estamos acostumbrados a prometer confiadamente a los individuos aquejados de impotencia psíquica que a nosotros acuden una segura curación; pero, en realidad, debíamos ser más prudentes en este pronóstico, mientras nos es aún desconocida la dinámica de la perturbación. Quedamos, en efecto, desagradablemente sorprendidos cuando el análisis nos revela la causa de la impotencia "simplemente psíquica" en una refinada actitud masoquista, hondamente arraigada quizá desde mucho tiempo atrás.

En estos individuos masoquistas realizamos un descubrimiento que nos invita a no continuar persiguiendo, de momento, una analogía con los procesos femeninos y a estudiar independientemente su caso. Resulta, en efecto, que tanto en sus fantasías masoquistas como en las situaciones creadas por ellos para transferir tales fantasías a la realidad se atribuyen regularmente el papel de la mujer, de manera que su masoquismo coincide con una actitud femenina. Esta singularidad resulta fácil de comprobar en los detalles de las fantasías; pero algunos pacientes se dan cuenta perfecta de ella y la confiesan con plena seguridad subjetiva. Esta circunstancia no queda alterada por el hecho de que la escena masoquista tenga como argumento el castigo inferido por sus faltas a un niño, un paje y un aprendiz. Las personas que desempeñan en la fantasía el papel activo son siempre mujeres, lo mismo que en las situaciones creadas para transferir a la realidad tales fantasías. Este hecho resulta un tanto desconcertante y nos induce a preguntarnos si ya el masoquismo de la fantasía infantil de flagelación no reposará también sobre una tal actitud femenina.

Dejemos, pues, los hechos difícilmente explicables del masoquismo de los adultos y volvamos nuestra atención a las fantasías infantiles de flagelación forjadas por sujetos masculinos. El análisis de la temprana época infantil nos procura de nuevo un sorprendente descubrimiento. La fantasía consciente o capaz de conciencia que tiene por contenido el ser golpeado por la madre no es primaria. Tiene un estadio preliminar regularmente inconsciente, y cuyo contenido es como sigue: *Soy golpeado por mi padre*. Así, pues, este estadio preliminar corresponde realmente a la segunda fase de la fantasía en la niña. La fantasía consciente en la que el sujeto es golpeado por la madre ocupa el lugar de la tercera fase femenina, en la cual, como ya indicamos, los objetos maltratados son niños desconocidos. En cambio, no me ha sido posible hallar un estadio preliminar de naturaleza sádica comparable a la primera fase femenina; pero no quiero de todos modos negar la posibilidad de su existencia, pues sospecho la posibilidad de que existan tipos aún más complicados.

El "ser golpeado" de la fantasía masculina es también un "ser amado", degradado por regresión en el sentido genital. Así, pues, el contenido de la fantasía masculina inconsciente no fue "yo soy pegado por mi padre", como antes afirmamos provisionalmente, sino más bien: *yo soy amado por mi padre.* Los procesos que ya conocemos lo han transmutado en la fantasía consciente que sigue: *yo soy golpeado por mi madre.* De este modo, la fantasía de flagelación del niño es, desde un principio, pasiva, y ha surgido realmente de la actitud femenina con respecto al padre. Corresponde también, como la femenina (la de la niña), al complejo de Edipo; pero al paralelismo por nosotros esperado entre ambas queda sustituido por una comunidad de otro género: *la fantasía de flagelación se deriva en ambos casos del ligamen incestuoso al padre.*

Conseguiremos mayor claridad en nuestra exposición enlazando aquí las demás coincidencias y divergencias entre las fantasías de flagelación de ambos sexos. En la niña, la fantasía inconsciente masoquista parte de la actitud normal producto del complejo de Edipo; en el niño, de la actitud inversa, que toma al padre como objeto erótico. En la muchacha, la fantasía presenta un estadio preliminar (la primera fase), en la cual los maltratos surgen con una significación indiferente y recaen sobre una persona odiada por celos. Ambas circunstancias faltan en el niño, si bien es aún posible que una observación más afortunada consiga anular estas diferencias. En la transición a la fantasía consciente sustitutiva, la niña conserva la persona del padre, y con ella, el sexo de la persona que ejerce el papel activo; en cambio, varían la persona golpeada y su sexo, de manera que al final es un hombre el que golpea a unos niños. El niño cambia, por el contrario, la persona y el sexo del protagonista activo de la fantasía, sustituyendo al padre por la madre, y conserva su propia persona, de forma que al final la persona que golpea y la que recibe los golpes son de sexo diferente. En la muchacha la situación masoquista (pasiva) original es transformada por la represión de una situación sádica, cuyo carácter sexual aparece muy borroso; en el niño conserva el carácter masoquista y mantiene, a consecuencia de la diferencia de sexo entre flagelador y flagelado, mayor analogía con la fantasía original de sentido genital. El niño escapa a su homosexualidad por la represión y la transformación de la fantasía inconsciente; lo más singular de su fantasía ulteriormente consciente es que presenta una actitud femenina sin una elección homosexual de objeto. En cambio, la niña elude por completo en el mismo proceso las exigencias de la vida erótica; imagina ser un hombre, aunque sin desarrollar actividad alguna masculina, y se limita a presenciar, como simple espectadora, aquel acto, sustitutivo de otro sexual.

No es aventurado suponer que la represión de la fantasía primitiva consciente no provoca grandes modificaciones. Todo lo reprimido y sustituido para la conciencia es conservado en lo inconsciente y no pierde su capacidad eficiente. No pasa, en cambio, lo mismo con la regresión a una fase más temprana de la organización sexual. De esta hemos de suponer que también modifica las condiciones de lo inconsciente, en forma que, después de la represión, y tanto en los sujetos masculinos como en los femeninos, la fantasía masoquista de ser pegado por el padre perdura en lo inconsciente. No faltan tampoco indicios de que la represión no ha conseguido sino muy imperfectamente sus intenciones. El niño que tendía a eludir la elección homosexual de objeto y que no ha cambiado de sexo se siente, sin embargo, mujer en sus fantasías y adorna a la mujer flageladora con atributos y cualidades masculinas. La niña, que ha renunciado a su sexo y ha realizado, en general, una labor represora fundamental, no se libera, sin embargo, del padre ni se atreve a adoptar en la flagelación el papel activo, y como se ha convertido en chico, hace que sean casi siempre niños los objetos de la flagelación.

Sé muy bien que las diferencias indicadas entre las fantasías de flagelación de los niños y las de las niñas no han quedado suficientemente aclaradas, pero no emprendo la tentativa de desvanecer estas complicaciones investigando los factores de los cuales dependen, porque no juzgo tampoco suficiente el material de observación hasta ahora reunido. Pero sí quiero aprovechar este material para contrastar dos teorías opuestas entre sí, que se refieren ambas a la relación de la represión con el carácter sexual, considerando cada una de ellas en su sentido muy íntimo.

La primera de estas teorías es anónima. Me fue expuesta hace muchos años por un colega con el que entonces me unían lazos de amistad. Su amplia sencillez resulta tan atractiva, que nos preguntamos, asombrados, cómo no ha trascendido aún a la publicidad más que en ligeras indicaciones aisladas. Se apoya en la constitución bisexual de los individuos humanos y afirma que la lucha de los caracteres sexuales es en todos y cada uno de ellos el motivo de la represión. El sexo más enérgicamente desarrollado, predominante en la persona, habría reprimido y relegado a lo inconsciente los elementos anímicos representativos del sexo sojuzgado. El nódulo de lo inconsciente, lo reprimido, sería, pues, en todo individuo, la parte del sexo contrario integrada en él. Todo esto sólo adquiere un sentido si consideramos determinado el sexo de un individuo por la estructura de sus genitales, pues si no, resultará difícil precisar cuál es el sexo predominante en un ser humano y corremos el peligro de derivar precisamente de la investigación aquello que había de constituir su punto de apoyo. En concreto: en el hombre, lo inconsciente reprimido está formado por sus impulsos instintivos femeninos, y por los masculinos en la mujer.

La segunda teoría tiene un origen más reciente. Coincide con la primera en considerar también decisiva para la represión la lucha de los sexos. Pero en los demás se opone a ello. No utiliza apoyos biológicos, sino sociológicos. Es la teoría de la "protesta masculina", formulada por Alfred Adler, y afirma que todo individuo se resiste a permanecer en la "línea femenina", inferior, y tiende hacia la línea masculina, única satisfactoria. Por esta "protesta masculina" explica Adler, en general, tanto la formación de las neurosis como la del carácter. Desgraciadamente, Adler establece tan poca separación entre ambos procesos y desatiende tan considerablemente la represión, que se corre el peligro de caer en error al querer aplicar a la regresión la teoría de la protesta masculina. A mi juicio, el resultado de esta tentativa sería el de hallar, como motivo de la represión, la tendencia a abandonar la línea femenina. Lo represor sería, pues, siempre, un impulso instintivo masculino, y lo reprimido, un impulso femenino del mismo orden. Pero también el síntoma sería resultado de un impulso femenino, pues no podemos dejar de considerarlo como una sustitución de lo reprimido, emergente, a pesar de la represión.

Contrastemos ahora las dos teorías coincidentes, por decirlo así, en una sexualización del proceso de la represión en el ejemplo de la fantasía de flagelación aquí estudiado. La fantasía primitiva, "Yo soy maltratado por el padre", corresponde, en el niño, a una actitud femenina, siendo, por lo tanto, una manifestación de su disposición sexual contraria. Si esta disposición sucumbe a la represión, estará en lo cierto la primera teoría, que hace coincidir la perteneciente al sexo contrario con lo reprimido. No corresponde, desde luego, a nuestras esperanzas el hecho de que aquello que surge una vez efectuada la represión, esto es, la fantasía consciente, muestre de nuevo la actitud femenina, aunque referida ahora a la madre. Pero no queremos entrar a examinar las dudas cuando tenemos tan cerca la decisión. La fantasía primitiva de las niñas, "Yo soy maltratada (o sea: amada) por mi padre", corresponde, desde luego, como actitud femenina, al sexo predominante y manifiesto en ellas, y debería, por lo tanto, escapar a la represión, no teniendo por qué devenir inconsciente. Pero en realidad, es reprimida y sustituida por una fantasía consciente, que niega el carácter sexual predominante. Esta teoría es, pues, inaprovechable para la comprensión de las fantasías de flagelación y queda rechazada por ellas. Podría objetarse que los sujetos que forjan estas fantasías son niños afeminados y niñas hombrunas, o atribuir a un rasgo femenino del niño la génesis de la fantasía pasiva y a un rasgo masculino de la niña su represión. Probablemente aceptaríamos nosotros tal explicación; pero, no obstante, la relación afirmada entre el carácter sexual manifiesto y la elección de lo destinado a la represión continuaría siendo insostenible. En el fondo no vemos sino que tanto en los individuos masculinos como en los femeninos se dan a la vez impulsos masculinos y femeninos, que pueden igualmente ser relegados a lo inconsciente, por la represión.

La teoría de la protesta masculina parece resistir mejor el contraste con los fantasmas de flagelación. Tanto en el niño como en la niña corresponde esta fantasía a una actitud femenina, o sea, a una permanencia en la línea femenina, y los dos sexos se apresuran a librarse de esta actitud por medio de la represión. De todos modos, la protesta masculina no parece alcanzar un éxito completo más que en las niñas, en las cuales se nos ofrece aquí, realmente, un ejemplo ideal de la acción de la protesta masculina. En los niños el resultado no es completamente satisfactorio, pues no queda abandonada la línea femenina. Obraremos, pues, de acuerdo con las consecuencias deducidas de la teoría, reconociendo, en esta fantasía un síntoma nacido del fracaso de la protesta masculina. Nos estorba, sin embargo, un tanto el hecho de que la fantasía de la niña, nacida de la represión, muestre también el valor y la significación de un síntoma. En este caso en el que la protesta masculina ha conseguido por completo su intención, debía faltar toda posibilidad de producción de síntomas.

Antes de derivar de esta dificultad la sospecha de que la teoría de la protesta masculina es inaplicable a los problemas de la neurosis y las perversiones, apartaremos nuestra atención de las fantasías de flagelación para orientarla hacia otras manifestaciones instintivas de la vida sexual infantil, que también sucumben a la represión. Es indudable que también existen deseos y fantasías que conservan desde un principio la línea masculina y son manifestaciones de impulsos instintivos masculinos, por ejemplo, los impulsos sádicos o los deseos del niño con relación a su madre, emanados del complejo de Edipo normal. Es igualmente indudable que también estos impulsos sucumben a la represión. Ahora bien; si la protesta masculina puede explicarnos satisfactoriamente la represión de las fantasías pasivas, luego masoquistas, ello mismo la hace inutilizable para el caso inverso de las fantasías activas. O lo que es lo mismo: la teoría de la protesta masculina es inconciliable con el hecho de la represión. Sólo quien esté dispuesto a rechazar todas las conquistas psicológicas logradas desde la primera cura catártica de Breuer, y como consecuencia de ella, puede esperar que el principio de la protesta masculina adquiera alguna significación en la explicación de las neurosis y las perversiones.

La teoría basada en la observación sostiene que los motivos de la represión no deben ser sexualizados. La herencia arcaica del hombre constituye el nódulo de lo inconsciente anímico, y todo aquello que en el progreso hacia fases evolutivas ulteriores ha de ser dejado atrás, por inútil, incompatible con lo nuevo o perjudicial para ello, sucumbe a la represión. Esta selección se consigue en un grupo de instintos mejor que en el otro. Los instintos sexuales que forman este último logran, por causas especiales repetidamente señaladas, malograr la intención de la resistencia e imponer una representación suya por medio de perturbadores productos sustitutivos. Por esta causa, la sexualidad infantil vencida por la represión es la fuerza impulsora principal de la formación de síntomas, y el elemento principal de su contenido —el complejo de Edipo—, el complejo nodular de la neurosis.

Creo haber sugerido con el presente estudio la posibilidad de derivar también del mismo complejo las aberraciones sexuales, tanto de la infancia como de la edad adulta.

El problema económico del masoquismo

1924

La aparición de la tendencia masoquista en la vida instintiva humana plantea, desde el punto de vista económico, un singular enigma. En efecto, si el principio del placer rige los procesos psíquicos de tal manera que el fin inmediato de los mismos es la evitación de displacer y la consecución de placer, el masoquismo ha de resultar verdaderamente incomprensible. El hecho de que el dolor y el displacer puedan dejar de ser una mera señal de alarma y constituir un fin, supone una paralización del principio del placer: el guardián de nuestra vida anímica habría sido narcotizado.

El masoquismo se nos demuestra así como un gran peligro, condición ajena al sadismo, su contrapartida. En el principio del placer nos inclinamos a ver el guardián de nuestra existencia misma y no sólo el de nuestra vida anímica. Se nos plantea, pues, la labor de investigar la relación del principio del placer con los dos órdenes de instintos por nosotros diferenciados —los instintos de muerte y los instintos de vida, eróticos (libidinosos)— y no nos será posible avanzar en el estudio del problema masoquista antes de haber llevado a cabo tal investigación.

En otro lugar[70] hemos presentado el principio que rige todos los procesos anímicos como un caso especial de la *tendencia a la estabilidad* (*Fechner*), adscribiendo así al aparato

---

[70] Véase el estudio titulado *Más allá del principio del placer*, en el tomo II de estas *Obras Completas*.

anímico la intención de anular la magnitud de excitación a él afluyente o, por lo menos, la de mantenerla en un nivel poco elevado. Bárbara Low ha dado a esta supuesta tendencia el nombre de *principio del nirvana*, denominación que nosotros aceptamos. De momento, identificaremos este principio del nirvana con el *principio del placer-displacer*. Todo displacer habría, pues, de coincidir con una elevación; todo placer, con una disminución de la excitación existente en lo anímico, y, por lo tanto, el principio del nirvana (y el principio del placer, que suponemos idéntico) actuaría por completo al servicio de los instintos de muerte, cuyo fin es conducir la vida inestable a la estabilidad del estado anorgánico, y su función sería la de prevenir contra las exigencias de los instintos de vida de la libido de intentar perturbar tal recurso de la vida. Pero esta hipótesis no puede ser exacta. Ha de suponerse que en la serie gradual de las sensaciones de tensión sentimos directamente el aumento y la disminución de las magnitudes de estímulo, y es indudable que existen tensiones placientes y distensiones displacientes. El estado de excitación sexual nos ofrece un acabado ejemplo de tal incremento placiente del estímulo y seguramente no es el único. El placer y el displacer no pueden ser referidos, por lo tanto, al aumento y la disminución de una cantidad a la que denominamos tensión del estímulo, aunque, desde luego, presenten una estrecha relación con este factor. Mas no parecen enlazarse a este factor cuantitativo, sino a un cierto carácter del mismo, de indudable naturaleza cualitativa. Habríamos avanzado mucho en psicología si pudiéramos indicar cuál es este carácter cualitativo. Quizá sea el ritmo, el orden temporal de las modificaciones, de los aumentos y disminuciones de la cantidad de estímulo. Pero no lo sabemos.

De todos modos, hemos de reparar que el principio del nirvana adscrito al instinto de muerte ha experimentado en los seres animados una modificación que lo convirtió en el principio del placer, y en adelante evitaremos confundir en uno solo ambos principios. No es difícil adivinar, siguiendo la orientación que nos marcan estas reflexiones, el poder que impuso tal modificación. No pudo ser sino el instinto de la vida, la libido, el cual conquistó de este modo su puesto al lado del instinto de muerte en la regulación de los procesos de la vida. Se nos ofrece así una serie de relaciones muy interesantes: el *principio del nirvana* expresa la tendencia del instinto de muerte, el *principio del placer* representa la aspiración de la libido; y la modificación de este último principio; el principio de la realidad, corresponde a la influencia del mundo exterior.

Ninguno de estos principios queda propiamente anulado por los demás y, en general, coexisten los tres armónicamente, aunque en ocasiones hayan de surgir conflictos provocados por la diversidad de sus fines respectivos, la disminución cuantitativa de la carga de estímulo, la constitución de un carácter cualitativo de la misma, o el aplazamiento temporal de la descarga de estímulos y la aceptación provisional de la tensión displaciente.

Todas estas reflexiones culminan en la conclusión de que no es posible dejar de considerar el principio del placer como guardián de la vida.

Volvamos ahora al masoquismo, el cual se ofrece a nuestra observación en tres formas distintas: como condicionante de la excitación sexual, como una manifestación de la femineidad y como una norma de la conducta vital. Correlativamente podemos distinguir un masoquismo erógeno, femenino y moral. El primero, el masoquismo erógeno, o sea, el placer en el dolor, constituye también la base de las dos formas restantes; hemos de atribuirle causas biológicas y constitucionales y permanece inexplicable si no nos arriesgamos a formular algunas hipótesis sobre ciertos extremos harto obscuros. La tercera forma del masoquismo, y en cierto sentido la más importante, ha sido explicada recientemente por el psicoanálisis como una conciencia de culpabilidad, inconsciente en la mayor parte de los casos, quedando plenamente aclarada y adscrita a los restantes descubrimientos analíticos. Pero la forma más fácilmente asequible a nuestra observación es el masoquismo femenino, que no plantea grandes problemas y de cuyas relaciones obtenemos pronto una clara visión total. Comenzaremos, pues, por él nuestra exposición.

Esta forma del masoquismo en el hombre (al que por razones dependientes de nuestro material de observación nos limitaremos) nos es suficientemente conocida por las fantasías de sujetos masoquistas (e impotentes muchas veces a causa de ello), las cuales culminan en actos onanistas, o representan por sí solas una satisfacción sexual. Con estas fantasías coinciden luego por completo las situaciones reales creadas por los perversos masoquistas, bien como fin en sí, bien como medio de conseguir la erección y como introducción al acto sexual. En ambos casos —las situaciones creadas no son sino la representación plástica de las fantasías— el contenido manifiesto consiste en que el sujeto es amordazado, maniatado, golpeado, fustigado, maltratado en una forma cualquiera, obligado a una obediencia incondicional, ensuciado o humillado. Mucho más raramente, y sólo con grandes restricciones, es incluida en este contenido una mutilación. La interpretación más próxima y fácil es la de que el masoquista quiere ser tratado como un niño pequeño, inerme y falto de toda independencia, pero especialmente como un niño malo. Creo innecesaria una exposición casuística; el material es muy homogéneo y accesible a todo observador, incluso a los no analíticos. Ahora bien: cuando tenemos ocasión de estudiar algunos casos en los cuales las fantasías masoquistas han pasado por una elaboración especialmente amplia, descubrimos fácilmente que el sujeto se transfiere en ellas a una situación característica de la femineidad: ser castrado, soportar el coito o parir. Por esta razón he calificado *a posteriori* de femenina esta forma del masoquismo, aunque muchos de sus elementos nos orientan hacia la vida infantil. Más adelante hallaremos una sencilla explicación de esta superestructuración de lo infantil y lo femenino. La castración, o la pérdida del sentido de la vista, que puede representarla simbólicamente, deja muchas veces su huella negativa en dichas fantasías, estableciendo en ellas la condición de que ni los genitales ni los ojos han de sufrir daño alguno. (De todas formas, los tormentos masoquistas no son nunca tan impresionantes como las crueldades fantaseadas o escenificadas del sadismo). En el contenido manifiesto de las fantasías masoquistas se manifiesta también un sentimiento de culpabilidad al suponerse que el individuo correspondiente ha cometido algún hecho punible (sin determinar cuál) que ha de ser castigado con dolorosos tormentos. Se nos muestra aquí algo como una racionalización superficial del contenido masoquista; pero detrás de ella se oculta una relación con la masturbación infantil. Este factor de la culpabilidad conduce, por otro lado, a la tercera forma, o forma moral del masoquismo.

El masoquismo femenino descrito reposa por completo en el masoquismo primario erógeno, el placer en el dolor, para cuya explicación habremos de llevar mucho más atrás nuestras reflexiones.

En mis *Tres ensayos para una teoría sexual*, y en el capítulo dedicado a las fuentes de la sexualidad infantil, afirmé que la excitación sexual nace, como efecto secundario, de toda una serie de procesos internos en cuanto la intensidad de los mismos sobrepasa determinados límites cuantitativos. Puede incluso decirse que todo proceso algo importante aporta algún componente a la excitación del instinto sexual. En consecuencia, también la excitación provocada por el dolor y el displacer ha de tener una tal consecuencia. Esta coexcitación libidinosa en la tensión correspondiente al dolor o al displacer sería un mecanismo fisiológico infantil que desaparecería luego. Variable en importancia, según la constitución sexual del sujeto, suministraría en todo caso la base sobre la cual puede alzarse más tarde, como superestructura psíquica, el masoquismo erógeno.

Esta explicación nos resulta ya insuficiente, pues no arroja luz ninguna sobre las relaciones íntimas y regulares del masoquismo con el sadismo, su contrapartida en la vida instintiva. Si retrocedemos aún más hasta la hipótesis de los dos órdenes de instintos que suponemos actúan en los seres animados, descubrimos una distinta derivación que no contradice, sin embargo, la anterior. La libido tropieza en los seres animados (pluricelulares) con el instinto de muerte o de destrucción en ellos dominantes, que tiende a descomponer estos seres celulares y a conducir cada organismo elemental al estado de estabilidad anorgánica (aun cuando tal estabilidad sólo sea relativa). Se le plantea, pues, la labor de hacer inofensivo este instinto destructor, y la lleva a cabo orientándolo en su mayor parte, y con ayuda de un sistema orgánico especial, el sistema muscular, hacia fuera, contra los objetos del mundo exterior. Tomaría entonces el nombre de instinto de destrucción, instinto de aprehensión o voluntad de poderío. Una parte de este instinto queda puesta directamente al servicio de la función sexual, cometido en el que realizará una importantísima labor. Este es el sadismo propiamente dicho. Otra parte no colabora a esta transposición hacia lo exterior, pervive en el organismo y queda fijada allí libidinosamente, con ayuda de la coexcitación sexual antes mencionada. En ella hemos de ver el masoquismo primitivo erógeno.

Carecemos por completo de un conocimiento psicológico de los caminos y los medios empleados en esta doma del instinto de muerte por la libido. Analíticamente, sólo podemos suponer que ambos instintos se mezclan formando una amalgama de proporciones muy variables. No esperaremos, pues, encontrar instintos de muerte o instintos de vida puros, sino distintas combinaciones de los mismos. A esta mezcla de los instintos puede corresponder, en determinadas circunstancias, su separación. Por ahora no es posible adivinar qué parte de los instintos de muerte es la que escapa a una tal doma, ligándose a elementos libidinosos.

Aunque no con toda exactitud, puede decirse que el instinto de muerte que actúa en el organismo —el sadismo primitivo— es idéntico al masoquismo. Una vez que su parte principal queda orientada hacia el exterior y dirigida sobre los objetos, perdura en lo interior, como residuo suyo, el masoquismo erógeno propiamente dicho, el cual ha llegado a ser, por un lado, un componente de la libido, pero continúa, por otro, teniendo como objeto el propio individuo.

Así, pues, este masoquismo sería un testimonio y una supervivencia de aquella fase de la formación en la que se formó la amalgama entre el instinto de muerte y el Eros, suceso de importancia esencial para la vida. No nos asombrará oír, por lo tanto, que en determinadas circunstancias el sadismo o instinto de destrucción orientado hacia el exterior o proyectado puede ser vuelto hacia el interior, o sea, introyectado de nuevo, retornando así por regresión a su situación anterior. En este caso, producirá el masoquismo secundario, que se adiciona al primitivo.

El masoquismo primitivo pasa por todas las fases evolutivas de la libido y toma de ellas sus distintos aspectos psíquicos. El miedo a ser devorado por el animal totémico (el padre) procede de la primitiva organización oral; el deseo de ser maltratado por el padre, de la fase sádico-anal inmediata; la fase fálica de la organización introduce en el contenido de las fantasías masoquistas la castración; más tarde, excluida de ellas y de la organización genital definitiva, se derivan naturalmente las situaciones femeninas, características de ser sujeto pasivo del coito y parir. También nos explicamos fácilmente el importante papel desempeñado en el masoquismo por una cierta parte del cuerpo humano (las nalgas), pues es la parte del cuerpo erógenamente preferida en la fase sádica-anal, como las mamas en la fase oral y el pene en la fase genital.

La tercera forma del masoquismo, el masoquismo moral, resulta, sobre todo, singular, por mostrar una relación mucho menos estrecha con la sexualidad. A todos los demás tormentos masoquistas se enlaza la condición de que provengan de la persona amada y sean sufridos por orden suya, limitación que falta en el masoquismo moral. Lo que importa es el sufrimiento mismo, aunque no provenga del ser amado, sino de personas indiferentes o incluso de poderes o circunstancias impersonales. El verdadero masoquista ofrece la mejilla a toda posibilidad de recibir un golpe. Nos inclinaríamos, quizá, a prescindir de la libido en la explicación de esta conducta, limitándonos a suponer que el instinto de destrucción ha sido nuevamente orientado hacia el interior y actúa contra el propio *yo*; pero hemos de tener en cuenta que los usos del lenguaje han debido de hallar algún fundamento para no haber abandonado la relación de esta norma de conducta con el erotismo y dar también a estos individuos que se martirizan a sí mismos el nombre de masoquistas.

Fieles a una costumbre técnica, nos ocuparemos primeramente de la forma externa, indudablemente patológica, de este masoquismo. Ya en otro lugar[71] expusimos que el tratamiento analítico nos presenta pacientes cuya conducta contra el influjo terapéutico nos obliga a adscribirles un sentimiento "inconsciente" de culpabilidad. En este mismo trabajo indicamos en qué nos es posible reconocer a tales personas ("la reacción terapéutica negativa"), y no ocultamos tampoco que la energía de tales impulsos constituye una de las más graves resistencias del sujeto y el máximo peligro para el buen resultado de nuestros propósitos médicos o

[71] *El yo y el Ello*, en el tomo IX de estas *Obras Completas*.

pedagógicos. La satisfacción de este sentimiento inconsciente de culpabilidad es quizá la posición más fuerte de la "ventaja de la enfermedad", o sea, de la suma de energías que se rebela contra la curación y no quiere abandonar la enfermedad. Los padecimientos que la neurosis trae consigo constituyen precisamente el factor que da a esta enfermedad un alto valor para la tendencia masoquista. Resulta también muy instructivo comprobar que una neurosis que ha desafiado todos los esfuerzos terapéuticos puede desaparecer, contra todos los principios teóricos y contra todo lo que era de esperar, una vez que el sujeto contrae un matrimonio que le hace desgraciado, pierde su fortuna o contrae una peligrosa enfermedad orgánica. Un padecimiento queda entonces substituido por otro y vemos que de lo que se trataba era tan sólo de poder conservar cierta medida de dolor.

El sentimiento inconsciente de culpabilidad no es aceptado fácilmente por los enfermos. Saben muy bien en qué tormento (remordimientos) se manifiesta un sentimiento consciente de culpabilidad y no pueden, por lo tanto, convencerse de que abrigan en su interior movimientos análogos, de los que nada perciben. A mi juicio, satisfaremos en cierto modo su objeción renunciando al nombre de "sentimiento inconsciente de culpabilidad" y sustituyéndolo por el de "necesidad de castigo". Pero no podemos prescindir de juzgar y localizar este sentimiento inconsciente de culpabilidad conforme al modelo del consciente. Hemos adscrito al *super-yo* la función de la conciencia moral y hemos reconocido en la conciencia de la culpabilidad una manifestación de una diferencia entre el *yo* y el *super-yo*. El *yo* reacciona con sentimientos de angustia a la percepción de haber permanecido por debajo a las exigencias de su ideal, el *super-yo*. Querremos saber ahora cómo el *super-yo* ha llegado a una tal categoría y por qué el *yo* ha de sentir miedo al surgir una diferencia con su ideal.

Después de indicar que el *yo* encuentra su función en unir y conciliar las exigencias de las tres instancias a cuyo servicio se halla, añadiremos que tiene en el *super-yo* un modelo al cual aspirar. Este *super-yo* es tanto el representante del *Ello*, como el del mundo exterior. Ha nacido por la introyección en el *yo* de los primeros objetos de los impulsos libidinosos del *Ello* —el padre y la madre— proceso en el cual quedaron desexualizadas y desviadas de los fines sexuales directos las relaciones del sujeto con la pareja parental, haciéndose de este modo posible el vencimiento del complejo de Edipo. El *super-yo* conservó así caracteres esenciales de las personas introyectadas: su poder, su rigor y su inclinación a la vigilancia y al castigo. Como ya hemos indicado en otro lugar[72] ha de suponerse que la separación de los instintos, provocada por tal introducción en el *yo*, tuvo que intensificar el rigor. El *super-yo*, o sea, la conciencia moral que actúa en él, puede, pues, mostrarse dura, cruel e implacable contra el *yo* por él guardado. El imperativo categórico de Kant es, por lo tanto, el heredero directo del complejo de Edipo.

Pero aquellas mismas personas que continúan actuando en el *super-yo*, como instancia moral después de haber cesado de ser objeto de los impulsos libidinosos del *Ello*, pertenecen también al mundo exterior real. Han sido tomados de este último, y su poder, detrás del cual se ocultan todas las influencias del pasado y de la tradición, era una de las manifestaciones más sensibles de la realidad. A causa de esta coincidencia, el *super-yo*, sustitución del complejo de Edipo, llega a ser también el representante del mundo exterior real, y de este modo, el prototipo de las aspiraciones del *yo*.

El complejo de Edipo demuestra ser así, como ya lo supusimos desde el punto de vista histórico, la fuente de nuestra

[72] *El yo y el Ello*, en el tomo IX de estas *Obras Completas*.

moral individual. En el curso de la evolución infantil, que separa paulatinamente al sujeto de sus padres, va borrándose la importancia personal de los mismos para el *super-yo*. A las "imágenes" de ellos restantes se agregan luego las influencias de los maestros del sujeto y de las autoridades por él admiradas, de los héroes elegidos por él como modelos, personas que no necesitan ya ser introyectadas por el *yo*, más resistente ya. La última figura de esta serie iniciada por los padres es el destino, obscuro poder que sólo una limitada minoría humana llega a aprehender impersonalmente. No encontramos gran cosa que oponer al poeta holandés Multatuli, cuando sustituye la *Μοιρσ* (Destino), de los griegos por la pareja divina *ΑδΥοςχσι 'ΑυσΥχη* (Razón y Necesidad), pero todos aquellos que transfieren la dirección del suceder universal a Dios, o a Dios y a la Naturaleza, despiertan la sospecha de que sienten todavía estos poderes tan extremos y lejanos como una pareja parental y se creen enlazados a ellos por ligámenes libidinosos. En mi obra *El yo y el Ello*[73] he intentado derivar el miedo real del hombre a la muerte de una tal concepción parental del destino. Muy difícil me parece libertarnos de ella.

Después de las consideraciones preparatorias que anteceden podemos retornar al examen del masoquismo moral. Decíamos que los sujetos correspondientes despiertan por su conducta en el tratamiento y en la vida la impresión de hallarse excesivamente coartados moralmente, encontrándose bajo el dominio de una conciencia moral singularmente susceptible, aunque esta "supermoral" no se haga consciente en ellos. Un examen más detenido nos descubre la diferencia que separa del masoquismo a una tal continuación inconsciente de la moral. En esta última, el acento recae sobre el intenso sadismo del

[73] *Cf.* En el tomo IX de estas *Obras Completas.*

super-yo, al cual se somete el *yo*; en el masoquismo moral, el acento recae sobre el propio masoquismo del *yo*, que demanda castigo, sea por parte del *super-yo*, sea por los poderes parentales externos. Nuestra confusión inicial es, sin embargo, excusable, pues en ambos casos se trata de una relación entre el *yo* y el *super-yo*, o poderes equivalentes a este último, y de una necesidad satisfecha por el castigo y el dolor. Constituye, pues, una circunstancia accesoria, casi indiferente, el que el sadismo del *super-yo* se haga, por lo general, claramente consciente, mientras que la tendencia masoquista del *yo* permanece casi siempre oculta a la persona y ha de ser deducida de su conducta. La inconsciencia del masoquismo moral nos dirige sobre una pista inmediata. Pudimos interpretar el "sentimiento inconsciente de culpabilidad" como una necesidad de castigo por parte de un poder parental. Sabemos ya también que el deseo de ser maltratado por el padre, tan frecuente en las fantasías, se halla muy próximo al de entrar en una relación sexual pasiva (femenina) con él, siendo tan sólo una deformación regresiva del mismo. Aplicando esta explicación al contenido del masoquismo moral, se nos revelará su sentido oculto. La conciencia moral y la moral han nacido por la superación y la desexualización del complejo de Edipo; el masoquismo moral sexualiza de nuevo la moral, reanima el complejo de Edipo y provoca una regresión desde la moral al complejo de Edipo. Todo esto no beneficia ni a la moral ni al individuo. Este puede haber conservado, al lado de su masoquismo, plena moralidad o cierta medida de moralidad; pero también puede haber perdido, a causa del masoquismo, gran parte de su conciencia moral. Por otro lado, el masoquismo crea la tentación de cometer actos "pecaminosos" que luego habrán de ser castigados con los reproches de la conciencia moral sádica (así en tantos caracteres de la literatura rusa) o con las penas impuestas por el gran poder parental del destino. Para provocar el castigo por esta última representación parental tiene el masoquista que obrar inadecuadamente, laborar contra su propio bien, destruir los horizontes que se le abren en el mundo real e incluso poner término a su propia existencia real.

El retorno del sadismo contra la propia persona se presenta regularmente con ocasión del *sojuzgamiento cultural de los instintos*, que impide utilizar al sujeto en la vida una gran parte de sus componentes instintivos destructores. Podemos representarnos que esta parte rechazada del instinto de destrucción surge en el *yo* como una intensificación del masoquismo. Pero los fenómenos de la conciencia moral dejan adivinar que la destrucción que retorna al *yo* desde el mundo exterior es también acogida por el *super-yo*, aunque no haya tenido efecto la transformación indicada, quedando así intensificado su sadismo contra el *yo*. El sadismo del *super-yo* y el masoquismo del *yo* se completan mutuamente y se unen para provocar las mismas consecuencias. A mi juicio, sólo así puede comprenderse que del sojuzgamiento de los instintos resulte —con frecuencia o en general— un sentimiento de culpabilidad y que la conciencia moral se haga tanto más rígida y susceptible cuanto más ampliamente renuncia el sujeto a toda agresión contra otros. Pudiera esperarse que un individuo que se esfuerza en evitar toda agresión culturalmente indeseable habría de gozar de una conciencia tranquila y vigilar menos desconfiadamente a su *yo*. Generalmente, se expone la cuestión como si la exigencia moral fuese lo primario y la renuncia al instinto una consecuencia suya: Pero de este modo permanece inexplicado el origen de la moralidad. En realidad, parece suceder todo lo contrario; la primera renuncia al instinto es impuesta por poderes exteriores y crea entonces la moralidad, la cual se manifiesta en la conciencia moral y exige una más amplia renuncia a los instintos.

El masoquismo moral resulta así un testimonio clásico de la existencia de la mezcla de los instintos. Su peligro está en proceder del instinto de muerte y corresponder a aquella parte del mismo que eludió ser proyectada al mundo exterior en calidad de instinto de destrucción. Pero, como además integra la significación de un componente erótico, la destrucción del individuo por sí propio no puede tener efecto sin una satisfacción libidinosa.

Sobre algunos mecanismos neuróticos en los celos, la paranoia y la homosexualidad

1922

A

Los celos, como la tristeza, se cuentan entre aquellos estados afectivos que hemos de considerar normales. De este modo, cuando parecen faltar en el carácter y en la conducta de un individuo, deducimos justificadamente que han sucumbido a una enérgica represión y desempeñan, por consecuencia, en su vida anímica inconsciente un papel tanto más importante. Los casos de celos anormalmente intensos observados en el análisis muestran tres distintos estratos o grados, que podemos calificar en la siguiente forma: *1)* celos *concurrentes* o normales; *2)* celos *proyectados*; y *3)* celos *delirantes*.

Sobre los celos normales poco puede decir el análisis. No es difícil ver que se componen esencialmente de la tristeza y el dolor por el objeto erótico que se cree perdido, de la ofensa narcisista en cuanto nos es posible diferenciarla de los elementos restantes, y, por último, de sentimientos hostiles contra el rival preferido y de una aportación más o menos grande de autocrítica que quiere hacer responsable al propio *yo* de la pérdida amorosa. Estos celos no son, aunque los calificamos de normales, completamente racionales, esto es, nacidos de circunstancias actuales, proporcionados a la situación real y dominados sin residuo alguno por el *yo* consciente, pues demuestra poseer profundas raíces en lo inconsciente, continúan impulsos muy tempranos de la afectividad infantil y proceden del complejo de Edipo o del complejo fraterno del período sexual. Es también singular que muchas personas los experimenten de un modo bisexual, apareciendo como causa eficiente de su intensificación en el hombre, además del dolor por la pérdida de la mujer amada y el odio contra el rival masculino, la tristeza por la pérdida del hombre inconscientemente amado y el odio contra la mujer considerada como rival. Sé también de un individuo que sufría extraordinariamente en sus ataques de celos y que confesaba deber sus mayores tormentos a su identificación consciente con la mujer infiel. La sensación de abandono que experimentaba entonces y las imágenes con las que describía su estado, diciendo sentirse como Prometeo, encadenado y entregado a la voracidad de los buitres, o arrojado en un nido de serpientes, eran referidas por el sujeto mismo a la impresión de varios ataques homosexuales de los que había sido objeto en su infancia.

Los celos del segundo grado, o celos *proyectados*, nacen, tanto en el hombre como en la mujer, de las propias infidelidades del sujeto o del impulso a cometerlas; relegado, por la represión, a lo inconsciente. Sabido es que la fidelidad, sobre todo la exigida en el matrimonio, lucha siempre con incesantes tentaciones. Precisamente aquellos que niegan experimentar tales tentaciones sienten tan enérgicamente su presión que suelen acudir a un mecanismo inconsciente para aliviarla, y alcanzan un tal alivio e incluso una absolución completa por parte de su conciencia moral, proyectando sus propios impulsos a la infidelidad sobre la persona a quien deben guardarla. Este poderoso motivo puede luego servirse de las percepciones que delatan los impulsos inconscientes análogos de la otra persona y justificarse entonces con la reflexión de que aquella no es probablemente mucho mejor[74].

---

[74] *Cf.* Los versos de la canción de Desdémona:

> *I called him thou false one, what answered he then?*
> *If I court more women, you will couch with more men.*

Las costumbres sociales han tenido en cuenta prudentemente estos hechos y han dado cierto margen al deseo de gustar de la mujer casada y al deseo de conquistar del hombre casado, esperando derivar así fácilmente la indudable inclinación a la infidelidad y hacerla inofensiva. Determinan que ambas partes deben tolerarse mutuamente esos pequeños avances hacia la infidelidad, y consiguen, por lo general, que el deseo encendido por un objeto ajeno sea satisfecho en el objeto propio, lo que equivale a un cierto retorno a la fidelidad. Pero el celoso se niega a reconocer esta tolerancia convencional. No cree que sea posible una detención o un retorno en el camino de la infidelidad, ni que el *flirt* constituya un seguro contra la verdadera infidelidad. En el tratamiento de tales sujetos celosos ha de evitarse discutirles el material en el que se apoyan, y sólo puede intentarse modificar su interpretación del mismo.

Los celos surgidos por tal proyección tienen, desde luego, un carácter casi delirante, pero no resisten a la labor analítica, que descubre las fantasías inconscientes subyacentes, cuyo contenido es la propia infidelidad. Mucho menos favorable resulta el caso de los celos del tercer grado o propiamente *delirantes*. También estos nacen de tendencias infieles reprimidas, pero los objetos de las fantasías son de carácter homosexual. Los celos delirantes corresponden a una homosexualidad y ocupan, con pleno derecho, un lugar entre las formas clásicas de la paranoia. Como tentativa de defensa contra un poderoso impulso homosexual podrían ser descritos (en el hombre) por medio de la siguiente fórmula: No *soy yo* quien le ama, *es ella*.

En un caso de celos delirantes habremos de estar preparados a encontrar celos de los tres grados y no únicamente del tercero.

B

Paranoia. —Por razones ya conocidas, la mayoría de los casos de paranoia se sustrae a la investigación analítica. No obstante, me ha sido posible descubrir recientemente, por el estudio intenso de dos paranoicos, algunos datos nuevos.

El primer caso era el de un hombre joven aquejado de celos paranoicos plenamente desarrollados y relativos a su mujer, intachablemente fiel. Había pasado por un período tempestuoso, en el que su manía le había dominado sin interrupción; pero al acudir a mí no producía ya sino ataques precisamente separados, que duraban varios días y presentaban la singularidad de surgir siempre al día siguiente de un coito conyugal, plenamente satisfactorio, por lo demás, para ambas partes. Esta singularidad parece autorizarnos a concluir que una vez satisfecha la libido heterosexual, los componentes homosexuales coexcitados se manifestaban en el ataque de celos.

El ataque extraía su material de la observación de aquellos signos, imperceptibles para toda otra persona, en los que podía haberse transparentado la coquetería natural de su mujer, totalmente inconsciente. Haber rozado con la mano distraídamente al señor que estaba a su lado, haber inclinado demasiado su rostro hacia él, o de haber sonreído con gesto más amable del suyo habitual cuando se hallaba sola con su marido. Para todas estas manifestaciones de lo inconsciente en su mujer mostraba el marido una extraordinaria atención, y sabía interpretarlas siempre exactamente, de manera que en realidad tenía siempre razón e incluso podía acogerse al psicoanálisis para justificar sus celos. En realidad, su anormalidad se reducía a observar lo inconsciente de su mujer más penetrantemente y a darle mayor importancia de lo que cualquier otra persona le hubiera atribuido.

Recordamos que también los paranoicos perseguidos se comportan muy análogamente. Tampoco reconocen nada indiferente en la conducta de los demás y su "manía de relación" los lleva a valorar los más pequeños signos producidos por las personas con quienes tropiezan. El sentido de esta manía de relación es el de que esperan de todo el mundo algo como amor, y aquellas personas no les muestran nada semejante; sonríen a sus propios pensamientos, juegan con el bastón o escupen en el suelo al pasar junto a ellos; cosas todas que nadie hace realmente cuando se encuentra al lado de una persona que le inspira algún interés amistoso. Sólo lo hacemos cuando tal persona nos es completamente indiferente y no existe casi para nosotros, y dada la afinidad fundamental de los conceptos de "extraño" y "enemigo", no puede decirse que el paranoico se equivoque tanto al sentir tal indiferencia como hostilidad en relación a su demanda de amor.

Sospechamos ahora que hemos descrito muy insuficientemente la conducta del paranoico celoso o perseguido al decir que proyecta hacia el exterior, sobre otras personas, aquello que no quiere percibir en su propio interior.

Desde luego, realizan tal proyección; pero no proyectan, por decirlo así, al buen tuntún, o sea, donde no existe nada semejante, sino que se dejan guiar por su conocimiento de lo inconsciente y desplazan sobre lo inconsciente de los demás la atención que desvían del suyo propio. Nuestro celoso reconoce la infidelidad de su mujer en lugar de la suya propia; ampliando gigantescamente en su conciencia la infidelidad de su mujer, consigue mantener inconsciente la suya. Si vemos en este ejemplo un modelo, habremos de concluir que también la hostilidad que el perseguido atribuye a los demás es un reflejo de sus propios sentimientos hostiles contra ellas. Pero como el paranoico convierte en su perseguidor a la persona de su propio sexo que le es más querida, habremos de preguntarnos de dónde procede esta inversión del afecto, y la respuesta más próxima sería la de que la ambivalencia sentimental, siempre existente, procuraría la base del odio, intensificado luego por el incumplimiento de las aspiraciones amorosas. La ambivalencia sentimental sirve así al perseguido para rechazar la homosexualidad, como los celos a nuestro paciente.

Los sueños de nuestro celoso me produjeron una gran sorpresa. No surgían simultáneamente a la emergencia del ataque, pero sí aún bajo el dominio del delirio. No representaban carácter delirante alguno y los impulsos homosexuales subyacentes no se mostraban en ellos más disfrazados que en general. Mi escasa experiencia sobre los sueños de individuos paranoicos me inclinó a suponer, en general, que la paranoia no penetraba hasta los sueños. No era difícil descubrir los impulsos homosexuales de este paciente. Carecía de amistades y de intereses sociales, dándonos así la impresión de que su delirio se había encargado de desarrollar sus relaciones con los hombres como para reparar una omisión anterior. La falta de personalidad del padre dentro de su familia y un vergonzoso trauma homosexual experimentado en años tempranos de su adolescencia habían actuado conjuntamente para reprimir su homosexualidad y mostrarle el camino de la sublimación. Toda su adolescencia aparecía dominada por una intensa adhesión a su madre, cuyo favorito era, y en esta relación hubo de desarrollar ya intensos celos del tipo normal. Al contraer luego matrimonio, impulsado principalmente por la idea de hacer rica a su madre, su deseo de una madre virginal se exteriorizó en dudas obsesivas sobre la virginidad de su prometida. Durante los primeros años de su matrimonio no mostró celos ningunos. Más tarde cometió una infidelidad entablando unas prolongadas relaciones extraconyugales. Luego, al verse impulsado a romper estas relaciones por una determinada sospecha, surgieron en él celos del segundo tipo, o sea, de proyección, que le permitían mitigar el remordimiento de su infidelidad. Estos celos se complicaron en seguida con la emergencia de impulsos homosexuales orientados hacia la persona de su propio suegro, constituyéndose así una plena paranoia celosa.

Mi segundo caso no hubiera sido diagnosticado seguramente fuera del análisis de paranoia persecutoria, pero los resultados analíticos obtenidos me obligaron a ver, por lo menos, en el sujeto un candidato a tal perturbación. Mostraba una amplísima ambivalencia con respecto a su padre, siendo, por un lado, el tipo perfecto del hijo rebelde, que se aparta manifiestamente, en todo, de los deseos e ideales del padre, y, por otro, en un estrato más profundo, un hijo tan respetuoso y abnegado, que después de la muerte del padre, e impulsado por una conciencia de culpabilidad, se prohibía el goce de la mujer. Sus relaciones reales con los hombres aparecían claramente situadas bajo el signo de la desconfianza; su clara inteligencia le llevaba a racionalizar esta actitud y sabía arreglárselas de manera que siempre acababa siendo engañado y explotado por sus amigos y conocidos. Este caso me reveló que pueden existir ideas persecutorias clásicas sin que el mismo sujeto les dé crédito ni valor alguno. Tales ideas emergían de cuando en cuando en el análisis, y el sujeto mismo se burlaba de ellas, sin concederles la menor importancia. Esta singular circunstancia debe aparecer seguramente en muchos casos de paranoia, resultando así que las ideas delirantes exteriorizadas por el enfermo al hacer explosión la enfermedad, y en las que vemos productos psíquicos recientes, pueden venir existiendo desde mucho tiempo atrás.

Me parece muy importante el hecho de que el factor cualitativo constituido por la existencia de ciertos productos neuróticos demuestre entrañar menor importancia práctica que el factor cuantitativo representado por el grado de atención, o, mejor dicho, de carga psíquica que tales productos pueden atraer a sí. El examen de nuestro primer caso de paranoia celosa nos invitaba ya a esta misma valoración del factor cuantitativo, mostrándonos que la anormalidad consistía esencialmente en la exagerada intensificación de la carga psíquica adscrita a las interpretaciones de lo inconsciente ajeno. El análisis de la histeria nos ha revelado igualmente hace ya mucho tiempo un hecho análogo. Las fantasías patógenas, ramificaciones de los impulsos instintivos reprimidos, son toleradas durante un largo período al lado de la vida anímica normal y no adquieren eficacia patógena hasta que una modificación de la economía de la libido hace afluir a ellas una carga psíquica muy intensa, siendo entonces cuando surge el conflicto que conduce a la producción de síntomas. Así, pues, los progresos de nuestro conocimiento nos invitan cada vez más apremiantemente a situar en primer término el punto de vista económico. Habremos de preguntarnos también si el factor cuantitativo aquí acentuado no habrá de bastar para explicar aquellos fenómenos para los cuales se quiere introducir ahora el concepto de *Schaltung* (Bleuler y otros). Bastaría suponer que un incremento de la resistencia en una de las direcciones del curso psíquico provoca una sobrecarga en otra de sus direcciones, produciendo así la inclusión de la misma en dicho curso.

Los dos casos de paranoia a que nos venimos refiriendo mostraban una oposición muy instructiva en cuanto a los sueños. Mientras que en nuestro primer caso aparecían estos, como ya indicamos, totalmente libres de delirio, el otro paciente producía numerosos sueños persecutorios en los que podíamos ver premisas o productos sustitutivos de las ideas delirantes de igual contenido. El perseguidor, al que sólo lograba escapar con grandes angustias, era, en general, un toro u otro símbolo semejante de la virilidad, reconocido algunas veces en el mismo sueño como una representación de la personalidad paterna. En una de las sesiones del tratamiento me relató el paciente un sueño paranoico de transferencia muy característico. Me veía afeitarme en presencia suya y advertía, por el olor, que yo usaba el mismo jabón que su padre. Esto lo hacía yo para forzarle a transferir sobre mi persona los impulsos correspondientes al complejo paterno. En la elección de la situación soñada se demostraba claramente el poco valor atribuido por el paciente a sus fantasías paranoicas y el escaso crédito que les concedía, pues todos los días le era posible comprobar con sus propios ojos que yo no podía ofrecerle la situación soñada, puesto que conservo la barba, no pudiendo enlazarse, por lo tanto, a semejante situación la transferencia supuesta. Pero, además, la comparación de los sueños de nuestros dos pacientes nos enseña que el problema antes planteado de si la paranoia (u otra psiconeurosis) puede penetrar también o no hasta el sueño reposa en una concepción inexacta de este fenómeno. El sueño se diferencia del pensamiento despierto en que puede acoger contenidos pertenecientes al dominio de lo reprimido, los cuales no deben surgir en dicho pensamiento. Fuera de esto, no es más que una *forma del pensamiento*, una transformación del material mental preconsciente realizada por la elaboración onírica. Nuestra terminología de las neurosis no es aplicable a lo reprimido, que no puede ser histérico, ni obsesivo, ni paranoico. En cambio, los otros elementos del material utilizado para la formación del sueño, esto es, las ideas preconscientes, pueden ser normales o presentar el carácter de una neurosis cualquiera. Las ideas preconscientes pueden ser resultados de todos aquellos procesos patógenos en los que reconocemos la esencia de una neurosis. No hay motivo ninguno para pensar que tales ideas patológicas no puedan transformarse en un sueño. Por lo tanto, un sueño puede corresponder a una fantasía histérica, a una representación obsesiva o a una idea delirante; esto es, puede ofrecernos uno de tales productos como resultado de su interpretación. Nuestra observación de los dos casos de paranoia aquí descritos nos mostró, en uno de ellos, sueños completamente normales, no obstante hallarse el sujeto bajo el imperio del ataque, y, en cambio, en el otro, sueños de contenido paranoico en un período en el que el individuo se burlaba aun de sus ideas delirantes. Así, pues, el sueño ha acogido en ambos casos los elementos rechazados por el pensamiento despierto. Pero tampoco esto ha de ser necesariamente lo general.

C

Homosexualidad. —El reconocimiento del factor orgánico de la homosexualidad no nos evita la obligación de estudiar los procesos psíquicos de sus génesis. El proceso típico, comprobado ya en un gran número de casos, consiste en que algunos años después de la pubertad, el adolescente, fijado hasta entonces intensamente a su madre, se identifica con ella y busca objetos eróticos en los que le sea posible volver a encontrarse a sí mismo y a los cuales querrá entonces amar como la madre le ha amado a él. Como signo característico de este proceso se establece generalmente, y para muchos años, la condición erótica de que los objetos masculinos tengan aquella edad en la que se desarrolló en su sujeto la transformación antes descrita.

Hemos descubierto varios factores que contribuyen probablemente en distinta proporción a este resultado. En primer lugar, la fijación a la madre, que dificulta la transición a otro objeto femenino. La identificación con la madre es un desenlace de esta adherencia al objeto y permite al mismo tiempo al sujeto mantenerse fiel, en cierto sentido, a este primer objeto. Luego, la inclinación a la elección narcisista de objeto, más próxima y más fácil que la orientación hacia el otro sexo. Detrás de este factor se oculta otro de singular energía, o quizá coincida con él: la alta valoración concedida al órgano viril y la incapacidad de renunciar a su existencia en el objeto erótico. El desprecio a la mujer, su repulsa y hasta el horror a ella se derivan generalmente del descubrimiento hecho en edad temprana de que la mujer carece de pene. Más tarde se nos muestra también como un poderoso motivo de la elección de objeto homosexual el respeto o miedo al padre, toda vez que la renuncia a la mujer significa que el sujeto elude la competencia con el padre (o con todas las personas masculinas que lo representan). Los dos últimos motivos, la conservación de la condición del pene y la renuncia a la competencia con el padre, pueden ser adscritos al complejo de la castración. Así, pues, los factores de la etiología psíquica de la homosexualidad descubiertos hasta ahora son la adherencia a la madre, el narcisismo y el temor a la castración, factores que, desde luego, no deben ser considerados específicos. A ellos se agrega luego la influencia de la iniciación sexual, responsable de una prematura fijación de la libido, y la del factor orgánico, que favorece la adopción del papel pasivo en la vida erótica.

Pero no hemos creído nunca que ese análisis de la génesis de la homosexualidad fuera completo. Así habremos hoy de señalar un nuevo mecanismo conducente a la elección homosexual de objeto, aunque no podemos todavía indicar en qué proporción contribuye a producir la homosexualidad extrema, manifiesta y exclusiva. El material de observación nos ha ofrecido varios casos en los que resulta posible comprobar la emergencia infantil de enérgicos impulsos celosos, emanados del complejo materno y orientados contra un rival, casi siempre contra un hermano mayor del individuo. Estos celos condujeron a actitudes intensamente hostiles y agresivas contra dicho hermano, llevadas hasta desearle la muerte, pero que sucumbieron luego a la evolución. Bajo el influjo de la educación, y seguramente también a causa de la impotencia permanente de tales impulsos, quedaron estos reprimidos y transformados en tal forma, que las personas antes consideradas como rivales se convirtieron en los primeros objetos eróticos homosexuales. Este desenlace de la fijación a la madre muestra múltiples relaciones interesantes con otros procesos ya conocidos. Constituye, en primer lugar, una completa antítesis de la evolución de la paranoia persecutoria, en la cual las personas amadas se convierten en perseguidores odiados, mientras que en nuestro caso actual los rivales odiados se transforman en objetos amorosos. Se nos muestra también como una exageración de aquel proceso que, según nuestra hipótesis, conduce a la génesis individual de los instintos sociales[75]. En uno y otro lado existe al principio impulsos celosos y hostiles que no pueden alcanzar satisfacción, surgiendo entonces sentimientos amorosos y sociales de identificación como reacciones contra los impulsos agresivos reprimidos.

Este nuevo mecanismo de la elección de objeto homosexual, o sea, su génesis como resultado de una rivalidad no dominada y de tendencias agresivas reprimidas, aparece mezclado, en algunos casos, con las condiciones típicas ya conocidas. La historia de algunos homosexuales nos revela que su transformación se inició después de una ocasión en que la madre hubo de alabar a otro niño, presentándolo como modelo. Este hecho estimuló la tendencia a la elección narcisista de objeto, y después de una breve fase de intensos celos quedó elegido el rival como objeto erótico. Fuera de esto, el nuevo mecanismo se diferencia en que la transformación tiene lugar en años mucho más tempranos y en que la identificación con la madre retrocede a un último término. En los casos por mí observados no condujo tampoco sino a una simple actitud homosexual, que no excluía la heterosexualidad ni provocaba un horror a la mujer.

Sabemos ya que cierto número de individuos homosexuales se distingue por su desarrollo especialmente considerable de los impulsos instintivos sociales y una gran atención a los intereses colectivos. Nos inclinaríamos quizá a explicar teóricamente esta circunstancia por el hecho de que un hombre que ve en otros hombres posibles objetos eróticos tiene que conducirse, con respecto a la comunidad masculina, de un modo muy diferente al individuo que se halla forzado a ver, ante todo, en el hombre un rival en la conquista de la mujer. Pero esta explicación tropieza con el hecho de que también

---

[75] *Cf. Psicología de las masas y análisis del yo*, tomo IX de estas *Obras Completas*.

en el amor homosexual existen los celos y la rivalidad, y que la comunidad masculina comprende también a estos posibles rivales. Pero, aun prescindiendo de estos fundamentos especulativos, no puede ser indiferente para esta relación entre la homosexualidad y los sentimientos sociales la circunstancia de que la elección de objeto homosexual nazca muchas veces de un temprano vencimiento de la rivalidad con el hombre.

Analíticamente acostumbramos a ver en los sentimientos sociales la sublimación de aptitudes homosexuales con respecto al objeto. Por lo tanto, hemos de suponer que los homosexuales de tendencia social no han conseguido separar por completo los sentimientos sociales de la elección de objeto.

Sobre los tipos de adquisición de la neurosis

1912

En el presente estudio nos proponemos exponer, basándonos en la observación empírica, las modificaciones que deciden la emergencia de una enfermedad neurótica en los sujetos a ella predispuestos. Trátase, por lo tanto, en realidad, de las causas ocasionales en la enfermedad más que de sus formas. La presente exposición conjunta de las causas patológicas ocasionales se diferenciará de otras análogas en el hecho de referir todas las modificaciones enumeradas a la libido del individuo. El psicoanálisis hubo de revelarnos ya en los destinos de la libido el factor decisivo de la salud y la enfermedad nerviosa. Tampoco tenemos por qué dedicar en este estudio lugar ninguno al concepto de la disposición, pues la investigación psicoanalítica nos ha hecho posible señalar la génesis de la disposición neurótica en la evolución de la libido y referir los factores que en ella actúan a variedades congénitas de la constitución sexual y a influjos del mundo exterior experimentados en la temprana infancia.

a) La ocasión más próxima y más fácilmente comprobable y comprensible de la emergencia de una enfermedad neurótica hemos de verla en aquel factor exterior, al que puede darse en general el nombre de *interdicción*[76]. El individuo conservaba la salud mientras su necesidad de amor era satisfecha por un

[76] Este término debe entenderse como una prohibición.

objeto real del mundo exterior, y contrae una neurosis en cuanto pierde tal objeto y no encuentra una sustitución del mismo. La felicidad coincide aquí con la salud, y la desgracia con la neurosis. La curación depende, más que del médico, del destino que puede ofrecer al sujeto una sustitución de la satisfacción perdida.

Por lo tanto, la posibilidad de enfermar comienza para este tipo —en el que hemos de incluir a la mayoría de los hombres— con la abstinencia, circunstancia que nos da la medida de la importancia de las restricciones culturales de la satisfacción en la causación de las neurosis. La *interdicción* ejerce una influencia patógena, provocando el estancamiento de la libido y sometiendo al individuo a una prueba, consistente en ver cuánto tiempo podrá resistir un tal incremento de la tensión psíquica y qué caminos elegirá para descargarse de ella. Ante la interdicción real de la satisfacción no existen sino dos posibilidades de mantenerse sano: transformar la tensión psíquica en una acción orientada hacia el mundo exterior, que acabe por lograr de él una satisfacción real de la libido, o renunciar a la satisfacción libidinosa, sublimar la libido estancada y utilizarla para alcanzar fines distintos de los eróticos y ajenos, por lo tanto, a la prohibición. El hecho de que la desdicha no coincida realmente con la neurosis, y el de que la interdicción no sea el único factor que decida sobre la salud y la enfermedad del individuo a ella sujeto, nos indican que ambas posibilidades tienen efecto real en los destinos de los hombres. El efecto inmediato de la interdicción es el de despertar la actividad de los factores dispositivos, ineficaces hasta entonces.

Cuando tales factores se hallan intensamente desarrollados surge el peligro de que la libido quede *introvertida*[77]. Se aparta de la realidad, a la cual despoja la interdicción de todo su valor y se orienta hacia la vida de la fantasía, en la que crea nuevos

[77] Según un término introducido por C. C. Jung.

deseos y reanima las huellas de deseos anteriores olvidados. A consecuencia de la íntima relación de la actividad imaginativa con el material infantil reprimido e inconsciente, existente en todo individuo, y merced al régimen de excepción del que goza la vida imaginativa con respecto a la "prueba de la realidad", la libido puede retroceder aún más atrás, encontrar regresivamente caminos infantiles y tender a los fines a ellos correspondientes. Cuando estas tendencias, incompatibles con el estado actual de la individualidad, adquieren suficiente intensidad, surge el conflicto entre ellas y la otra parte de la personalidad que ha permanecido en contacto con la realidad. Este conflicto se resuelve en una producción de síntomas, desenlazándose así con la emergencia de una enfermedad manifiesta. El hecho de haber tenido todo este proceso su punto de partida en la interdicción real se refleja una vez más en la circunstancia de que aquellos síntomas con los cuales se alcanzan de nuevo el terreno de la realidad, no son sino satisfacciones sustitutivas.

b) El segundo tipo de la causa ocasional de la enfermedad no es en modo alguno tan evidente como el primero, y sólo pudo ser descubierto por medio de penetrantes estudios analíticos, enlazados a la teoría de los complejos de la escuela de Zurich. El individuo no enferma aquí a consecuencia de una modificación del mundo exterior, que sustituye la prohibición a la satisfacción, sino a consecuencia de un esfuerzo interior para lograr la satisfacción accesible a la realidad. Enferma a consecuencia de una tentativa de adaptarse a la realidad y cumplir las exigencias reales, labor a la cual se oponen en él invencibles obstáculos internos.

Es conveniente diferenciar con toda precisión estos dos tipos, con mayor precisión, desde luego, de la que la observación nos ofrece. En el primer tipo hallamos, ante todo, una modificación del mundo exterior, y en el segundo, una modificación interna. Según el tipo primero, se enferma a consecuencia de un suceso; según el segundo, a consecuencia de un proceso evolutivo. En el primer caso se plantea el problema de renunciar a la satisfacción, y el individuo enferma a causa de su incapacidad de resistencia; en el segundo caso, el problema planteado es el de cambiar una satisfacción por otra, y el sujeto fracasa en esta labor a causa de su propia falta de flexibilidad. En el segundo caso, el conflicto aparece planteado entre la tendencia del sujeto a continuar siendo idéntico a sí mismo y la de transformarse conforme a nuevas intenciones y nuevas exigencias de la realidad; en el caso primero no surge hasta que la libido ha elegido otras posibilidades de satisfacción, que resultan incompatibles. El papel de conflicto y de la fijación anterior de la libido son, en el segundo tipo, mucho menos evidentes que en el primero, en el cual tales fijaciones inutilizables sólo pueden surgir a consecuencia de la interdicción exterior.

Un joven que ha venido satisfaciendo su libido por medio de fantasías, cuyo desenlace era la masturbación, y que quiere ahora permutar este régimen, cercano al autoerotismo, por la elección real de objeto. Una muchacha que ha ofrendado todo su cariño al padre o al hermano y que al ser pretendida por un hombre ha de dejar hacerse conscientes sus deseos libidinosos, hasta entonces incestuosos e inconscientes. Una mujer que quisiera renunciar a sus tendencias polígamas y a sus fantasías de prostitución para constituirse en fiel compañera de su marido y madre intachable de su hijo. Todos estos sujetos enferman a causa de tan loables aspiraciones cuando las fijaciones anteriores de su libido son suficientemente fuertes para oponerse a un desplazamiento, actuando de nuevo aquí con carácter decisivo la disposición constitucional y las experiencias infantiles. Sufren, por decirlo así, el destino de aquel arbolito de la conocida fábula de Grimm, que quiso tener otras hojas. Desde el punto de vista higiénico, que naturalmente no es el único al que aquí hemos de atender, habríamos de limitarnos a desearles que continuaran siendo tan faltos de desarrollo, tan inferiores y tan inútiles como lo eran antes de su enfermedad. La modificación a que tienden los enfermos, pero que no logran en absoluto o sólo muy incompletamente, supone regularmente un progreso en el sentido de la vida real. No sucede así desde el punto de vista ético. Vemos, en efecto, que los hombres enferman con igual frecuencia cuando se apartan de un ideal que cuando se esfuerzan en alcanzarlo.

Fuera de estas diferencias, los dos tipos de adquisición de la enfermedad arriba descritos coinciden en lo esencial y pueden ser fácilmente fundidos en uno solo. La adquisición de la enfermedad a causa de la interdicción queda también integrada en el punto de vista de la incapacidad de adaptación a la realidad en aquellos casos en los que la realidad niega la satisfacción de la libido. La adquisición de la enfermedad bajo las circunstancias del segundo tipo nos conduce directamente a un caso especial de la interdicción. La realidad no niega en él toda satisfacción, pero sí aquella que el individuo declara ser la única posible para él, y la interdicción no parte directamente del mundo exterior, sino primariamente de ciertas tendencias del *yo*, aunque siga siendo, de todos modos, el factor común y principal. A consecuencia del conflicto que surge inmediatamente en el segundo tipo, las dos clases de satisfacción, tanto la habitual como aquella otra a la cual aspira el individuo, quedan igualmente coartadas, constituyéndose, como en el primer tipo, un estancamiento de la libido con todas sus consecuencias. Los procesos psíquicos conducentes a la producción de síntomas resultan más claramente visibles en el segundo tipo, puesto que las fijaciones patógenas existían ya de antemano y no han tenido que constituirse.

En la mayoría de los casos existía ya una cierta introversión de la libido, y el hecho de que la evolución no haya recorrido aún todo su camino ahorra una parte de la regresión a lo infantil.

c) El tipo siguiente, que describiremos con el nombre de adquisición de la enfermedad por *coerción de la evolución*, se nos muestra como una exageración del segundo tipo, o sea, de la adquisición a causa de las *exigencias de la realidad*. Su diferenciación no responde a una necesidad teórica, pero sí a poderosos motivos prácticos, pues se trata de personas que enferman en cuanto traspasan la edad de la irresponsabilidad infantil, no habiendo alcanzado, por lo tanto, nunca una fase de salud; esto es, de una completa capacidad funcional y de goce. La parte esencial del proceso de la disposición se transparenta claramente en estos casos. La libido no ha abandonado nunca las fijaciones infantiles; las exigencias de la realidad no quedan planteadas de una vez al individuo total o parcialmente llegado a la maduración, sino que van emergiendo paralelamente al curso de su vida, variando naturalmente de continuo con la edad del sujeto. El conflicto cede su puesto a la insuficiencia; pero nuestra experiencia general nos fuerza a suponer también en estos casos una tendencia a dominar las fijaciones infantiles, pues en caso contrario el desenlace del proceso no sería nunca la neurosis, sino tan sólo un infantilismo estacionario.

d) Del mismo modo que el tercer tipo hubo de presentarnos casi aislada la disposición, el cuarto nos señala en primer término otro factor, cuya acción puede comprobarse en todos los casos, no siendo, por lo tanto, difícil confundirlo con otros. Vemos, en efecto, enfermar a individuos que venían gozando de plena salud, que no han visto alterada su vida por suceso ninguno nuevo y cuyas relaciones con el mundo exterior no han experimentado modificación alguna, de manera que la adquisición de la enfermedad parece presentar en ellos un carácter espontáneo. Pero al examinar con mayor detención tales casos acabamos por descubrir la existencia de una modificación a la que hemos de atribuir máxima importancia en la adquisición de la enfermedad. A consecuencia de haber alcanzado el sujeto un cierto período de su vida, y en conexión con determinados procesos biológicos regulares, la *cantidad* de libido integrada en su economía psíquica ha experimentado un incremento, suficiente por sí solo para trastornar el equilibrio de la salud y establecer las condiciones de la neurosis. Como es sabido, este incremento de la libido, generalmente repentino, se enlaza con regularidad a la pubertad, a la menopausia y a determinadas edades de la mujer, pudiendo darse también en algunos sujetos otras periodicidades desconocidas. El factor primario es aquí el estancamiento de la libido, el cual se hace patógeno a consecuencia de la interdicción *relativa*, impuesta por el mundo exterior, que habría permitido la satisfacción de aspiraciones libidinosas menos intensas. La libido, insatisfecha y estancada, puede forzar entonces los caminos de la regresión y provocar los mismos conflictos que la interdicción externa absoluta. Se nos advierte así la imposibilidad de prescindir del factor cuantitativo en la investigación de las causas ocasionales de la neurosis. Todos los demás factores, la interdicción, la fijación y la coerción del desarrollo, permanecen ineficaces mientras no actúan sobre la libido, provocando su estancamiento y elevando en cierta medida su nivel. Esta magnitud de la libido que nos parece imprescindible para provocar una acción patógena no es, desde luego, mensurable, y sólo nos es posible postularla una vez surgido el resultado patológico. Sólo en un sentido podemos determinarla más precisamente. Podemos suponer que no se trata de una cantidad absoluta, sino de la proporción entre el conjunto eficiente de libido y aquella cantidad de libido que el *yo* individual puede dominar; esto es, mantener en tensión, sublimar o utilizar directamente. De este modo, un incremento relativo de la cantidad de la libido podrá provocar los mismos efectos que un incremento absoluto. Una debilitación del *yo* consecutiva a una enfermedad orgánica o motivada por una tensión de todas sus energías podrá, pues, provocar la emergencia de neurosis, que de otro modo hubieran permanecido latente, a pesar de la disposición.

La importancia que hemos de reconocer a la cantidad de libido en la causación de la enfermedad coincide a maravilla con dos de los principios analíticos de la teoría de las neurosis. En primer lugar, con el de que las neurosis nacen del conflicto entre el *yo* y la libido, y en segundo, con el que afirma que entre las condiciones de la salud y las de la neurosis no existe diferencia cualitativa alguna, resultando que los sanos han de luchar también por alcanzar el dominio sobre su libido, si bien lo consiguen más perfectamente.

Sólo nos quedan ya por decir algunas palabras sobre la relación de los tipos descritos con nuestra experiencia clínica. Considerando la serie de enfermos cuyo análisis nos ocupa actualmente, he de concluir que ninguno de ellos corresponde a uno de tales tipos de adquisición en forma pura. En todos ellos puede comprobarse más bien la acción conjunta de la interdicción, la incapacidad de adaptación a las exigencias de la realidad y la coerción de la evolución. Por último, y como ya indicamos antes, no puede prescindirse en ningún caso de los efectos de la cuantía de libido. He comprobado también que en muchos de mis pacientes la enfermedad había surgido en distintas fases, separadas por intervalos de salud, y que cada una de estas fases podía referirse a un tipo distinto de adquisición. Así, pues, la diferenciación de los cuatro tipos descritos no tiene gran valor teórico. Trátase tan sólo de los distintos caminos conducentes a la constitución de cierta constelación patógena en la economía anímica, o sea, de un estancamiento de la libido contra el cual no posee el *yo* medios suficientes para defenderse sin sufrir algún daño. Pero la situación misma sólo se hace patógena a consecuencia de un factor cuantitativo; no constituye en modo alguno una novedad para la vida anímica, ni ha sido creada por la emergencia de una "causa patológica".

En cambio, sí reconocemos a nuestra diferenciación un cierto valor práctico. Los tipos descritos aparecen algunas veces en forma pura. El tercero y el cuarto no hubieran atraído nunca nuestra atención si no hubieran constituido para algunos individuos la única causa ocasional de su enfermedad. El primer tipo nos revela el poderoso influjo del mundo exterior, y el segundo, la influencia no menos importante de la idiosincrasia del individuo, que se opone a tal influjo. La patología no podía resolver el problema de las causas ocasionales de las neurosis mientras hubo de limitarse simplemente a investigar si tales afecciones eran de naturaleza *endógena* o *exógena*. A todas las observaciones que señalan la importancia de la abstinencia (en su más amplio sentido) como causa ocasional había que oponerles la objeción de que muchas personas soportaban sin enfermar los mismos destinos. Pero si quería considerar como factor esencial de la salud o la enfermedad la idiosincrasia del individuo, tropezaba con el hecho de que muchos individuos dotados de una idiosincrasia desfavorable podían mantenerse perfectamente sanos mientras les era permitido conservarla. El psicoanálisis nos ha conducido a prescindir de las estériles antítesis establecidas entre los factores externos y los internos, entre el destino del individuo y su constitución, y nos ha enseñado a ver la causa de la adquisición de las neurosis en una determinada situación psíquica, susceptible de ser establecida por diversos caminos.

ÍNDICE

Obras Completas de Sigmund Freud
Tomo XIII

Impreso en los talleres de
DocuMaster
(Master Copy, S. A. de C.V.)
Plásticos #84, Local 2, ala sur,
Fracc. Industrial Alce Blanco,
Naucalpan de Juárez, C. P. 53370.

www.ingramcontent.com/pod-product-compliance
Ingram Content Group UK Ltd.
Pitfield, Milton Keynes, MK11 3LW, UK
UKHW042004190726
13854UKWH00005B/2159

9 786078 688647